从零开始学理财 女性版

你的财富是设计出来的！

罗春秋 编著

Beautiful Flower

中国铁道出版社有限公司
CHINA RAILWAY PUBLISHING HOUSE CO., LTD.

内容简介

本书是精心为女性朋友量身打造的理财入门书，其内容主要从家庭收入与支出的实际出发，分析现状，发现问题，从生活的各个方面，重点突破，告诉广大女性朋友，我们不仅会花钱，也能通过各种理财方法和手段赚钱。

本书通过案例分析、图示、表格等形式，通俗、直观地告诉读者关于女性理财从哪些方面着手、相关的操作步骤以及投资技巧，将生硬的理财知识具体化。女性朋友在读完本书后，不仅会理财，还能理得巧。

总体来说，通篇内容比较轻松有趣，对有无理财经验的读者都适合，无论你是居家人士还是公司的上班族，无论你是未婚还是已婚，在本书中都能找到属于自己独一无二的女性理财经。

图书在版编目（CIP）数据

从零开始学理财：女性版 / 罗春秋编著. — 北京：中国铁道出版社，2015.6（2022.1 重印）

ISBN 978-7-113-20277-4

Ⅰ.①从… Ⅱ.①罗… Ⅲ.①女性-私人投资-通俗读物 Ⅳ.①F830.59-49

中国版本图书馆 CIP 数据核字（2015）第 078947 号

书　　名：从零开始学理财（女性版）
作　　者：罗春秋

责任编辑：张亚慧　　**编辑部电话：**（010）51873035　　**邮箱：**lampard@vip.163.com
编辑助理：吴伟丽
封面设计：多宝格
责任印制：赵星辰

出版发行：中国铁道出版社有限公司（100054，北京市西城区右安门西街 8 号）
印　　刷：佳兴达印刷（天津）有限公司
版　　次：2015 年 6 月第 1 版　2022 年 1 月第 2 次印刷
开　　本：700 mm×1 000 mm 1/16　**印张：**17.25　**字数：**261 千
书　　号：ISBN 978-7-113-20277-4
定　　价：58.00 元

前言

FOREWORD

对于女人，男人有着天生的误解。大多男人认为女人是购物专家、花钱专家，但是他们并不知道，女人也可以像他们一般在职场厮杀，一样可以玩转股票、债券、基金，一样可以为家庭理财，当然女人在理财之前应先问自己几个问题。

- 自己每月收入多少？花费多少？
- 是否是月光女神？
- 到目前为止有多少积蓄？
- 什么时候结婚？什么时候买车、买房？
- 是否有足够的积蓄迎接宝宝的到来？
- 是否会做家庭记账？
- 股票、债券、基金、余额宝等，是否熟悉一种？

如果对以上的问题有任何一丝的疑惑，那么请一起走进本书。

本书共有 10 章，通过本书，你可以学到如下的内容。

- 第 1 章~第 3 章简单告诉我们为什么理财要分男女，为什么女性需要理财，以及完美女人的理财守则。
- 第 4 章介绍了属于女人的低风险理财——储蓄与债券。从攒钱的方向、目标、手段到最赚的储蓄、宅女福音、外汇储蓄、保守理财的债券。
- 第 5 章主要教会大家如何做一位安居乐业的管家婆，从租房、买房、装修等方面都进行了详细说明，并道出其中的理财之道。此外，本章内容还告诉我们如何选择出行，以及女士如何选择爱车以及车险。
- 第 6 章的内容则教会女人该如何为自己选择适合的保险，除了日常的意外险、健康险、养老保险等，还要为自己选择独有的女性保险，同时，还告诉我们如何为自己的丈夫、子女选择合适的保险。
- 第 7 章简单介绍了属于女人的金融投资，如哪类女人适合基金投资、哪类女人能 HOLD 住股票投资、哪类女人能玩转期货投资，并对如何挑选基金、股票、期货以及买卖过程中需要注意的问题进行详细说明并提出一些小建议。
- 第 8 章主要介绍了属于潮女的网络理财，包括如何使用网银、如何网上投保，此外还简单地介绍了余额宝、理财宝、活期宝、零钱宝等常见的小额理财方法，并对网上支付以及网上贷款进行了详细讲解。
- 第 9 章专注于介绍新手妈妈们，孕期妈妈们如何简单理财，宝宝出生后如何为宝宝更省钱地选择生活用品，宝宝渐渐长大后，如何为宝宝的教育做准备以及为宝宝购买保险。

前言

FOREWORD

- 第 10 章主要针对有较多储蓄的女人们，属于一些高端理财，如购买黄金、翡翠、宝石、红酒、红木、字画与文房四宝等。

本书的特色在于打造女性理财，在创作过程中，通过图形、表格、案例等形式，对重要的知识点，尤其是投资方法等内容进行了重要介绍，手把手教会女性如何投资理财。

在语言文字上，本书并没有采用过多的专业金融术语，以“从零开始”的角度出发，尽量使用通俗易懂的生活化语言，让每位女性都能看懂。

另外，为了丰富读者的阅读乐趣，本书增添了丰富的插图，让读者能够直观地理解知识点，同时，将复杂的理财操作策略通过实际操作的形式，简单明了地呈现在读者面前。

最后，从读者对象来说，本书适合所有想要理财的女性投资理财者，但对于不同的女性读者，在阅读时感受会有所不同，具体如下所示。

- 对于以前从没有接触过理财的“小白”来说，无论是刚入社会的年轻女孩，还是具有一定经济基础的女人，如果详细阅读本书，将可以学会很多理财知识与小技巧，彻底让你摆脱理财“小白”的状况。
- 对于具有一定理财基础的女性投资者来说，阅读本书关于实际操作与投资技巧的部分，一定会感同身受，同时快速找到一套属于自身的理财方案。

由于创作时间的仓促，加上作者的水平有限，本书难免会出现疏漏与错误，敬请各位读者朋友批评指正。

编　者

2015 年 4 月

目 录

Part 01

观念，理财为何分男女

新时代的女性大多既能赚钱也会花钱，若是不懂理财，钱就如流水般转瞬空空。本章主要从女性理财时尚观念的角度进行初步介绍，引领大家进入理财之门。

1.1 性别决定理财方向

上帝在第六日制造了男人亚当，并取下其一条肋骨制造了女人，使其成为亚当的配偶来帮助他。

——《圣经》故事

男人与女人自出生伊始便有了生理上的区别，逐渐成人后由于不同性别也会在心理认知、情绪反应、喜好等多方面产生差异。自然，大家的理财方向也会因男女性别的不同而各有侧重。

1.1.1 男人赚钱女人攒钱

在生活中，中国人自古以来奉行的便是男主外女主内模式，当代女性如今也能顶上半边天。据统计表明，进入21世纪以来，我国女性劳动参与率是76.9%，男性劳动参与率是83.0%，女性在优质岗位上所占的比重较小。

通常情况下，男性倾向于在赚钱的过程中享受成就感，女性更喜欢储蓄攒钱。因为，女性通常较男性谨慎，对风险的承受力较低，所以在生活中易于选择不费力、风险小的态度对待金钱，比如有些女性易于选择银行储蓄这种保本零风险的理财方式。而相对性格粗犷的男性则会忽略零碎细节，渴望在大方向上尽力获取金钱，他们可能更倾向于通过做生意、炒股等方式赚钱。

小提示

据统计研究表明，在理财或消费过程中，男性对金钱数据的敏感度明显低于女性。这就意味着在寻找理财方向时，不同的性别自然会出现选择的不同。

1.1.2 男人拼搏女人管家

在古时当家人需要管家理事，男主人在外打拼上缴家用，女主人拨拉小算盘安排一家子吃喝用。

于当代，女性无论什么职业身份，同样也需懂得如何管家理财。据统计表明，我国家庭中60%以上的消费权力都掌握在女性手中，家庭理财由丈夫负责

操作的只占 20%，而由妻子理财的家庭却超过了 40%，可见，男人拼搏女人管家是一种由性别不同而产生的约定俗成的社会行为。

而根据这一社会行为，很多家庭的男性不会对理财产品过多在意，通常都是由家庭主妇来进行选择，因此，现在市面上出现了很多针对女性的理财产品。

1.1.3　男人冒险女人求稳

在对待金钱与理财方式的态度上，男性通常比较激进，富有冒险精神，而女性往往希望在稳定的基础上获得盈利。

例如，通过炒外汇、股票等方式理财的通常是男性，而女性通常倾向于选择储蓄、购买实物黄金、购买保险等稳妥的方式理财，即便是炒股也会在深思熟虑后选择波动不大的股票投资。这种差异是由男女性别不同的思维模式所决定的，如图 1-1 所示。

女性思维模式：多任务导向，着重表象思维，遇事常常依赖本能反应，倾向换位思考以及存在保守的忧患意识。

男性思维模式：结果导向，着重具象思维，遇事常常会寻找逻辑的解决方案，在处事时会有竞争与防卫意识。

图 1-1　男女思维模式特点

两种不同的理财方向各有优劣，激进的方式若是顺利则更能盈利，但同时会伴随赔本的风险。稳妥的理财方式则是细水长流地积累金钱，尽管利润不高，但通常不会让本金损失，这种谨慎的理财方式通常可以用于养老金、教育金的积攒。

1.1.4　男人粗犷女人内敛

在职场中激流勇进且性格粗犷的男性在选择理财方向时，通常也会一门心思地向前冲刺，他们最关注的是理财的操作过程以及盈利率，而没有耐心一环环地仔细研究其中的细节。如果盈利率达不到心目中的设想，男性很可能放弃一些看起来不太起眼的理财产品。

而性格内敛的女性则更容易静心思考，相信通过合理分析理财能平衡收支，同时也希望通过理财使手中有限的资金增值。据汇丰银行的某项调查表明，中国内地有理财规划的受访女性所占比例为 40%，高于男性的 38%。

正因为女性对理财的需求比男性更强烈，因此，性格内敛的女性更乐意花费时间精力去仔细研究市面上纷繁复杂的各种理财产品，从中挑选出最适合自己的类型。

1.2 性别带来理财优势

世界著名的美国未来学家约翰·奈斯比特在上个世纪八十年代时曾在他的著作中表示：在信息时代，擅长脑力劳动的女性会如鱼得水，逐渐崛起。这一预言如今已逐渐成为现实。

据英国投资人协会的研究数据表明，女性投资者相对于男性投资者在金融市场中的盈利报酬率约高出 14%左右。德国的类似研究则表明女性投资者所获得的投资报酬率比男性高出 3%左右。

这两个数据足以说明女性因性别特点所造就的细心、耐心、敏感、坚定等性格特质，在理财操作中产生了一定的优势。

1.2.1 细节决定“财”运

有句俗语叫做“细节决定成败”，这句话同样可以运用在理财过程中。

小丽是个心细如发的年轻女孩，她想要为自己的 5 万元活期存款选择一种更划算的理财方式，于是，她花费了不少精力在各大银行间游走，货比三家仔细研究不同理财产品的各个环节。

最终，小丽在央行降息时挑中了一款能够保本且不受降息影响的高收益理财产品。

通常，女性比男性更细心，据调查研究表明，在相同时间段中女性通常比男性投资交易的次数少，这是因为她们在用更多的时间精心考察各种细节，以便更谨慎细致地做出正确的决定。

在理财过程中，这种性格特质能确保我们因明智的决策而获利。

1.2.2 耐心避免“割肉”

女性通常比男性更具有耐心，能够静静等待投资良机，不会贸然地因一时冲动而做出不明智的投资决定。

2013 年 3 月，国家房地产调控新政出台，二套房房贷收紧、出售自有住房税收提高，受其影响沪深指数严重受挫，地产以及相关行业股票大跌。在一片哀嚎中，某些心急的投资者选择了在低价位“割肉”抛出手中股票。

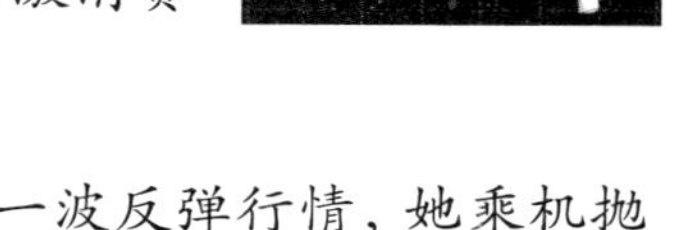

在这种股市哀鸿遍野，股民恐慌抛售的时刻，耐心相当不错的雯雯稳住情绪决定观望一阵再做决定。几月后，大家逐渐发现地产调控政策严格程度低于市场预期，并且为了刺激消费某些城市逐渐放宽了各种房产政策。

雯雯继续耐心等待着，终于在 2014 年春季迎来了一波反弹行情，她乘机抛出手中股票，不仅没遭受损失还小赚了一笔。

需注意的是，耐心寻找理财机会其实是一种精明的审时度势，很多时候并不是说“等”就一定能获利，在等待琢磨的同时一定要分辨出最好的下手时机和对象。

什么叫“割肉”

“割肉”是一个股票术语，指高价买进股票后股市大势下跌，持股者为避免继续损失低价赔本卖出股票。割肉是一种止损的方式，但频繁或不合时宜地割肉却会导致不必要的损失。究竟割还是不割，需依据具体情况作出正确的判断。

1.2.3 倾听获得投资良机

倾听是有效沟通中很重要的一个环节，通常有些男性乐意高谈阔论，却不愿意去“不耻下问”，即便是对某种理财产品不太了解也不愿意去进行专业咨询。而性格温婉的女性则比较善于倾听，乐意听取各种专家的意见，例如咨询专业的理财顾问等。

善于倾听的女性还能不以自我为中心，去关注交谈对象口中未表明的言外

之意，从而尽可能地从中获取更多信息，这种习惯甚至能使女性从普通的闲聊中获取到有用的信息。

在零售业高度发展的今天，理财产品也呈现出多元化发展趋势，不再局限于银行理财产品、股票等金融方向。

雯雯原本也只懂得利用股市理财，在一次参加婚宴时她偶然听邻座的酒商聊到了上海红酒交易中心，得知那是一个可以进行红酒电子交易的市场，既可以在此购买红酒回家品尝，也可通过预测酒价的涨跌在不断的买卖过程中获利。

因红酒交易操作方式与炒股有些类似，正适合对股票有一定研究的雯雯用以理财投资，她就这么通过闲聊时倾听的方法获得了投资良机。

小提示

女性的性别特质中能给理财带来优势的闪光点还有不少，例如温婉、谦逊、娴雅等。但每个人的情况各有不同，本文只做少许示例，大家要善于挖掘自身的特质才能在理财时合理利用。

1.3 女人理财的误区

一个人一生能积累多少钱，不取决于他赚了多少钱，而是取决于他如何投资理财，人找钱不如钱找钱，要知道让钱为你工作，而不是你为钱工作。

——沃伦·巴菲特

巴菲特是全球著名的投资大师，创造了无数投资传奇。我们应当向他学习，找到让钱为自己工作的好方法，同时避免陷入投资误区。

1.3.1 钱究竟是个什么东西

在经济学的描述中，金钱是一种价值的尺度、一种交换的工具、一种支付的手段。在现实生活中，大家则赋予了金钱更多的内涵，它既平凡又神奇，可以为人们带来幸福的享受，也可能使人遭受痛苦的厄运。

那“钱”究竟是什么？其含义如下：

- 金钱代表个人能力和成就。
- 金钱代表着社会认同与肯定。
- 金钱代表了权力与安全感。
- 金钱代表了人的价值观。
- 金钱由勤奋可以获得。
- 金钱由节俭可以积累……

其实，金钱的实质只取决于人们看待它的态度。据心理学研究表明，人们对待金钱的态度，能影响到其工作态度和行为、生活方式、收入满意度、消费行为、经济冒险行为等。

根据研究结果，学者们将人群划分为了 4 种金钱心理类型，依据类型的不同在理财领域的侧重点也应随之调整，如图 1-2 所示。

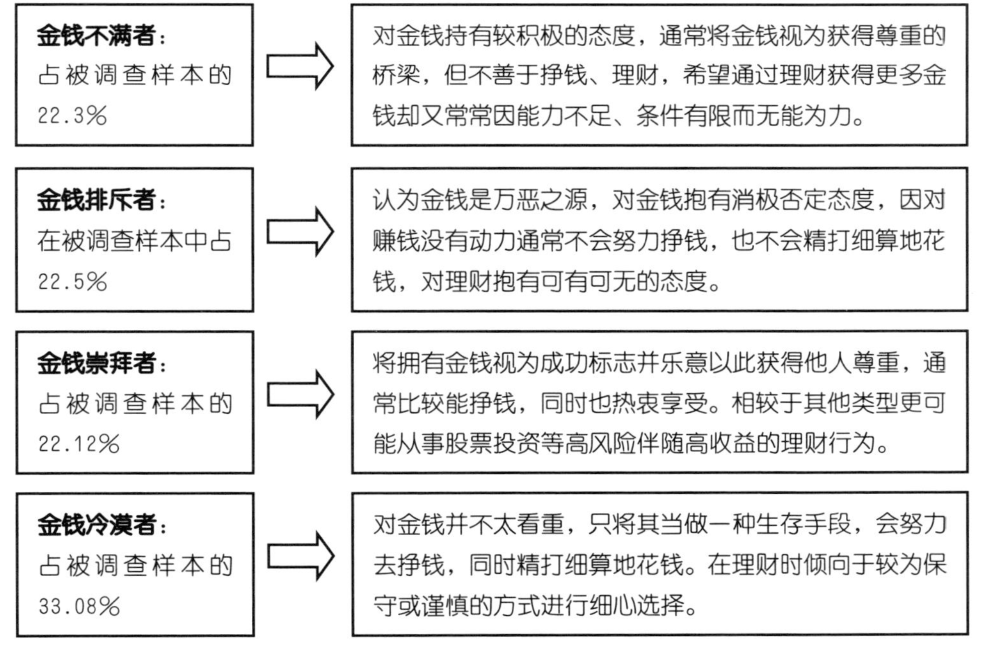

图 1-2　金钱心理类型

有不少女性属于金钱的不满者甚至排斥者，总因为赚钱不多或攒钱太少而觉得没必要理财，稀里糊涂地将一些闲置资金用于不必要的消费中，这其实是一种错误的对待金钱的方式。

理财不在于金钱的多少，关键只是找对方法，细水长流地进行适当的理财操作一样能积少成多、坐拥财富。

1.3.2 性别造就的理财弱点

前文中介绍了女性由性别特点带来的理财优势，与之对应的自然也有性别导致的理财弱点，要想精明理财，不吃亏，不受骗，多赚钱，那一定要注意避免某些“陷阱”。

女性理财的部分弱点如图 1-3 所示。

专业知识匮乏：大多女性对金融方面研究不多，也不爱看时事新闻，因此在进行股票证券、期货黄金等需要进行经济政策分析的专业领域理财投资时，常常是心有余而力不足。

遇事胆怯退缩：因对理财方法的不了解而不敢涉足，一旦得知某理财项目有赢有亏就开始担心损失已有的金钱而退缩放弃尝试，看到别人因研究各种理财项目获利时总是想要去理财，却因胆怯而迟迟不敢付诸于行动。

优柔寡断人云亦云：在对理财产品进行分析比较时缺乏主见，时常动摇自己的决定而听信销售人员或亲朋的各种游说，没法冷静、理智地去选择真正适合自己的理财产品，以至于错失最恰当的投资方向。

被固有观念限制：因固有观念而只愿意将钱储蓄于绝对安全的银行，认为只有存储货币才是真正属于自己的安全的钱。尽管储蓄也是一种理财方式，但有人甚至在储蓄时根本不考虑利率问题，随意进行不划算的活期储蓄。

图 1-3　女性理财弱点

婷婷自大学毕业开始工作后就一直热衷于攒钱，想要为自己买一套小房子有个安乐窝。性格谨慎且不太懂得金融知识的她，选择了零存整取的储蓄方式每月往银行里存钱。

一晃五年过去了，婷婷的钱攒得辛苦，可永远跟不上房价、物价上涨的幅度，依旧没能凑出足够的首付款。与她同在一个公司的同事阿龙却在存了本金之后适时地

在股市中抓住了赚钱机会，成功让资金翻番。

可见，大部分女性在理财时应该与时俱进吸收各种新观念，不要仅仅局限于一两种最安全的理财方式，炒股、炒期货等理财方式也能从中获利。

1.3.3 男人不可靠理财要趁早

开始存钱并及早投资，这是最值得养成的好习惯。

——沃伦·巴菲特

曾几何时，社会上开始流行一句俗语“干得好不如嫁得好”，在中国婚姻家庭研究会公布的中国城市婚恋观念调查报告中有数据显示，认同这一观念的调查对象人数已经过半，该比例在最近十年间甚至上涨了10%以上。

大多数人认同的观念就一定是真理吗？

美女小马自念大学时就有个伟大的梦想——嫁入豪门，因此她在自己身上做了不少投资，时时刻刻买衣、买包、化妆、整容，力求将自己打造出“女神”形象，几年后终于得偿所愿嫁了富豪，过上了阔太太的美好生活。

可惜花无百日红，人无千日好，沉浸于幸福中的小马没意识到最近几年我国离婚率节节攀高，她甚至不知道新婚姻法颁布后夫妻两人资产雄厚的一方的财产完全可以不被“均富”。

当小马被丈夫层出不穷的“小三”“小四”围追堵截，而自己守着一大堆中看不中用的奢侈品站在离婚的悬崖边时，她后悔异常，心想：当初还不如少买点东西多攒钱投资理财！

常言道，经济基础决定上层建筑，手中有“余粮”才能不心慌。女性朋友们要么做个女强人，赚钱不用求人，若是打定主意要做一名在金钱上只出不进的纯家庭主妇，那一定要早早开始理财。

千万别拿不懂理财、不懂金融等当借口，过于信任依赖男人而万事不管的小女人迟早会两手空空受制于人。

新时代的女性必须得自强自立学会各种理财技巧，做个精明主妇，懂得理财才能以此掌管家中财政大权，做个管家婆而非煮饭婆，这样才能和男人平等对话并立于不败之地。

1.3.4　第六感盲目理财不可取

第六感是一种透过正常感官之外获取信息，预知并推测即将发生事情的能力，是人类除了听觉、视觉、嗅觉、触觉、味觉之外的第六感觉——直觉。通常人们公认女性的第六感相较男性而言是很强烈的。

于是，有不少女性将这种虚无缥缈、没有科学研究的感官推测用于理财过程中，以至于造成不必要的损失。

丽丽听从朋友的建议进入了证券市场，开始学习炒股，在看了不少入门书籍后，她懂得了看K线图的方法，学会了一些基本的炒股技巧。

然而在真正挑选股票时丽丽却并没有将习得的技术手段运用其中，而是凭着直觉选择看得顺眼的股票名称或代码，期待着它们能持续上涨，给自己带来丰厚的回报。结果可想而知，在整整两年间，丽丽不断经历着买入、套牢、割肉、亏损的悲剧。

女性的细心与直觉等能力确实要高于男性，但完全相信直觉带来的理财敏锐感则万万不可取。当我们用天生的耐心优势对理财投资做出各种研究、计划的同时，千万别将最后的“选择权”托付给第六感。

在理财时若不能克服情绪化的性格特点而过于感情用事，会被错误的理财信息所干扰，导致无法选择正确的目标。精明的女性会有意地控制自己的情绪，冷静地在理财和投资之路上稳步前进。

1.4 有目标才有动力

前面介绍了女性在理财之前需了解的一些注意事项，若是想要真正着手开始理财，首先还得清理好个人财产，弄明白自己的财务状况，确定近期或远期的理财目标，这样才能有动力真正开展理财操作，避免稀里糊涂地过日子。

1.4.1　清理荷包状况

不要用属于你并且你也需要的钱，去挣那些不属于你并且你也不需要的钱。

用对你重要的东西去冒险赢得对你并不重要的东西，简直无可理喻。

——沃伦·巴菲特

通过全球著名投资理财专家巴菲特先生的上述言论，我们可以明确一个很重要的理财先决条件——搞清楚哪些钱是属于自己的，哪些钱可以用于投资理财，简单说就是需要全面了解自己的负债与资产情况。

新婚没两年的小丽在还清了亲戚家的大学学费借款之后无债一身轻，喜滋滋地在银行开了一个零存整取账户，将每月大部分薪水都存入了其中。

一开始小家庭的日子过得还成，可没多久她就陆陆续续接到了同学朋友的结婚请帖，一次次地还礼远远超出了小丽的花费预期计划，使得她不得不长时间节衣缩食。

直到这时小丽才恍然大悟，原来人情债也是债，盘算负债情况时必须将其计算在内。

负债也就是欠款，实际生活中并不是写了借条的外债才算负债，信用卡欠款、人情债等都应当被包含其中，债权人对象可以包括银行、个人、公司等，负债的种类如图 1-4 所示。

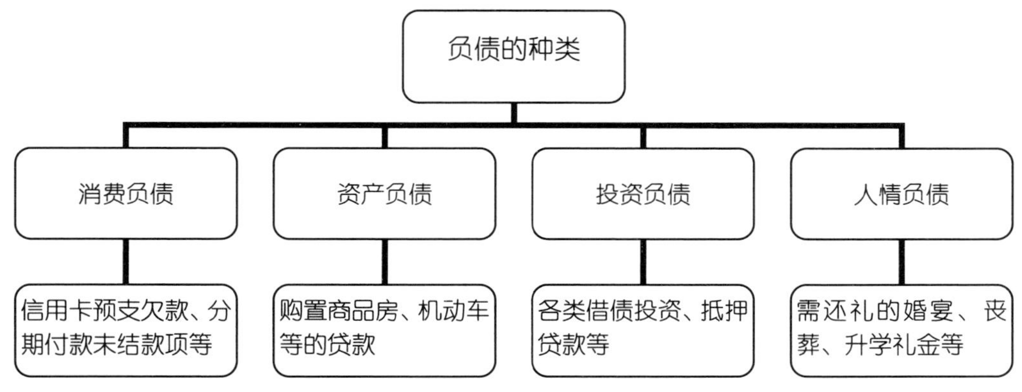

图 1-4　负债的种类

日常生活中不爱记账的女性朋友着手理财的第一步即应当搞清楚自己的负债情况，需要将各种项目、数额、是否有利息、几时需要还款等情况做到心中有数，尽可能地先还清债务，之后才能将剩余流动资金用于投资。

若是有房贷、车贷等暂时无法还清的债务，则需要规划后在收入中扣除这部分固定花费，仔细计算剩余款项用于投资，以避免一不小心出现财务赤字。

精明女性需拒绝稀里糊涂过日子，在清理了自己的负债情况后，还应计算自己的资产状况，即能以货币计量的财产、债权和其他权利。这里提供一个实用表格帮助大家做统计，如表 1-1 所示。

表 1-1　资产统计表

常规流动资产	金额	投资类流动资产	金额	常规固定资产	金额	投资类固定资产	金额
现金		股票		住房		名家字画	
活期存款		基金		铺面		当代艺术品	
定期存款		外汇		汽车		钱币收藏	
个人支票		债券		珠宝首饰		邮票	
债权		保险		保值奢侈品		连环画	
信托				家具家电		文玩古董	

需注意的是，常规固定资产中标明的住房、铺面等特指闲置的、用于出租或抛售盈利的产业。

自用住房、汽车、家用电器等属于消费类固定资产，这是人们在生活中必须经常使用的物品，在使用的同时无法进行变卖，甚至这类资产通常不仅不会产生收益还会折旧贬值，在计算资产时不能将其归入其中。

1.4.2　规划收入来源

善治财者，养其所自来，而收其所有余，故用之不竭，而上下交足也。

——（宋）司马光

早在宋代古人就总结出了这样的至理名言，善于管理钱财的人，会想办法培养钱财来源，只需收取投资后的盈余便让收入与支出达到平衡，富足的金钱长久使用不尽。

所谓“开源节流”，须得“开源”+“节流”才能有金钱的积累，若只是一味地节约攒钱而没有说得过去的收入，那是无法真正做到财务自由的，无法悠闲地过好小日子的。

那么，女性朋友们应当怎样规划自己的收入来源呢？首先，我们需要知道通常情况下人们的收入来源包括以人赚钱的工作收入，以及以钱赚钱的投资收入，如图 1-5 所示。

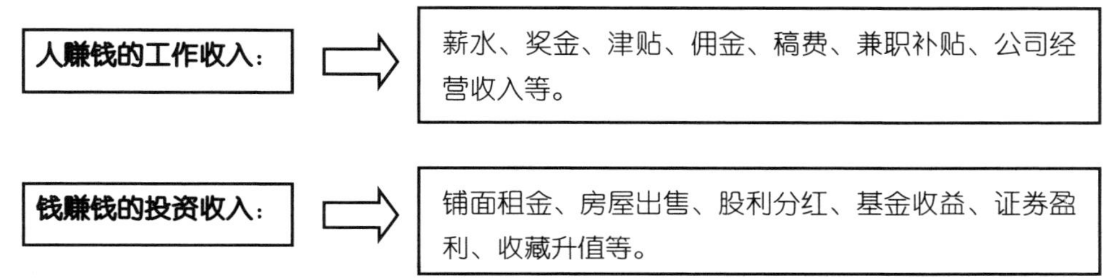

图 1-5　收入来源分类

小丽是个普通公司的会计，除了工资收入之外她再没有别的收入来源，她因陆陆续续收到婚宴邀请而资金紧巴巴的，甚至因手头拮据不得不放弃了怀孕生孩子的计划。

在这种钱不够花的无比头痛时刻，小丽终于意识到她需要拥有多项收入来源才能确保过上“想买就能买”的滋润生活。

如何才能在工作收入之外增加一些兼职渠道呢？小丽琢磨良久做出了一个规划表，如表 1-2 所示。

表 1-2　拓展收入渠道

兴趣特长	能否用于赚钱	是否有时间兼职	拓展收入渠道
厨艺	能，家传手艺卤菜、拌菜、烤串美味可口	有，每日晚餐后约 3 小时空闲时间	做零食淘宝售卖、夜市用小推车摆摊
会计做账	能，业余时间可以做账	有，周末	给小公司、工作室做兼职会计

小丽在投简历并托人寻找兼职做账机会的同时，开始练摊赚钱，同时还开设了网店进行同城售卖，逐渐积累着金钱准备用做别的金融投资的原始启动资金。读者们可根据实际情况参考上表进行思考尝试。

收入渠道的优劣

当可拓展的收入渠道有多个时，我们应当择优尝试。每次工作付出只能得到一次报酬收入的属于单次收入，如夜市摆摊；能重复得到多次收入的，属于多次收入来源，比如每月不论工作量多少都能得到报酬的兼职收益，在收入相差不大的情况下选择后者才能轻松赚钱。

1.4.3　清算开支情况

在规划了收入来源后需关注的就是与之相对应的支出情况，我们可以将开支情况分为几类，如图 1-6 所示。

生活必要支出：一定时期内金额固定不变且必须花费的支出

伙食费、房租、房贷、车贷、交通费，水电气费、电话费、物管费、光纤费、宽带费、油费等生活开销。

生活不固定支出：在一定时期内必须用，但使用金额并不固定的费用

置装费、化妆品费、聚餐费、医疗费、健身医疗保健费、水果零食费等。这部分支出依据使用者的节约或享乐倾向可多可少。

生活阶段性支出：并非随时都有，但在生活的某一阶段需进行的花费

嫁妆钱、婚宴费、产检费、生产费、婴儿疫苗费、子女学费、老人赡养费等。这类支出需根据不同的年龄和家庭状况进行规划。

生活随机性支出：不在计划内的其他开支，金额可多可少

购买珠宝首饰、手表、收藏品、子女高级玩具、高档服装、名牌家用电器、爱心捐赠、兴趣爱好花费等。

图 1-6　开支类别

随机开支需注意

生活随机性开支并非必需，却是女性在理财时最需要注意的重点，若是没有计划地随意进行消费，很可能在这一项中花费过多的金钱。

1.4.4　确立理财目标

在对自己的负债状况、收入来源和开支情况进行了整理之后，我们随之需要树立一个明确的理财目标，若是漫无目的地去奔跑，那同样也找不到理想的终点。那么，我们应当怎样确定理财目标呢？

首先，阅读本书的女性朋友们应当看清自己正处于人生的哪个阶段，每个不同阶段都对应着一些特别的开支，相应的理财目标也会不同，关于每个阶段的具体理财细节将在下一章进行详细讲解，这里只介绍一下其大致分类情况，如图 1-7 所示。

未婚女：处于事业的拓展期，收入或许不高但没有家庭的拖累，在努力赚钱的同时需要对自己做一定的投资。

恋爱女：置装成本、休闲娱乐花销增加，需积累金钱，为即将到来的婚礼、购房等重大事件做准备。

小媳妇：婚后无子时，家庭收入增加，消费类花销减少，部分家庭会增加房贷、车贷等固定支出，是开始理财的好时机。

新妈妈：宝宝诞生前需筹备生产费用，诞生后每月都需支出下一代养育开销，以及保健医疗费、学前教育费用等。

俏主妇：年龄约在 25~45 岁的熟女，子女教育费用和生活费用猛增，通常此时家庭财务的负担比较繁重。

中年阿姨：子女逐渐长大成人，家庭常规支出减少，可能处于前期理财收获期，通常资产多于负债，在赡养父母之余可考虑对自己进行养老类理财。

图 1-7　女性各人生阶段的理财目标

在了解了自己所处的人生阶段后，就可以依此制定合理的理财目标，它实质上就是对人生后续的行为目的做一个中长期的规划，帮助自己在控制支出的同时通过积攒和投资方式获取钱财，其规划要点如下：

- 根据自己不同时期的经济状况，列举各种希望得到的东西（包括有形的或无形的）作为目标。

- 筛选出最可能实现的目标，将目标计入目标大纲。
- 可先确定某一阶段的大致目标，再根据实际情况在该目标下进行细分并不定时进行调整。
- 结合所需资金与紧迫程度，按先短期后中长期的顺序排列目标。

下面提供不同阶段的女性朋友需确立的理财目标示意图供大家参考，如图 1-8 所示。

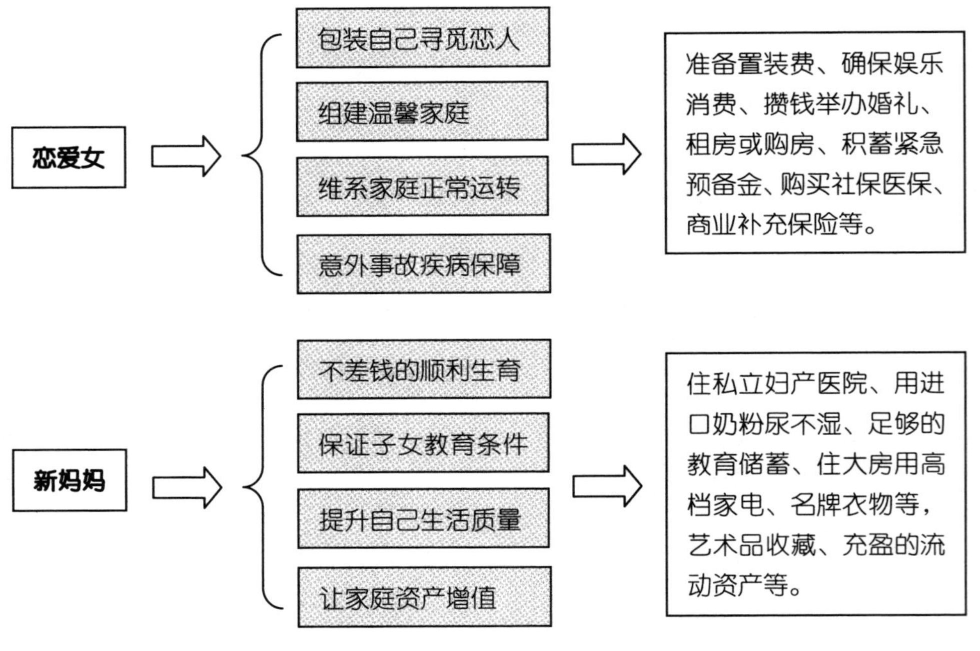

图 1-8　设立理财目标

Part 02

完美女人的理财守则

女性朋友们在人生的不同阶段有着不一样的生活情况，根据需要可进行不同的消费，相对的理财方法也会随之不同，我们应当怎样在每个阶段把握好钱财成为人生赢家呢？本章将分别进行介绍。

2.1 未婚女理财必知

著名的女性小说作家亦舒的代表作《喜宝》中有一句被无数女性所追捧的话：“我要很多很多的爱。如果没有爱，那么就很多很多的钱，如果两件都没有，有健康也是好的。”

这句话是不少未婚女性内心最真实的写照，也是大家理财的目的：要有钱、要建康，甚至还得要美丽以便获得爱。究竟应当怎样做才能收获想要的东西呢？下面进行相关介绍。

2.1.1 薪水的合理规划

身处二线城市的素素去年刚大学毕业，如今到手月薪不足 4 000 元，她也不知自己究竟怎么花钱的，总之是月月光，没能攒下一点积蓄。

在这样熬过了一年之后，素素终于意识到自己需要合理规划一下薪水的分配，不然不仅没法通过投资改善自己的生活质量，甚至连个突发事件备用金都没法凑上三五千。

规划为数不多的薪水的方法并不难，关键是看女性朋友们的执行力。我们可以根据不同用途将薪水分为几个部分，再按照规划来使用它，如图 2-1 所示。

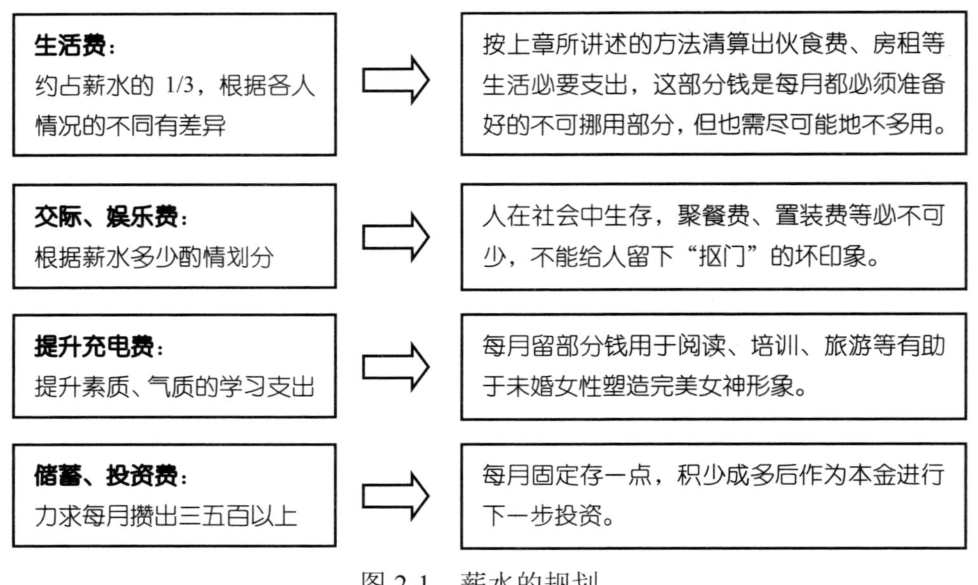

图 2-1　薪水的规划

我们可以将储蓄的一部分存成半年期定期，一部分存成活期，以便在增加利息的同时不影响突如其来的花销。此外，在有了第一笔积蓄后可为自己买上一份针对重大疾病、人身意外伤害的商业保险，为自己上个安全锁。

薪水划分小提示

薪水划分的最后一步“攒钱”是非常重要的环节，哪怕是准备个存钱罐不定时地投入零钱也能积少成多，这样才能有余钱进行更多计划。

2.1.2 升职加薪有策略

年轻小姑娘钱不够花的原因有很多，但如果无论你如何节约、如何精打细算地过日子都没法存下一丁点余钱时，那就只能将原因归结为——收入太少。

身为广告公司 AE 的素素工作非常努力，作为客户执行的她时常周末主动加班，身兼销售人员、高级客服、初级营销策划、顾问调研人员数职，最近数月业绩一直不错，但月薪却迟迟不见提升。

付出和收入不成比例使得素素很是纠结，心想自己明明已经度过新人期，成为了能独当一面的 AE，老板难道看不见这变化？为什么迟迟不给涨薪？

她想要直接询问却又不断犹豫不敢真正开口，眼瞅着临近中秋自己却穷得连回老家的飞机票都舍不得买，素素无比苦恼。

日子不能得过且过，想要升职加薪在所难免，哪怕是做个服务员也得努力去争取领班这一岗位，那么，怎样才能让老板给自己涨薪水呢？

首先，我们需要从老板的角度来思考一个问题——“我凭什么给你涨薪，你值么”？值与不值请对自己做如下评估：

- 你的绩效是否超越了岗位需求？
- 你为公司做出的贡献是否值得增加报酬？
- 你的薪水在行业内是否处于较低水平？

- 你是否在公司中不可替代？
- 你跳槽了会不会对公司有损失？
- 单独给你加薪会不会影响公司内部稳定？

老板不是慈善家，若是员工的贡献和薪水持平也很容易找到人替代，那他肯定不愿意多付出，只有当员工物超所值甚至能力明显卓越至老板舍不得放手时，他才会心甘情愿为员工加薪。

若你得出结论，认为自己值得老板加薪，那就需要做一些准备，为加薪找到正当理由作为与老板或上司谈判的依据，其内容如图 2-2 所示。

付出与收入不符：为防口说无凭，需拿出证据说明自己确实为公司付出了很多，我们可在工作报告、季度总结、年终报告等多种书面材料中详细列举自己的工作内容，及其达到的效果，若是有明显成果可展示，千万别谦虚，一定要列举，当然，表述语言不可过于洋洋自得。

贡献与收入不符：详细归纳总结自己为公司创造了多少财富，让公司获得了多少利润、节约了多少成本、提升了多少效率、减少了多少损失、挽留了多少客户或挖掘了多少客户等。让老板体会到加一点点薪水留下你能赚，放走你或许会亏。

收入与工作量不符：多劳者多得天经地义，假设一个财务还兼任了行政工作，那哪怕没有明显的绩效也不应该只拿一份薪水，我们可以记录下额外工作的内容和所占时间，然后选个恰当的时机告之上司或老板，就算加薪无望也得让他知道你就算没功劳也有苦劳。

薪水低于业内平均：很多人为了稳拿下一份工作在应聘时很可能谈得过于委婉，一开始喊价太低，事后多半会追悔莫及，等工作步上正轨后若是确定自己属于业内精英，那可将这条作为加薪的理由。若是加薪希望渺茫，则还可以用“希望得到培训”、“希望增加福利”等方式变相地提升待遇，也可表达“愿意转岗到更有挑战的岗位”之类的意愿，为将来的晋升做准备。

图 2-2　加薪的理由

找到明确的加薪理由之后，接下来最关键的就是怎么开口要求加薪，很多女性爱面子，羞于向上司直言表述自己的意愿，那么，我们究竟应当怎么做呢？如图 2-3 所示。

方法	说明
单刀直入提出申请	依照公司内部流程用邮件或书面的方式列举自己一段时间内的成绩，提出加薪申请。
玩笑方式口述要求	在不属于严肃办公时间的私下场合隐晦地向上司询问近期是否有加薪的计划，表达自己的渴望。
发牢骚的方式提要求	提出有力的数据私下进行委婉抱怨，表达自己工作量或付出等与薪水不符，希望对方考虑加薪。
争取换个好岗位	习得新能力，提高老技能之后找准机会向更重要更有价值的岗位靠近，责任变大做得更多更好后，无须直接提出要求也能顺利加薪。有时具有美好前景的职业发展比当前的一丁点利益更为重要。
以退为进假辞职	在确信自己是公司不可或缺的人才时，可用提出辞职希望离开公司另谋高就的方式逼迫老板挽留自己，顺势便可涨薪。

图 2-3　提出加薪的方法

假跳槽有风险，操作需谨慎

想要用假跳槽的方式欲擒故纵的前提必须是确信自己的确能力出众，老板肯定会提出挽留。为稳妥起见在操作之前甚至真的需要为自己留一条后路，找到愿意接受自己的新公司。切记弄清真跳与假跳，不能急躁地沦落到失业的地步。

在对要求加薪的理由和方法有了初步了解后，接下来需要系统地了解提出加薪要求的正确攻略，如下所示：

- 首先，我们需要充分了解公司的薪酬制度和经营状况。因为想要加薪首先得按照公司的相关规定进行操作，而经营状况不佳的公司任凭你能力如何出众，老板也不可能不顾成本和利润多付员工薪水。
- 其次，找到适合自己的加薪理由，选择提出加薪的方法。在表述时要回避“收入不够，生活困苦”这种与公司无关的理由，也要回避“某

某某比我高没我干得多”这种影响社交关系的理由。

- 收集能提高加薪成功率的数据，了解市场行情，确定自己希望得到的加薪数目。
- 模拟面谈场景、斟酌谈话的内容与词句，寻找一个老板空闲并心情不错的时机与之交流。

如果不幸加薪被拒，可直接询问自己究竟何处不符合要求，何处做得还不够好，了解老板或上司的期望后可以更好地调整自己之后的工作状态，争取通过进一步提升自己的能力来获得加薪。

2.1.3　用跳槽来涨薪水

如果老板不愿给你涨薪不是因为你做得不够好，而是他舍不得多给钱，那么我们为了生活得更幸福滋润可以选择跳个好槽。

想要得到加薪的素素辗转数日终于迈出了行动的第一步，旁敲侧击从上司口中得知公司暂时没有给员工涨薪的计划，顶多会在年终奖中给予一定补偿。

因为素素所在的公司属于业内大牛，不少人情愿少拿钱都想挤破头应聘进来学东西提升自己，就算素素辞职老板也根本不愁找不到顶替者。面对这种情况素素很是纠结——到底跳还是不跳？

当今社会，关于跳槽有这样一组研究数据：

- 60％跳槽者有失落感。
- 65%的大学生有过跳槽经历。
- 75％企业能接受员工3年跳一次槽。
- 80％跳槽者在35岁以下。
- 90％受调企业不喜欢频繁跳槽的员工。

这组数据足以说明跳槽不能盲目，胡乱跳槽是一种对自己的职业生涯不负责任的行为，下面提供几个跳槽的正当缘由，供大家思考我们跳槽到底是为了什么，如图2-4所示。

经济因素：求高薪，想在收入上达到预期希望，保证生活的收支平衡。

地位因素：希望换个位置更高的岗位，同时提升社会地位。

寻求自我发展：换个更适合自己的公司或职位，满足自己内心的渴望和未来发展需求。

逃离原环境：离开厌恶的公司，放弃不擅长的工作或不愿意再和某些同事相处等。

图 2-4　跳槽的缘由

懂得如何跳槽的人经历三五次跳板之后就可以一路顺风成为人生赢家，而有的人跳上无数次也可能是原地踏步，钱没见涨、职位不见升，甚至连行业也换上了无数个，每次都从新人做起，眼瞅着年纪越来越大，内心焦急万分却怎么也达不到自己期待的目标。

可见，在考虑清楚自己为什么要跳槽及下定决心跳槽之后，我们还得想明白自己凭什么跳？能够往何处跳？怎样选择合适的时机？怎样趁着年轻跳到心仪的地方而不会后悔等，这一切都需要事先思考，其内容如图 2-5 所示。

凭什么跳槽：这和凭什么让老板加薪有些类似，我们需要一份拿得出手的业绩清单以证明自己的能力，通常只有干好了当前工作的人才会有下一个老板愿意“高价收购”。然后我们还需要准备好相关求职技能，包括培训经历展示、有分量的简历、出色的面试技巧等。若是跨行业跳槽想要去好公司或获得一个好职位，那更需要证明自己有足够的能力可以胜任该份工作。

能够往何处跳：首先需要规划好自己的职业生涯和职业兴趣，选择最适合自己的地区、行业和公司。其次，我们还得考虑自己的人际关系能否有助于找到一个合适的公司，由人引荐自然比盲目跳槽更合适，这样会使你提前了解对方公司的企业文化、工作压力情况以便做出正确的判断。

选择合适的时机：不能为跳槽而跳槽，切忌急功近利甚至盲目辞职，谨慎的人通常会在已经找好新公司时才会提出辞呈，哪怕她希望暂时休息一段时间也会考虑在拿到年终奖之后辞职，一般春节过后最适合找新岗位。而非某日突发奇想贸然和上司争执后甩手便走。

图 2-5　跳槽前的思考

素素将一切都考虑清楚后明确了自己已经在原公司学得了很多，不再需要领着低薪为老板拼命，她终于决定选个行业内比原公司稍差一点的公司多赚些钱。于是，在朋友的引荐下她和一个朝气蓬勃的广告企业 HR 进行了私下会晤，对方很欢迎她的加盟并开诚布公地商量好了薪金。

曾身为本市最牛广告公司资深 AE 的素素，向原公司提出了辞呈并进行了妥当的交接，在跳到新公司后她就立刻加薪又被委以重任。金钱和职位上的双重肯定使素素整个人都焕发了新生。

由这个案例我们可以总结出成功跳槽的一些要点，其内容如下：

- 跳槽不能盲目，需尽可能保证职业发展的连续性。
- 在符合自己所学或所擅长的基础上确保人生规划的可持续性发展。
- 选择一个不错的公司多待上几年好好学习，为将来的职业发展铺路。
- 尽可能减少跳槽的频率保证简历的“美观度”。
- 在选择跳槽目标时需扬长避短，尽可能别去尝试自己完全不熟悉的行业，并吸取经验教训在跳槽之后避免犯重复的错误。
- 在职业低谷时坚持工作，在充实自己的同时寻觅更适合自己的道路，尽可能选择在职业上升期跳个好地方。
- 当所处的公司不能再给予你发展空间，也没法给予丰厚的薪水，或者明显发现公司在走下坡路时，果断跳槽别犹豫。

2.1.4　业余时间再赚一笔

当素素顺利跳槽之后，同一公司暂时还算不上资深 AE 的雯雯觉得自己还需要进一步学习以提升自己的业务能力，于是没打算和素素一样离开。

可她同样觉得只靠公司的薪水不够用，想要存点本金炒股的雯雯决定寻个兼职，争取每月多赚一笔储备金。

想要在业余时间再赚一笔，必须寻找一个最适合自己的兼职方式，通常大家选择的兼职都与自己所学专业、本职工作或者特长相关，只有从事自己最熟悉的行当，才能确保赚钱而杜绝费时费力还亏本的惨剧。

兼职的种类多种多样，可长期可短期，有的需要去固定地点，有的可以在家自由工作，下面就提供一些示例供大家参考，其内容如图 2-6 所示。

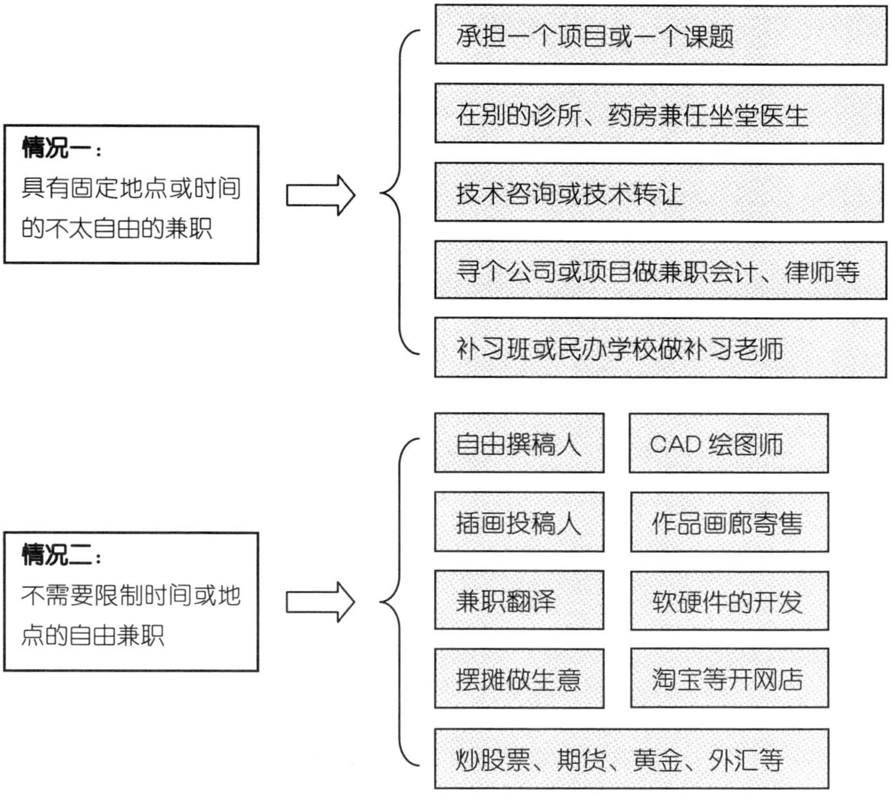

情况一：
具有固定地点或时间的不太自由的兼职

- 承担一个项目或一个课题
- 在别的诊所、药房兼任坐堂医生
- 技术咨询或技术转让
- 寻个公司或项目做兼职会计、律师等
- 补习班或民办学校做补习老师

情况二：
不需要限制时间或地点的自由兼职

- 自由撰稿人
- CAD 绘图师
- 插画投稿人
- 作品画廊寄售
- 兼职翻译
- 软硬件的开发
- 摆摊做生意
- 淘宝等开网店
- 炒股票、期货、黄金、外汇等

图 2-6　兼职的种类

对自己文笔很有信心又认识几个杂志编辑的雯雯最终选择了做自由撰稿人，只需每天在下班之后的夜里挤出点时间为某些公司写广告软文就能获得一定报酬。

同时，雯雯还能在做兼职赚钱的同时进一步锻炼自己的撰文能力，为以后向广告策划岗位发展做准备。

在寻找兼职时我们不仅要看赚不赚钱，还得考虑这项兼职工作是否对自己职业的未来发展有益，若是能够两者兼顾，那自然是再好不过。如若不能，也需尽可能地控制好兼职时间，不要使其影响到本职工作。

兼职工作注意事项

我国现行法律对兼职劳动关系予以了明确的承认和保护，若寻找的兼职工作有所属公司，那也需签订合同，甚至还得依法纳税，这样才能在兼职过程中得到法律保障。

2.1.5　花钱投资自己别吝啬

很多人都认为这世上没有稳赚不赔的买卖。错！合理投资自己绝对不会亏本。还没步入婚姻殿堂的未婚姑娘们若是能对自己进行有效投资，不仅能在职场上获得晋升，还能更容易找到如意郎君。

下面列举投资自己时最关键的三大项供大家参考，如图 2-7 所示。

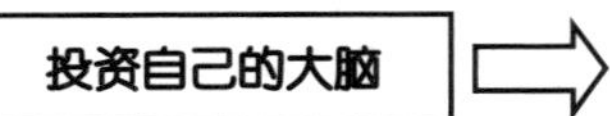

知识，是属于自己的，是永远不会被旁人夺走的宝贵财富，要想投资自己，首先需要通过读万卷书行万里路来充实自己的大脑，改变一些固有的旧观念，让自己更自信、更有见识；其次需要学习与本职工作相关的新知识，确保自己能在职场迈步向前进不会被淘汰；最后，拓展更宽广的知识面，譬如了解营销、财务、社会心理学等，为自己累积资本。

健康是革命的本钱，只有拥有健康的身体才能顺顺利利工作、生活，甚至为了保持青春靓丽的容貌和身材，我们也应当保持良好的睡眠、饮食习惯，定期进行有氧运动。

我们需要提升自己的 EQ，然后适当地增加交际费用，积极参与朋友圈、同事圈等的社会活动，借此扩大自己的人脉圈。良好的人际关系能帮助你在未来的择业、择偶过程中事半功倍。

图 2-7　投资自己的方法

除此之外，我们还可以根据各人不同的需要进行其他方面的投资。例如，可投资自己的外形，从头至尾打造自己的职业形象。无论是在职场或生活中，外表时尚、精神爽利的靓妹子肯定能比邋遢的灰姑娘更能获得旁人的青睐，在人际交往中更能顺

风顺水。

总之，投资自己就是把自己当作一个商品来美化包装，以求获得较高的回报率，这项投资是一个长期的过程，需要有点耐心，千万别急功近利。

2.2 婚恋期理财必知

婚恋期是女性一生中很重要的命运转折点，这一阶段通常也是我们短时间支出金钱的高峰，聪明的女人需要合理理财，不在婚恋期浪费金钱，这样才能把握住这个关键点，牢牢地将幸福掌控在手中，为将来婚姻生活的美满甜蜜做成功的铺垫。

在婚恋期做到不浪费金钱，具体可以从恋爱中的花销、购置结婚用品、合理分配结婚礼金等多方面进行着手，从而达到省钱理财的目的。

2.2.1　恋爱中的花与省

婚姻的黄金时代，不在婚礼行过之后，而在婚前恋爱时期。

——（德国哲学家）胡塞尔

婚前的热恋期通常需要进行各种消费，据某婚恋网站发布的去年婚恋观调查报告数据显示，我国男性在恋爱中的月平均花费为 1591 元，其中三项最重要的消费是：用餐、娱乐、购礼物。

别看恋爱都是男士花钱较多，可所谓“来而不往非礼也”，当男孩子掏钱供女友消费的同时，明智且不爱贪便宜的女生即便是约会中不掏钱包，可事后总会为男友买点什么做回礼，若是买的东西够档次，这也是一笔不菲的开销。

再者，古语有云：“士为知己者死，女为悦己者容”，处于热恋期的女性通常置装费、化妆品费会迅速飙升，为了约会时能让心上人眼前一亮，不少姑娘都会在衣柜前纠结很久，然后暗下决心抽空再去商场一逛。为了搭配衣服还得买化妆品、首饰、包包、皮鞋等，这些通通都需要花钱。

给男友买礼物不能小气，打扮自己也不能廉价，面对这样的情况，我们应当怎样做才能“省”而不“廉”呢？下面提供几条建议供大家参考：

- 礼物贵在心意而非价格，尽可能在经济条件允许的范围内为对方选择实用而贴心的东西。
- 有时候亲手制作的美食更能俘获男士的心。
- 特殊的节日可送隆重礼物，购买打折名牌并不丢人。
- 美丽服装、饰品贵精不贵多，学会搭配绝对比买上一衣柜衣服管用，因为大多数男士根本记不住你上次约会穿的是什么，他关注的只是此时此刻的你是否美丽。
- 选择合适的购物场所添置化妆品等物，至于具体如何省钱购物将在下一章做详细讲解。

帮对方也省一点

笔者建议，若是奔着结婚而去的恋爱，那就别延长“男友是否很吝啬”这一关键点的考察期，适当缩减浪漫、高档、费钱的吃喝娱乐项目，选择较为经济实惠的恋爱场所，替对方省点钱好做为结婚花销。

2.2.2 彩礼 VS 嫁妆

彩礼又被称作聘礼，在结亲时由男方向女方赠送聘礼，而女方陪嫁一些嫁妆是中华民族自周朝时便存在的传统习俗，这一约定俗成的规矩至今仍旧在国内部分地区盛行。随着社会的发展、生活的富足，不少地区订婚时的彩礼标准也在不断变化，其大致内容如图 2-8 所示。

三金：金耳环、金项链、金戒指

五金：金耳环、金项链、金戒指、金手镯、金脚链

现金：通常是一万起，上不封顶

物品：钻戒、婚房、汽车、摩托车、股票等

图 2-8 彩礼的种类

与之相对的陪嫁大致内容如图 2-9 所示。

床上用品 | 家具、家电 | 装修、装饰 | 现金压箱钱 | 汽车 | 摩托车

图 2-9 陪嫁的种类

如果女方条件不错也可准备房产、债券等物。若你生活在这习俗尚存的地区，婚恋时免不了需商量彩礼金额与陪嫁多少，同时也会涉及这部分金钱或物品该如何使用的问题。

很多姑娘首先面临的问题是如何说服男方付出足够诚意的现金，这个矛盾常常会成为阻碍有情人终成眷属的巨大横沟。快谈崩时千万别毛躁发火，有时候说点小笑话也能在谈判中缓和气愤，这里有个小故事可供大家参考。

娶一个老婆如果要 10 万元彩礼，能陪伴 50 年的话，每年是 2000 元，除以 365 天就是 5.5 元。也就是说从结婚开始，每天用 5.5 元让一个女人做饭、洗衣服、收拾房间、陪伴，还给生孩子，孝敬自己的父母。现在这社会花 5.5 元能买个啥？所以，花钱娶老婆不亏。

当然，笑话终究只是个插科打诨的故事，在现实生活中我们应当怎样面对彩礼与嫁妆呢？在准备彩礼和嫁妆时，应该注意哪些问题才能不给新婚夫妻的婚后生活产生过多不必要的负债呢？所以在彩礼和嫁妆上，婚嫁双方也要理一理，合理开支和准备。下面有几点建议供大家参考：

- 毕竟婚姻并非金钱交易，商量彩礼金额时需要换位思考，让男方能够量力而行而非砸锅卖铁凑现金。
- 若遇到不体恤女儿直接索要大额钱财的爹妈，不用无助哭泣，可直言相告他们违反了《中华人民共和国婚姻法》第一章总则中的第三条：禁止包办、买卖婚姻和其他干涉婚姻自由的行为。禁止借婚姻索取财物。
- 购置三金、五金时可以选择 K 金或外观大重量轻的空心 3D 硬金吊坠，经济实惠适合资金不太充裕的小夫妻。
- 商量陪嫁时女孩子要学会保护自己的合法权益，若是付出了大笔装修、家电款，那理所应当得要求在婚房上加名，因为家电是会折旧的，万一离婚了也不可能把吊顶、地板等装修物撬走。
- 彩礼钱没法“离柜不认”或“落袋为安”，姑娘们需注意，若是在双方未办理结婚登记手续或办理手续后未共同生活的情况下，男方有权要求女方退还彩礼金。

婚姻存续期间的彩礼问题

在婚姻存续期间原则上男方不应当索回彩礼，关于这钱财的纠纷应当属于离婚时的财产分割，但若是对方家庭借债付彩礼，经济情况差至惨不忍睹时，诉讼中会酌情考虑。此外，若当地没有付彩礼的习俗则不将其作为彩礼看待。

2.2.3 结婚费用清单

在婚恋期筹备一场婚礼究竟有多少花钱项目及需要花多少钱，或许大家对此并没有明确的概念，我们可以通过清单表进行统计，列出必需品，剔除非必需品，做到心中有数，明白准备。下面提供一个清单供大家参考，如图 2-10 所示。

序号	项目	子项	费用
1.	订婚礼金	男方给女方、女方给男方	
2.	婚纱照	套系	
		租赁婚纱	
		小计	
	新房装饰	购床上用品、喜庆抱枕	
		PVC 背胶喜字贴、拉花、窗花	
		小计	
3.	服装	男方西服（含内衣及衬衫）	
		女方服装（含内衣、婚鞋、手包等）	
		小计	
4.	首饰	婚戒、项链、耳环	
		胸针、发卡等	
		小计	
5.	结婚用品	回礼小礼物、红包、请柬	
		礼炮、礼花、喷彩、彩带	
		结婚蛋糕、喜酒、喜烟、喜糖、饮料	
		小计	
6.	婚车	头车、跟车、车队租赁费	
		汽车装饰费、司机红包	
		油费、过桥路费等	
		小计	
7.	婚礼当天	婚庆公司费用	
		酒店搭台费用	
		席宴、茶楼费用	
		摄像、摄影、化妆红包	
		伴郎、伴娘、花童红包	
		改口费	
		小计	

图 2-10 结婚费用清单

8.	蜜月旅行	两人十日游、旅游购物	
	总计		

图 2-10　结婚费用清单（续）

2.2.4　实惠的婚纱婚庆

在商量好婚期后，婚恋期的姑娘们即将面临的最大的一笔支出就是拍婚纱照、订婚庆公司和婚宴酒席。在这人生中最值得纪念的最美丽的时刻，相信大家都会希望所有的一切全由自己进行选择以便更符合心意。

如今可供拍摄婚纱照的机构很多，价格也不一，我们应当怎样进行各种实惠的选择，才能花最少的钱，得到最好的服务和效果呢？选择婚纱照的方法如图 2-11 所示。

选择婚纱影楼：知名品牌其摄影师技术过硬，服装高档，内景场地多可拍出大气华丽的照片，但通常是流水线作业，造型妆容与姿势都有固定模式，缺乏个性，因此，我们应当避开春秋旺季，选择在淡季拍摄以便获取更好的服务。此外，影楼收费较高，甚至可能有一些附加收费，在签合同时一定要确定底片、假睫毛、精华液、最高档的服装等是否需要额外付费。

选择工作室：一对一个性化全程服务，通过与摄影师的交流可为自己量身订制特色拍摄场景与情景剧，消费透明且比影楼低廉，服装道具通常为中低档，客户可自行准备较有纪念意义的情侣装，还可自己租用华丽的婚纱进行拍摄。需注意的是，不同工作室摄影师水准高低不一，需选择有一定口碑的公司。

团购婚纱摄影：随时关注婚纱团购信息总会找到物美价廉的影楼或工作室。

旅游+拍婚纱：有不少工作室提供了短期旅游摄影项目，例如三亚海滩照、九寨沟山水照等，在拍照的同时去心仪的旅游区看美景也是一种不错的选择。

图 2-11　婚纱照的选择

如今还有一种比旅行婚纱照更高级的海外旅拍，例如去马尔代夫、马来西亚、泰国甚至法国、希腊等地体验异国浪漫的同时拍摄美丽婚纱照。海外旅拍的方法常规的有 3 种，其内容如图 2-12 所示。

第一种：自己聘用摄影师和化妆师出国游，这种拍摄无论是拍摄风格还是时间安排等一切都可随自己心意而定，但除了工钱之外新人还需承担对方的机票、食宿开销，因此费用最高。

第二种：选择某些能提供海外景点拍摄服务的摄影工作室或旅行社，与两三对新人一起组团旅游＋拍婚纱。这种方法费用适中，但一定要仔细挑选合作对象，以免拍出的照片不合心意，并且在签合同时务必关注是否会有后续收费。

第三种：通过网络选择当地的摄影工作室，这种方法价格较为便宜，但毕竟国度不同习惯不同，很可能遇到不靠谱的摄影师、化妆师。

图 2-12　海外旅拍的方法

在确定了拍摄公司之后又应当怎么挑选适合自己的套系呢？同一家摄影公司的不同婚纱拍摄套系差价可能上万，我们应当根据自己的经济情况挑选最合适而非最贵的。

通常情况下，同一家店里决定婚纱拍摄套餐不同价格的最重要因素只有两点，一是拍几套服装造型，二是具体做几本多大尺寸的相册，因此，新人可以从这两个方面考虑，如何省钱理财，笔者建议如下：

- 通常情况下五套左右的造型是比较合理的选择，造型少了做出的相册不够丰富，造型太多花钱多，可拍摄时间会很紧迫，拍摄过程很累很慌张，不一定能得到最好的效果。
- 相册、拉米等挂画也无须订制过多，因为激动也就取货那一刻，相册翻看仅在新婚期，不少笨重大相册都会被压箱底再也不见天日。而拉米、水晶等室内装饰画则需要考虑家里究竟有几处地方可以用来安放，若忽略了房屋面积订做得过大、过多，那也是白费钱。

在拍摄了婚纱照之后紧接着就需要订婚庆公司，这也是结婚过程中花费比较大的一个环节。不同的婚礼形式、场面布置，其价格肯定是差异很大的，因此，在选择婚庆公司之前，新人首先需要考虑清楚自己想要举办怎样的婚礼，然后再根据自己的喜好和经济情况选择最适合自己的婚礼形式。

婚礼的形式有图 2-13 所示的几种。

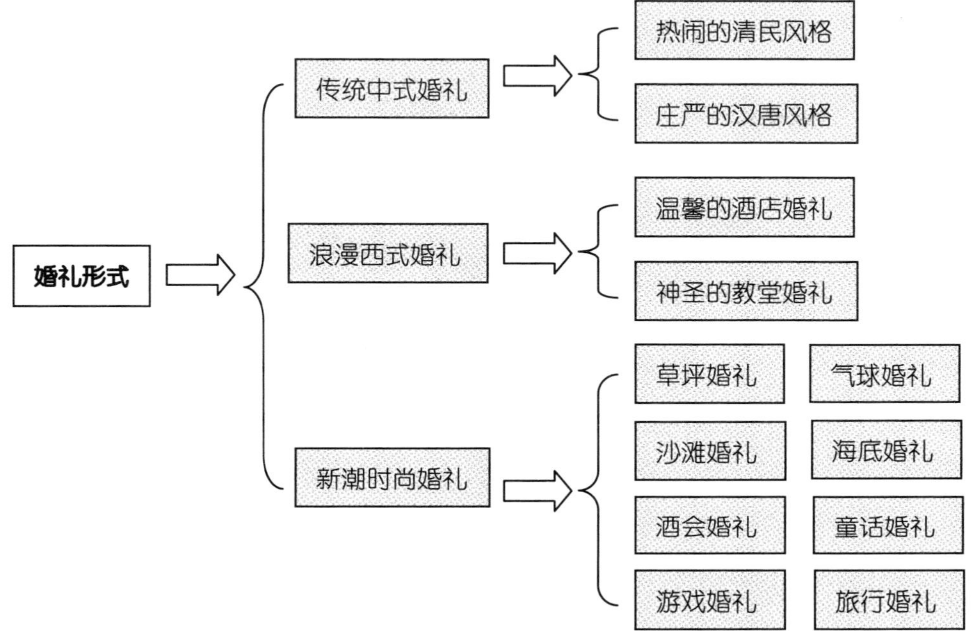

图 2-13　婚礼的形式

热衷中国传统文化的小丽，结婚时选择了找专业的婚庆公司办经济型汉唐风格的婚礼，这不仅符合她的性格喜好，还因为传统中式婚礼不需要鲜花、礼炮、礼花等一次性消耗品，所有场地布景婚庆公司都可重复使用，因而价格比普通西式婚礼更低廉。

当然，上述内容特指如何节约地办婚礼。若新人需要八台华丽花轿接亲、聘请宫女侍卫开道等更丰富的仪式环节，那自然价格不菲。

确定了婚礼的形式后，新人就可以确定是寻找相应的婚庆公司协助自己办婚礼，还是自己分别聘请摄影、摄像、跟妆等婚庆人员。在这些细节处理上，也可以节约一大笔花销。

例如沙滩婚礼可寻找有针对性的西式婚庆公司进行策划，而神圣、简单的教堂婚礼则可以自己全权处理，不需要专业公司协助。

选择婚庆公司与自行聘请婚庆人员的区别如下：

- 婚庆公司可提供婚礼策划、婚礼主持、现场督导、摄影摄像、新人造型、车队租赁、场地装饰、灯光舞美等多种服务。新人只需付钱就能得到全程服务，省时省力。需注意的是选择时一定要找到符合自己需求的规范的公司。

- 通过网络筛选、朋友推荐能够聘请到婚庆人员，甚至还可以请拥有一技之长的亲朋好友成为婚礼的“志愿者”，这种方法通常质量靠谱、价格实惠，但新人需要耐心选择人员、精明地议价杀价，还得亲自进行鲜花布置、主持人流程等多方面的协调，较为费心费力。

如果确定了要选择婚庆公司，我们应该综合多方面的情况进行货比三家的考察，最终选择价廉物美的婚庆公司，选择时的注意事项如下：

- **参考亲友推荐：**经历过的人更有发言权，通常亲友推荐的公司口碑收费都不错。甚至还可在参加旁人婚礼时仔细观察，及时索要心仪婚礼策划公司的联系方式。

- **现场考察咨询：**不能依赖电话询价与咨询，一定要亲眼去公司现场考察，这样才能从其办公地点、店面大小等多方面确定其实力，通常来说在考察的多个公司中取中间值较为实惠。
- **审视公司资质：**考察公司是否合法经营，有无营业执照，确定公司规模以及员工数量，估算其能够承办多大规模的婚庆活动。
- **确定公司成立时间：**具有丰富行业经验的成熟婚庆公司其信誉与质量保障明显高于新成立的小公司。通常小公司不靠谱，大公司金额高，而正在蓬勃发展中的公司为了吸引更多客户会有不少优惠措施。
- **观摩历史作品：**通过照片、视频等资料观看该婚庆机构的往期作品效果，确定其摄影、摄像及后期编辑制作水平，然后在合格的公司中择优选择价廉者。
- **避免追求极端报价：**婚庆报价高低不一，若一味求贵很可能被环环痛宰，但若是只求低价草率选择作坊式婚庆公司，则很可能遭遇低质量的服务，将婚礼搞得一团糟，最后却没法索赔，甚至还可能在举行婚礼的过程中被勒索加钱。
- **谨慎签订合同：**在确定婚庆公司后新人一定要与其签订合法有效的合同，保障自己的权益。合同中应写明对方提供的具体服务项目、金额、标准以及付款时间、违约责任等，甚至还需将一些口头约定也写入合同。合同越细对新人的保障越有利，比如将鲜花的种类、数量、颜色

等都逐一写明可避免消费陷阱。

- **适当拒绝推荐：**通常情况下，新人不要轻易接受婚庆公司推荐的酒楼，也别去预订酒楼所推荐的婚庆公司，因为他们会从客户身上挖钱给对方回扣。

在确定婚庆公司的同时我们还需要预定婚宴酒席，这两者需要同时进行，因为婚庆公司的策划案需要根据酒楼的舞台大小来确定某些方案。预订酒席同样是货比三家力求好又省的过程，选择时的注意事项如下：

- 至少提前半年预订酒席，若在春秋旺季匆忙预订有可能遇到涨价，非旺季则很可能有一定折扣。
- 严谨计算宾客人数避免浪费，通常中式婚宴以桌数计算，西式婚宴以人数计算。
- 酒席价格会因场地的环境、酒店的星级以及菜式的不同而价格不同，新人需量力而为。菜单上的菜式应详细列明具体内容，避免被好听的菜名而不符实的菜品忽悠。

- 询问是否赠送结婚蛋糕、香槟塔、签到台布置等。
- 预订酒席时应确定是否提供礼车接送及接送范围，提供多少免费停车券及是否减免泊车费用。
- 询问是否赠送一夜婚房，婚房有没有进行布置，若无赠送是否有折扣，是否有新娘化妆休息室。
- 确定酒席临时增减的数额及价格、未达约定桌数是否可以退费或换成餐券，以及能否由中午正席转为晚餐等，最晚多久前确认桌数、何时付清尾款。
- 明确如因天灾或意外事情取消婚宴时订金几成可退、是否要赔偿损失，若不开发票服务费可有折扣，若刷卡是否加收手续费等。
- 签订合同时清楚列明每一项收费价目，如茶水费、开瓶费、场地费、席前点心及服务费等，切勿轻信口头承诺。

总而言之，爱情很珍贵，但婚礼不需要“真贵”。婚礼其实只是一种形式，其目的是宣告新人的结合，婚姻是否幸福不是由婚礼的排场所决定的，因此，我们应当理智而实惠地拍婚纱、订婚庆、吃婚宴，别进行盲目攀比跟风，不要为了虚荣心去倾家荡产追求一场华而不实的庆典。

2.2.5 结婚礼金合理用

在婚礼仪式之后，新人们通常能从亲朋好友、父母处收到一笔结婚礼金，若是由新娘来掌管这份“收入”，各位女士们就需要开动脑筋琢磨如何对其进行合理使用，以便使自己稍后的婚姻生活更美满幸福。

如果不合理安排使用结婚礼金，盲目于一时畅快享受，有可能为自己稍后的婚姻生活和各种计划带来许多的困扰和问题。

那么，各位当家的女士应该如何来合理安排结婚礼金呢？

首先我们要弄清楚自己结婚礼金的构成，通常由长辈馈赠和已婚朋友送的红包无须回礼，这部分钱新人可随意动用，而未婚朋友赠送的红包则是属于需要还礼的部分，这种礼金通常是由谁还礼就由谁收着。

自由资金的常规使用方法有多种可供大家参考，其内容如图 2-14 所示。

第一种：用礼金收入冲抵宴席款项，减轻支付方的负担。

第二种：用礼金还房贷、车贷或者付装修款，减轻生活压力。

第三种：将礼金储蓄起来或购置稳定型的理财产品，例如保本基金或是金条等，避免大手大脚稀里糊涂地将礼金花出去。

第四种：用礼金来炒股票、炒外汇、炒债券，让钱生钱使未来生活更富裕。

第五种：用礼金来支付蜜月旅行的费用，与心爱之人一起度过浪漫的新婚期。

图 2-14 使用礼金的方法

此外，奉子成婚或近期有养育宝宝计划的新婚夫妇还需为下一代做准备，例如将礼金中的一部分专门划分出来，将来为小宝宝买教育保险和育儿险等。

2.2.6 蜜月"奢侈"之旅

若是确定了要度蜜月，那想要理财的姑娘们就需要在玩得好的基础上合理消费，即便是奢侈的出国游也应注意别将金钱浪费在不该花费之处，将那些可能会被别人无故赚去的钱省下来做投资才是明智之举。

那如何玩得好又省钱呢？下面提供几个建议供大家参考：

- 制定好详细的旅游计划，避开目的地的旺季，选择淡季出游，这样不仅游客少不拥挤，连吃住都能得到优惠。
- 尽量别在旅游景点购物，避免被当地人宰客，若必须给亲朋带礼物，可选择淘宝网购当地纪念品，既能省钱又不用背着回家费劲儿。
- 自由行可在网上提前订购往返机票，预订期越长越可能抢到超低折扣。
- 若是选择旅行社跟团游，一定要多方咨询适度砍价，并且签订合同时要注意是否有过多购物或自费项目的陷阱。

此外，若想便宜出国游，我们还可以在各大旅游网站寻找团购信息，随时关注心仪地区的低价团进行抢购。如同程网的美国自由行团购如图 2-15 所示。

图 2-15 美国自由行团购

携程网的热门旅游线路年末特价如图 2-16 所示。

图 2-16 热门路线年末特价

2.3 精明主妇理财要点

为爱情找到归宿并举行了婚礼之后，男女双方正式结为夫妻以法律形式确定关系，女性朋友们此时升级成为了主妇，在人生中不同的阶段自然有特别的理财侧重点，下面就来了解一些精明主妇必知的信息。

2.3.1 婚姻 1＋1＝？

婚姻是男女双方为了保护自己的利益而订立的长期契约，人们结婚的目的在于从婚姻中得到最大化的收益。

——（诺贝尔经济学奖获得者）加里·贝克

有人认为婚姻是爱情的延续，而更现实一些的婚姻的真谛却可能就五个字“搭伙过日子”。从经济学角度来看结婚的目的是在人生的某个阶段以最小的投入获得最大收益，通过夫妻双方的结合产生 1+1>2 的经济效益。

新婚的小主妇若想使自己的后半辈子不亏本，那首先得知道如何理智看待婚姻的好处，同时要让“1+1=？”这个算术题的答案最大化。其要点如图 2-17 所示。

促进资源利用：两人的结合意味着花费也合二为一，房租、房贷、水电网费等生活成本可缩减不少。夫妻双方还可享用对方单身时拥有的物品，如汽车、电脑、电视、冰箱等。

事业相互扶持：夫妻同心其利断金，职业相仿或一同创业的夫妻可相互学习、携手打拼、共同发展。

生产力的提高：通过男主外女主内等模式的劳动分工可提高效率，解放某方在琐事上的时间消耗，提高单位时间生产力。

协助风险整合：夫妻双方需共同承担家庭支出、子女教育、赡养老人的责任，可避免其中一方因失业、疾病、意外等情况导致的风险。

增加有形与无形的财富：婚后责任感会使夫妻双方自发克制消费、节省开销，增加家庭财富。婚后双方相互融入对方朋友圈拓展人脉也是一种无形的财富。

图 2-17　缔结婚姻的好处

2.3.2　财产整合好理财

步入婚姻殿堂后的生活自然和单身时大不相同，这时生活中多了一个人能与自己分享喜悦与悲伤，夫妻双方只有在各方面真正的相互交底，对另一半坦诚并且信任，才能维系婚姻的长久稳定发展，财产自然也属于此列，需要以家庭为单位进行规划整合。

为了尽快掌握管家大权确保后续理财计划的顺利进行，新婚主妇们需要把过去个人理财的观念转变为家庭理财，因此需要从以下几个方面与丈夫商谈，一同整理财产：

- 婚后若要真正品尝水乳交融的美满生活，须得从各方面“你中有我，我中有你”，夫妻间首先应对双方的理财偏好、风险承受度等进行沟通了解，就理财目标与目的达成一致，避免分歧。
- 接下来我们可以参考第一章清理家庭财产的类别与数目，例如负债情况、资产情况、收入来源与支出情况等。
- 若存在家庭债务，需制订一个债务偿还计划，在可能的情况下紧缩支出，增加债务偿还金额，尽快还清债务以避免过多的利息损失。
- 查看各自的保险单，将可以合并的承保范围进行合并以节约金钱，确认保险受益人是否要转为配偶。
- 综合考虑家庭收入、支出状况，做个收支预算确定短期理财目标，以便将双方的收入和支出整合后制订家庭的开销和投资规划，这样有利于对闲置资金进行合理的安排和使用。
- 夫妻双方可共同出资建立一笔投资基金，作为为子女的教育投资或试做家庭意外时的急需备用金。

婚前财产公证

上述财产整合的方法较适合夫妻双方婚前资产差别不大的情况，若是其中一方拥有企业、产权处于变动状态的动产，如贵重首饰、大量现金等，为了不让另一半“均富”，则可做婚前的财产公证。

2.3.3 家庭收入归谁管

曾几何时，在结婚典礼上有这么一句很流行的誓言：保证婚后银行卡、信用卡、购物卡、会员卡、IC 卡……所有卡通通上缴老婆。

丽丽在结婚时也听到了这段感人的话语并对其信以为真，可真正开始婚后生活时，她却发现想要彻底掌管丈夫的薪水、奖金、小金库相当困难。

对方认为自己做为男人需要应酬，身上不可能不带钱，并且薪水有一部分是业务提成，没法每月上缴固定金额的“生活费”，丽丽则认为这通通都是借口，不愿意将所有收入上缴的男人都是靠不住的。

家庭收入到底归谁管，是由老婆全权管理还是只掌管部分，小两口为这事争执不断，长时间未能达成共识后差点吵架至婚姻破裂。

由此例我们可明白，精明主妇一定要为自己的家庭找到一个最合适的、双方都能接受的家庭财政大权支配模式，这样才能避免家庭内战，下面我们提供一些各有优劣的模式供大家参考，如图 2-18 所示。

全权支配模式：将收入交由一个人全权支配，由其负责所有开销与理财规划，这种方式适合双方收入相近的家庭，前提是夫妻双方信任度极高，能确保拥有财政大权者不会挪用、隐瞒夫妻共有财产，并且此人还需具备基本的理财投资能力，不会稀里糊涂地将钱财弄丢于失败的投资中。

共同支配模式：所有收入归于公共账户，所有开支由两人商量决定，这种方式同样适合双方收入相当的家庭，优点是账目透明公平，缺点是很可能会经常发生争执。

一人负责全部支出：家庭所有支出都由高薪者负责，另一方赚的薪水可自由支配或根本无须工作。这种方式适合所得相差悬殊的夫妻，例如典型的一人主外一人主内家庭。需注意的是，若这种家庭在支出较多、积蓄很少的情况下又没购买保险或不动产等保障，一旦家庭收入顶梁柱出了意外，家庭财务状况会遭遇极大风险。

一人负责大部分支出：丈夫负责家庭大笔开支，力不足时由妻子补贴。这种情况通常只适用于家庭开销比较固定的家庭，否则在开支项目模糊不清的情况下，两人很容易就某笔款项到底应当是丈夫付钱还是妻子掏腰包而产生争执，同时还容易造成“自己亏了，对方赚了”的误解。

图 2-18　家庭财政支配模式

各自负责特定支出：两人分别负责特定支出，最常见的便是一人负责房贷、车贷，一人负责生活日常花销。这种情况通常适用于各自负责的支出金额相似的情况，若是负责家用一方的开支浮动较大或负责还贷者认为房子车子完全由自己供着自己压力太大，也可能产生严重争执。

平均和平等 AA 制：夫妻两人收入归各自掌管，所有家庭开支一人付一半，个人购物、娱乐等开销由自己承担，甚至连家务也是一人承担一半。这种支配模式较为新潮，但夫妻关系也相对“冷漠”，缺乏温馨家庭应有的融洽互助和谐感，通常只适用于夫妻双方家境、收入、工作发展前景都相近的情况，否则一旦某人收入、身体状况等有变，打破了平衡，婚姻就可能陷入困境。

图 2-18　家庭财政支配模式（续）

以上家庭财政支配模式适用不同的家庭或家庭发展的不同阶段，读者朋友们可斟酌自己的实际情况进行参考。

2.3.4　夫妻联名账户

丽丽丈夫不愿意上缴自己的银行卡，可丽丽又希望账目透明，知道自己丈夫每月究竟有多少收入，这种情况该怎么办呢？

此类将所有收入混合使用的夫妻可考虑开设联名账户，目前国内很多大银行都有了这种多人联名账户业务，这是专门为家庭财产多人共同管理的需要而开立的账户。

联名的任一方可以查询账户，也可在账户中存钱，但约定单人取款金额超过上限之后就不能独自取款，这就可以使夫妻间的财务状况完全透明化、安全化，能有效避免两人的相互猜忌，甚至还可防止有人恶意转移夫妻共同财产。

2.3.5　防家变于未然

俗语有云：“嫁汉嫁汉，穿衣吃饭”。不少传统女性特别是全职主妇依旧有着“男人是拿来依靠的、夫妻是一定会白头偕老的”这类固有观念。

殊不知，在这浮躁的社会一不小心遭遇“家变”是很寻常的，甚至有些夫妻共同财产中主妇们曾经觉得理所当然应当属于自己的部分，可能在分割财产时没法享有其权利。

例如，很多人都认为婚前一方付了首付婚后共同还贷的房子，理应属于夫妻共同财产，实际上，房屋登记在谁名下他就归谁所有，财产分割时拿房一方只需补贴另一方。

本节所述的防家变并不是指防火防盗防小三，而是希望从理财的角度帮助女性朋友们防止家变造成的个人损失。下面我们来了解一下新婚姻法第三次司法解释中与夫妻财产相关的内容，主妇们有必要做到心中有数。

- 夫妻一方个人财产在婚后产生的收益，除利息和自然增值外，应认定为夫妻共同财产。
- 婚后由一方父母出资为子女购买的不动产，产权登记在出资人子女名下的，视为只对自己子女一方的赠与，该不动产应认定为夫妻一方的个人财产。
- 由双方父母出资购买的不动产，产权登记在一方子女名下的，该不动产可认定为双方按照各自父母的出资份额按份共有，但当事人另有约定的除外。
- 夫妻一方婚前签订不动产买卖合同，以个人财产支付首付款并在银行贷款，婚后用夫妻共同财产还贷，不动产登记于首付款支付方名下的，离婚时该不动产由双方协议处理。依前款规定不能达成协议的，人民法院可以判决该不动产归产权登记一方。
- 婚姻关系存续期间，双方用夫妻共同财产出资购买，以一方父母名义参加房改的房屋，产权登记在一方父母名下，离婚时另一方主张按照夫妻共同财产对该房屋进行分割的，人民法院不予支持。
- 一方未经另一方同意，出售夫妻共同拥有的房屋，第三人善意购买、支付合理金额并办理产权登记手续，另一方主张追回该房屋的，人民法院不予支持。

简而言之，关于房子，不管婚前婚后以谁的名义买的，在分割时首先看出资，其次看登记人的名字，婚前个人财产在长期共同生活后转为共有的规定早已作废。若是依照传统的男方购房女方带陪嫁的方式组建家庭，遭遇婚变时女性朋友很可能面临失婚失房的窘境。

为避免出现以上的情况，精明的主妇们应当怎样应对呢？其要点如图 2-19 所示。

签订婚前协议，双方书面约定房屋归双方共有，或者按照一定的比例按份共有。需注意的是该协议需经公证才能真正生效。

女方出装修费或家具家电费时计入购房款并加名。

女方家长出资一起共同付首付或男女双方各付一半房款，出资需保留证据，例如转账凭证等。

女方婚前独资购房当陪嫁，一个不需要太大的房子就可当做退路与依靠。

婚前婚后存款账户应保持连续性，不要在婚后重新开户存入以前的积蓄或陪嫁现金，以免其被算作为婚后财产。

全职太太可提早做好风险保障，例如考虑在婚后购买一些保险收益属于个人所有的保险，以防万一。

在有条件的情况下保管好家庭中的各种资料，例如证件、产权证等的原件或复印件，对方存折、银行卡、工资条等物，以便有需要时为自己维权。

图 2-19 防家变要点

2.3.6 失婚不能失财

小陈在结婚几年后不幸遭遇了丈夫出轨，当对方希望尽快离婚好迎娶新人时，小陈果断放弃了这个对自己不忠的男人，并且因对方是过错方不仅平分了婚后财产还要求他赠送了一套个人房产作为尽快离婚的附加条件。谁曾想，离婚不久，出轨前夫就对赠与房产一事心生悔意，想要向小陈索取房屋。

而早已咨询过律师的小陈很清楚离婚财产分割协议在办理完离婚登记手续之后就有了法律效力，虽然在协议离婚后一年内就财产分割问题允许反悔请求变更或撤销分割协议，但因为前夫没有证据证明在订立协议时她存在欺诈、胁迫等行为，因此法院肯定会驳回其前夫的请求。

作家塞缪尔曾说："婚姻的成功取决于两个人，而一个人就可以使它失败。"若是婚姻的破裂成为无法避免的定局，主妇们一定要学会拿起法律的武器保护自己，即便失婚也不能失财。

下面就提供一些女性如何在离婚时保护自己的相关法律条文供大家参考：

- 如确有必要，夫妻一方在起诉前或诉讼中可以申请对配偶的个人财产或者夫妻共同财产采取保全措施，但需要为此提供担保。
- 分割夫妻共同财产的原则：一是男女平等；二是照顾子女和女方；三是照顾困难一方和无过错一方利益；四是对尽家庭义务和协助另一方工作付出义务较多的一方予以补偿；五是约定优先于法定；六是方便生产、生活、学习和工作，利于发挥财产价值；七是不违反国家法律和社会公德，不侵犯国家、集体和第三人财产利益的原则。
- 在依法分割夫妻财产时，如果一方对家庭付出了较多的义务，可以向另一方要求补偿。这种补偿不是在分割财产时多分，而是财产分割后，由被请求方从其分得的财产或者个人财产中支付。
- 有下列情形之一导致离婚的，无过错方有权请求损害赔偿：重婚；有配偶者与他人同居；实施家庭暴力；虐待、遗弃家庭成员。
- 离婚时，一方隐藏、转移、变卖、毁损夫妻共同财产，或伪造债务企图侵占另一方财产的，分割夫妻共同财产时，对隐藏、转移、变卖、毁损夫妻共同财产或伪造债务的一方，可以少分或不分。离婚后，另一方发现有上述行为的，可以向人民法院提起诉讼，请求再次分割夫妻共同财产（有效时间为一年）。
- 离婚时，如一方生活困难（依靠个人财产和离婚时分得的财产无法维持当地基本生活水平，没有住处也属于生活困难），另一方应从其住房等个人财产中给予适当帮助。具体办法由双方协议，协议不成功时，由人民法院判决。
- 对拒不执行有关扶养费、赡养费、财产分割、遗产继承、探望子女等判决或裁定的，当事人可以申请法院强制执行。

在处理夫妻共同财产时有一些容易产生纠纷的细节需要注意，其内容如图 2-20 所示。

银行存款纠纷：婚姻生活中不管账的一方，很可能不太清楚家里的积蓄究竟有多少或被存于哪个银行，为防止财产被隐瞒后刻意漏分配，在离婚协议中应明确存款金额、币种以及账号、开户名、开户行等。千万不能只在协议中简单约定为“各自名下的存款归各自所有”。详细列明的好处在于离婚后一方若发现另一方有没有记载在离婚协议上的存款，可通过诉讼形式要求重新分割财产，甚至还可追究其故意隐匿的责任以便获得补偿。

执行期限纠纷：在离婚协议中若涉及赡养费或补偿金的给付，需要约定具体的数额和给付期限，生活中绝对有赖皮者会拖着不愿意给钱。如果在约定中对故意迟延履行者的行为没有惩罚措施，获取者将会很吃亏。因此，我们可同时约定延期给付部分具体如何计算罚息。

财产增益纠纷：婚姻中一方若是以个人财产购买的房产、债券、基金、黄金或古董等财产，在婚姻关系存续期间抛售后实现了增值，这部分资产是个人财产的形态变化，仍应依原物所有权归属为个人所有。

股票收益纠纷：在签订离婚协议时若涉及股票收益不能单纯约定一方名下股票的总市值，应写明股东代码、账号等详细信息，以避免一方不履行给付义务时取证困难。若涉及没用夫妻任何一方的名义开户而是请他人代为炒股的情况，离婚协议中对代炒股的简单描述很可能不被代炒人承认或证据不被法院采纳，夫妻双方应与代炒人一同签订详细协议甚至办理公证以防止产生经济纠纷。

图 2-20　离婚经济纠纷注意事项

2.3.7　理智妈咪必知

前面介绍的理财内容只与已婚未孕女性相关，已经生育了宝宝的主妇在生活中也有一些需要关注的与理财相关的注意事项。

例如，有的妈妈为防止丈夫出轨后产生房产纠纷，未雨绸缪要求将所购房屋登记在未成年子女名下，这其实是父母对子女财产的赠与，不动产经过办理登记后赠与关系成立，产权人只属于该未成年人。这样做表面看对妈妈和宝宝的权益有一定保障作用，但很可能遭遇如下窘境：

- 因产权所有者没有工作能力将无法获得银行的按揭贷款批准。
- 若遭遇急需金钱的情况时，父母很难将房产抵押贷款。
- 离婚判决时子女判归由男方抚养他将拥有房屋的使用权，女方则将失去一切。
- 若想要在房产证中去除未成年子女名字，必须由父母按房价的 1/3 进行收购小孩名下的部分房产，并缴纳相应的税费。

有的全职妈妈在婚姻生活触礁时因为没有经济收入，而为了宝宝不得不委曲求全，这时我们可以了解一些切身相关的法律条文：

- 女方在怀孕期间、分娩后一年内或中止妊娠后六个月内，男方不得提出离婚。
- 哺乳期间的宝宝应由女方抚养，经济困难可由男方承担抚养费和必要的经济补贴。
- 起诉离婚时两周岁以下的子女，一般随母方生活。除非母方有其他不宜同子女生活情形（患重病等）的，子女可随父方生活。
- 没有工作的全职妈妈最好能尽快找份工作，或者有房屋租金等固定的收益，这样对争取孩子抚养权更有利。

Part 03

开源之前务必学会节流

“节省”自古以来便是中华民族的传统美德，这美德更多体现在女子身上，自古以来对于女子便要求勤俭持家。随着现代社会的不断发展，对于女子的要求，外能公关应酬，内需勤俭持家，而在勤俭持家上，一定不会离开一个根本——开源节流。就让我们去看一看她们如何开源节流吧！

- ✧ 克制不当购物欲
- ✧ 控制不必要消费
- ✧ 在对的场所购物
- ✧ 多又好的衣橱
- ✧ 购物季打折季
- ✧ 不会团购就OUT了
- ✧ 弄一张网银卡
- ✧ 注册网购账户
- ✧ 淘宝爽购物
- ✧ 理财必学——记账
- ✧ 手机一划随手记

3.1 会花才会赢

所谓开源节流是不是意味着一味的节流才能开源，才能积聚财富呢？

在当今的消费时代，花费已经成为一种日常所需，每天上班的车费、油费，下班后的买菜做饭、闲暇日的旅游、购物等，我们都在花费。

花费是必须的，所谓消费在一定程度上也推动了经济的不断发展，使人民的生活水平不断提高，同时也能不断地满足人们的日常需求。

关键是怎样更合理地花费，以最少的成本购买最合适的产品，使所做的花费更有价值。为什么富豪们一掷千金，却越来越富，关键也在一个“花”字，不管是贫穷还是富裕，会花才会赢。

3.1.1 克制不当购物欲

“花”需要一定的前提，比如在冬天，家里的洗衣机坏了，那么我们就会考虑将洗衣机拿去维修或者购买一台新的洗衣机，然而无论是维修还是换新的，都需要花费一定的成本，这里的“花”就应当。

然而在现实生活中，大多的花费确实由感性引发，对于女孩子来说更是如此。一般女孩子常会在两种情况下感性消费，具体如图 3-1 所示。

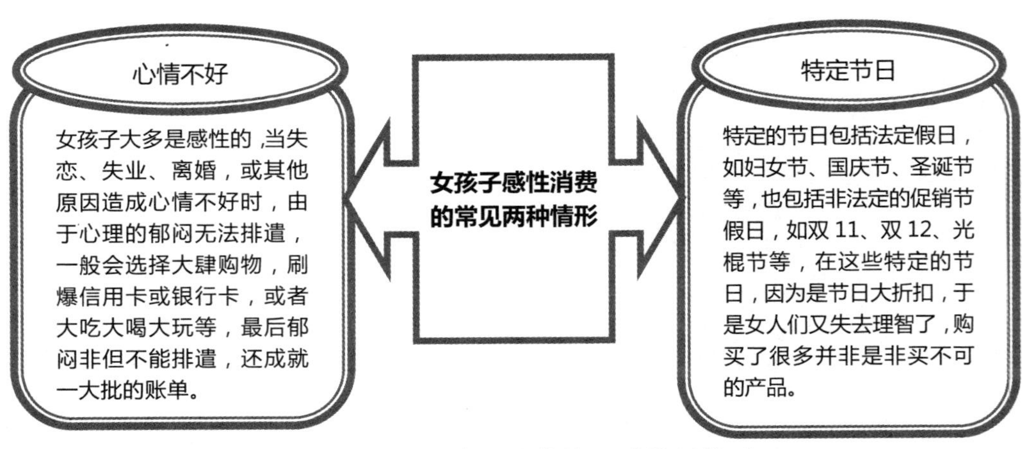

图 3-1　女孩子感性消费的两种常见情形

当然，并不是说在生活中有如上的两种情形我们不能消费，而是需要控制我

们的消费，因为我们知道，通常在非理性的情形下我们做出的决定往往会在事后后悔，消费也如此。

当然除如上的情形外，女孩子的感性消费还会体现在冲动消费上，女孩子天生喜欢逛街、逛商场，哪怕没有需要购买的东西，在琳琅满目的商场产品中，当看见自己喜欢的东西时，也会产生消费冲动，从而盲目购买。

A 小姐和朋友在逛商场时，无意间看见一件很漂亮的风衣，虽然现在已经是冬季，但是那件风衣真的很漂亮，从布料、颜色以及上身效果，她都很喜欢，并且现在购买还有很大的折扣，于是在冲动之下，就购买了。而回到家以后才发现，衣柜里已经有一排风衣了，有的是去年买的，有的是今年买的。

而因为冬天太冷，风衣不能御寒，于是她只穿了一次后，就丢进衣柜和其他的风衣做伴了。

如上例所示的 A 小姐，因为冲动消费而盲目购买的例子比比皆是，特别是在购买衣服上。有这样一句话：女人的衣柜里永远缺少一件衣服。所以女人看见衣服都会有购买的冲动，但是冲动的前提是购买以后不会后悔，花销也是自己的闲置资金。如上 A 小姐的消费就没有必要，一来家里已经有很多风衣了，二来买过季的衣服有风险。

在此，要告诉千千万万女同胞们，控制冲动消费是女性理财中很重要的、也是很有效的一种方式。

3.1.2 控制不必要消费

在消费前，我们不仅需要考虑该种产品是否是必须花费的，同时在消费中，我们也需考虑要花费的数量。对于一些不必要的花费一定要严格地控制。

我们的日常生活不外乎是衣、食、住、行四大方面，那么对于此类的花费，如何安排才是合理的呢？

- 对于衣物方面，不求最多，只求最合适即可，如冬天有足够的衣服御寒保暖。当然对于女人来说，在冬天会有更多的装饰，如丝巾、围巾、围脖等，都可以控制在合理的消费范围。
- 对于食物方面来说，最主要的是做到健康饮食，在食物方面的花费一般不会浪费。

- 对于居住方面，相对来说，根据家庭情况的不同，可决定是租房还是购房，购房是全款还是按揭。
- 对于出行方面来说，需量力而行。对于单身女子来说，一般会选择公交、地铁、出租车等，而对于已婚已育的妈妈们来说，为了家庭的考虑，可能会选择购车，那么在购车时，也需要考虑家庭购置一辆车还是两辆车，是全款还是按揭，以及购置的品牌等。

除了日常的衣、食、住、行外，女人们一般还会选择各种化妆品，所谓“时间是把刀，刀刀催人老”，大多女人是怕老的，于是大多女人都会选择各种化妆品来留住容颜。

当女人选择化妆品时，不能因为名牌、价格、数量等盲目选择，一定要根据自己的肤质选择适合自己的，而且不能多套购买，毕竟你只有一张脸，不能同时用两套。也正因为只有一张脸，更不能用来盲目地试验。

总之，女人们在消费时，一定要注意合理消费，控制消费支出，那么该如何做呢？

一般我们可以在支出之前，列出支出单，用自己习惯的方式，列明家庭需要的各种支出，以及各种支出可支配的金额，合计一个大致的预算，那么当我们在采购需要的各种产品时，就能做到心中有数，就不会盲目购买了。

3.1.3　在对的场所购物

当我们已经列明自己需要购买的各种产品，并且有了一个大致的预算后，那么接下来我们就需要选择购物的场所了。在当今有各种假冒伪劣商品充斥，选择购物的场所尤为重要。

购物场所选择不当，一旦买到假冒伪劣产品，不仅造成钱财的浪费，而且也会给自己的生活甚至身体带来不必要的麻烦，也有可能因此带来更多的其他额外开销。

- 在饮食方面，我们可以选择一些大型超市或商场购买，该类超市一般可以保证商品的质量，当然市场上也有各类菜市场，而对于该类市场一般建议选择大型的综合市场比较靠谱，食物不同于其他的东西，一定要保证健康。
- 对于女人们喜欢的各类化妆品，除了到各大商场的各种专柜上购买，一般我们还可以在商家的一些官方网站购买，不仅有品质保障，而且购买方便，节约时间，送货上门。
- 当然对于爱车的女人们来说，如果要为自己购买一辆爱车，那么建议去各种4S店购买，不仅能保证产品的质量，同时各类售后服务也比较方便，对于爱车在使用过程中出现的各种问题也能及时得到解决。

总之，女人在购物时，选择购物的场所相当重要，只有产品质量和售后服务得到有效保障，我们才能有效避开不必要的额外支出。

3.2 会省才有赚

自古以来，女子的持家有道便在于一个“贤”字上，“贤”非今日女子身后的各种学历，而是对于家庭生活的合理安排。用现代的话语来说，女人的“贤”便是对于家里的衣、食、住、行都能做到合理的安排，同时更能为家庭的积蓄做一定的规划与安排。

在现代，提到女人，大多都会说，女人是购物的“专家”，但严格来说女人并不只是购物“专家”，她们同样可以是赚钱的“专家”。当然赚钱专家并非是她们能为家庭带来多高的收入，而是通过她们合理地安排日常花销，以“省”的方法去节约开支，从而变相地为家里赚钱。

3.2.1　多又好的衣橱

女人都有专属于自己的衣橱，无论是单身的女子还是已经为人妻为人母的女人，女人天生喜爱各种漂亮的衣服，女人们更会将自己的衣橱用各种美丽的衣服装饰，有的女人的衣橱干净大方，有的女人的衣橱琳琅满目，有的女人的衣橱却杂乱无章。

有时候女人衣橱如何，还体现在女人的欣赏水平以及消费习惯上，正所谓好搭不如巧搭，并非一身名牌才最好看，关键还在于搭配，女人衣橱的衣服不仅要多更要好，如何才能又多又好，关键在于你如何购买。

每个女人都有自己的穿衣风格，找准自己的偏好，对应购买，而且当你准备购买时，你首先还要想一想，对于你手中即将购买的这件衣服，你是会穿在身上，还是让它静静地躺在衣橱里，那么你就不会盲目消费了，从而就不会造成各种浪费。

3.2.2　购物季打折季

对于大多数男人来说，双 11 是噩梦，因为他们辛苦半年的工资，可能只要老婆按几下键盘就化为乌有了。在双 11，男人会想出各种奇招，目的都是防止老婆在双 11 大肆狂购。

为什么是双 11 呢？因为这个节日是购物季，更是打折季。在双 11，各商家都进行打折回馈顾客，同时有些商家还会让顾客参与抽奖以吸引顾客购买，如图 3-2 所示。

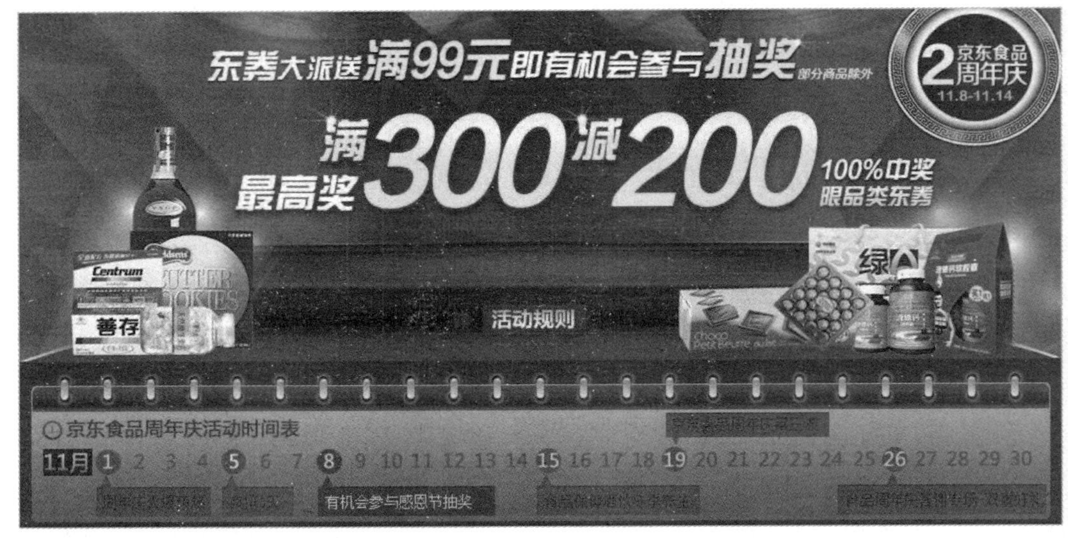

图 3-2　双 11 优惠

而在这样的诱惑下，女人们便会忍不住狂购一堆不怎么需要的商品。女人们的疯狂购物于是造就了 2014 年的双 11，出现图 3-3 所示的交易记录。

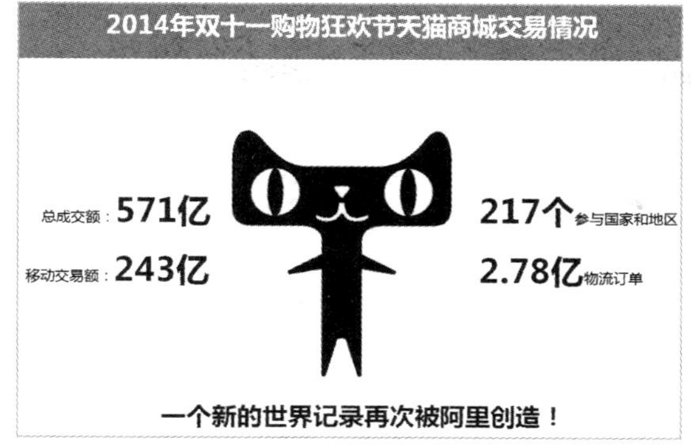

图 3-3　双 11 购物记录

对于如上图所示的交易记录，在 217 个国家和地区中，其中的参与者大多为女性，当然在双 11 那天，各种商品都在折扣，所以能引起这股疯狂的购物潮。

这里需要提醒女性朋友们，在这个购物季，即使某些商品打折很厉害，确实也很划算，但是如果自己使用不到，购买了还是浪费。

因此，在这个时期，女性朋友购物要慎重、理性，对于那些不需要购买的，或者不使用的商品，能省则省。

3.2.3　不会团购就 OUT 了

吃饭、K 歌、看电影你还在排队买票吗？如果是，那么你就 OUT 了，现在，同一场电影你需要支付 150 元，而人家 30 元就能搞定，你知道为什么吗？那是大家都在团购。

团购，也可以简单理解为团体购买和集体采购的简称，它是将具有相同购买意向的个别消费者集合起来，向厂商进行大批量购买的一种行为。

对于同样的东西，具有同样的需求，我们为什么不去选择那个更节省成本、超划算而且快捷的购买方式呢？

那么消费者该如何参与团购呢？

一般我们可以选择一些常用的团购网站，如美团网进行的火锅、K 歌、电影票的团购。

登录美团官网，此时我们将在该页面看到可团购的对象，包括热门的团购、可团购的区域、热门商圈等，同时我们还可以输入团购对象，这里输入“电影”，单击“搜索”按钮（或按【Enter】键），如图 3-4 所示。

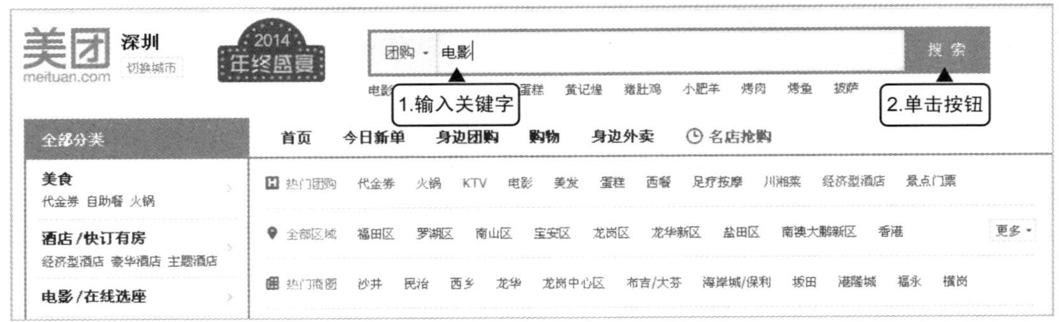

图 3-4　选择团购对象

在打开的页面中即可查看到搜索结果，此时我们可以在该页面中继续按分类、区域进行搜索，完成筛选条件的设置后，在默认排序中选择一家可团购观影的地点，如图 3-5 所示，单击太平洋电影城（京基百纳店）团购店的名称超链接。

此时我们将进入图 3-6 所示的详情页面，此页面会详细显示团购的价格、观影地址、联系电话等。

图 3-5　搜索结果

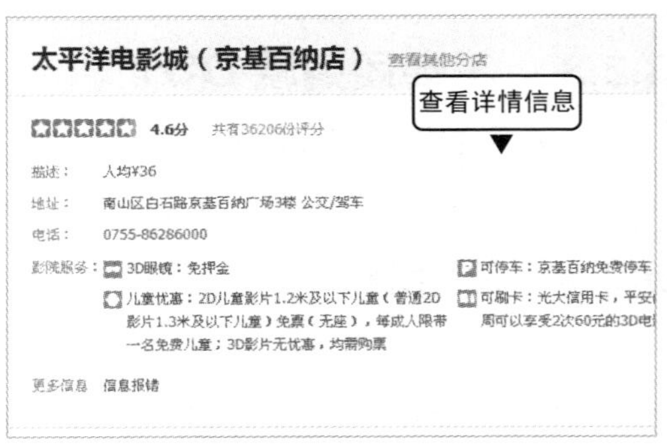

图 3-6　团购详情

同时在该页面我们还可以查看到该影院上线的一些大片，如图 3-7 所示。

图 3-7　上线大片

同时我们还可以查看到上线大片在当日的上映时间，而我们可以根据时间安排，自由选取观影时间，具体如图 3-8 所示。

观影时间： 今天（12.27周六） 明天（12.28周日） 后天（12.29周一） 12.30周二

放映时间	语言版本	放映厅	猫眼选座售价	在线选座
20:50 – 23:11	国语3D	2号厅	51元 100元 手机专享价：¥9.9	余票紧张
21:45 – 次日00:06	国语3D	5号厅	51元 100元 手机专享价：¥9.9	余票紧张
22:45 – 次日01:06	国语3D	3号厅	51元 100元 手机专享价：¥9.9	选座购票

图 3-8　选择观影时间

当然我们还可以查看其他消费者对于该影院的评价，具体如图 3-9 所示。

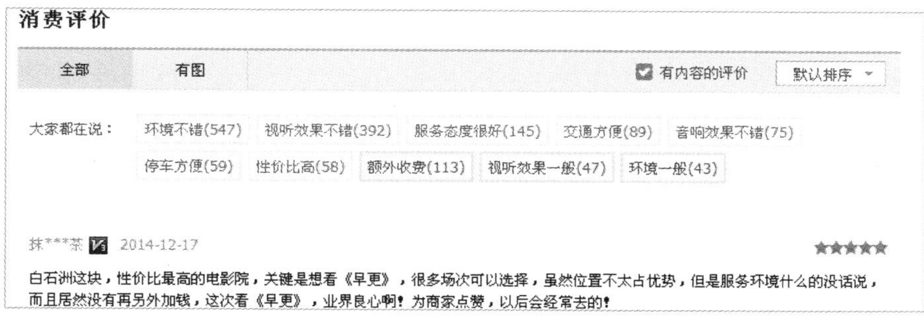

图 3-9　查看消费者评价

在美团网上团购电影票，该网站还会同步提供电影院附近有哪些美食，如烤肉、披萨、咖啡等，如图 3-10、图 3-11 和图 3-12 所示。

图 3-10　团购烤肉

图 3-11　团购披萨

图 3-12　团购咖啡

这些美食也是参与了团购活动的，价格实惠，如果和小伙伴看完电影后，可以一起吃顿午餐或晚餐，经济又小资，也是一件很惬意的事情。

总之，到此为止，我们就简单地了解了团购。在生活中，处处离不开团购，不仅衣、食、住、行等日常所需可团购，随着网络的发展，一些网站甚至还推出了团购买车。

相对来说，团购会比自己直接刷卡或付现更省钱，对于家庭主妇或者单身女孩，团购更是家庭购物的首选，不仅方便快捷而且更能体现一个“省”字。

3.3 必不可少的网购准备

随着网络的快速发展，现在人们的衣、食、住、行几乎都能通过网络来解决，而且通过网络可以比到实体店得到更多的优惠，省更多的钱。

如可以团购电影票、音乐票、美食票、咖啡票等，以较小的成本，获得最大的享受。

但团购的前提是，我们都要会进行网购操作，因此，要通过网购的方式开源节流，掌握必不可少的网购准备工作是非常重要的，小伙伴们，你会吗？

3.3.1 弄一张网银卡

当我们在网购时，都会遇到这样的情况，如我们的支付宝里已经没有钱了，那么我们购物车里的订单就不得不暂时放在那里，除非我们有网银可以支付，网银和支付宝作为日常支付的两大常用方式，一般来说，喜欢网购的小伙伴，都需要给自己办一张网银卡。

一般我们在银行柜台开立储蓄卡时，银行柜台人员都会询问我们是否需要开通网银，如果我们需要，那么工作人员就会给我们一个U盾用来激活网银。

当然如果当时我们没有在柜台开通网银，也可以在银行的官网直接申请开通网银，具体操作简单介绍如下。

首先登录银行官网，如图3-13所示，在该页面的“个人网上银行登录”按钮下单击“注册”超链接。

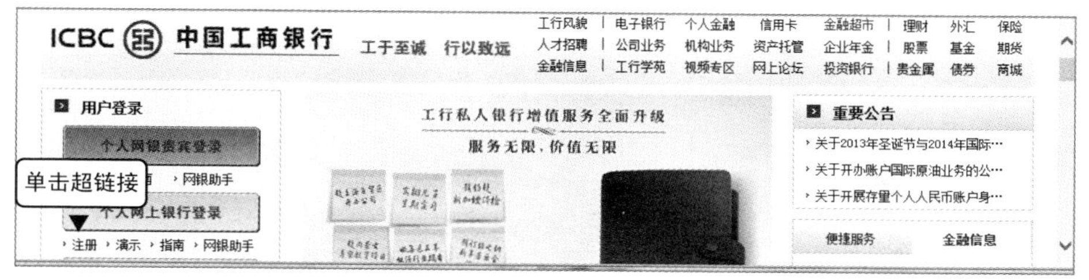

图 3-13　注册网银

此时系统将自动弹出网上自助注册须知，如图 3-14 所示，单击“注册个人网上银行”按钮。

紧接着我们将会进入图 3-15 所示的页面，在该页面需要投资者输入个人账户以及账户密码，当都输入完成以后就可以单击“提交”按钮，从而进入下一步的操作。

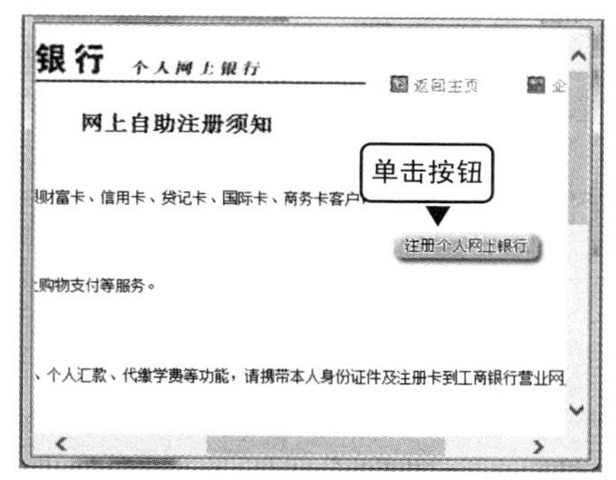

图 3-14　网上自助注册须知

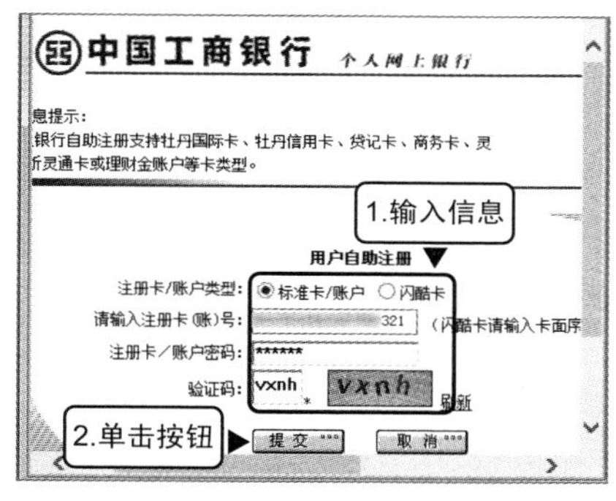

图 3-15　输入信息

紧接着我们将进入图 3-16 和 3-17 所示的页面，关于银行要求和客户签订的客户服务协议，当阅读完成没有问题以后，可单击页面下方的“接受此协议”按钮，进入下一步操作。

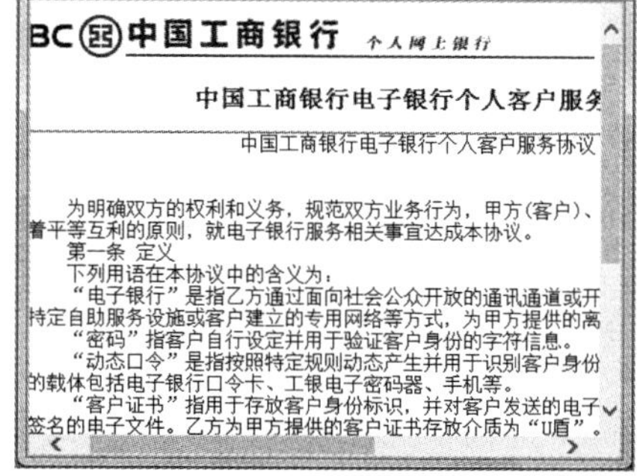

图 3-16　阅读服务协议

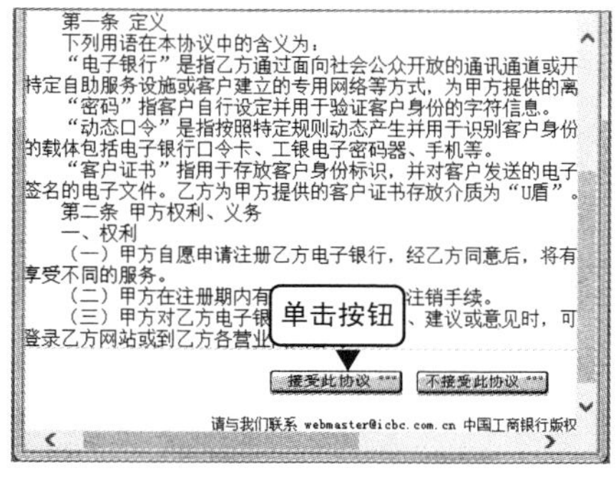

图 3-17　接受服务协议

在打开的页面中输入账号、账号密码、证件号码、登录密码等进个人信息（注意其中的账户密码为投资者的银行卡密码，而输入的登录密码则是我们自己设定用于登录网银时可使用的密码），完成后单击“提交”按钮完成个人银行的注册，如图 3-18 所示。

此时在打开的页面中，系统会在此询问是否需要开通该张银行卡的网银，单击“确定”按钮，如图 3-19 所示。稍后系统将会告知投资者网银开通成功。

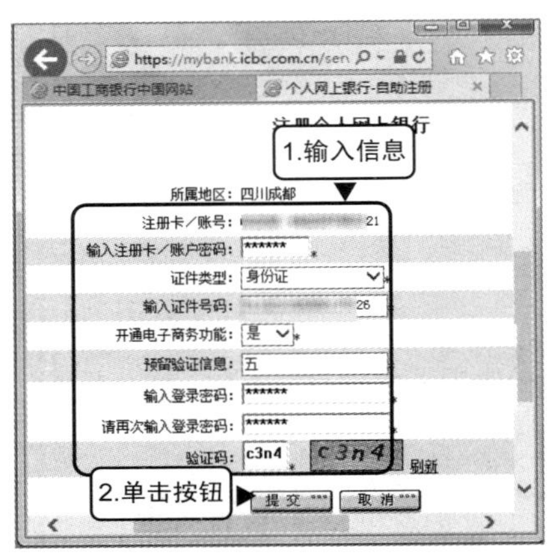

图 3-18　填写相关信息

图 3-19　确认开通网银

一般情况下，我们在银行柜台开通网银以后，当回家使用时，我们还需要安装相关的驱动，即所谓证书下载。

首先，登录个人网银，输入银行账号、网银密码、验证码等，输入完成以后，单击“登录”按钮，如图 3-20 所示。

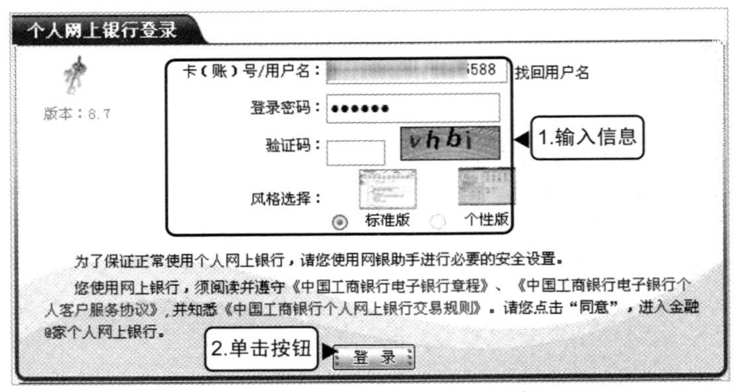

图 3-20　登录网银

在打开的网银页面中单击“安全中心”超链接，此时系统将出现修改密码

的窗口，在该窗口我们可以进行网银密码的修改。单击“U 盾证书下载”超链接，进入下一步操作，如图 3-21 所示。

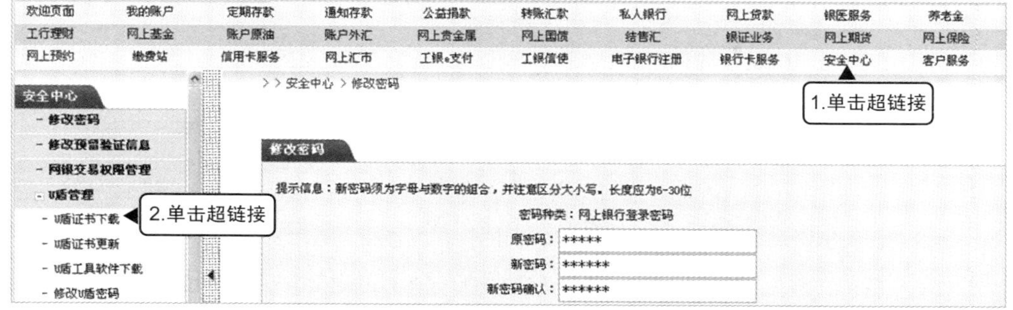

图 3-21　单击“安全中心”超链接

此时我们将进入图 3-22 所示的页面，根据提示，单击“开始下载”按钮开始下载证书。

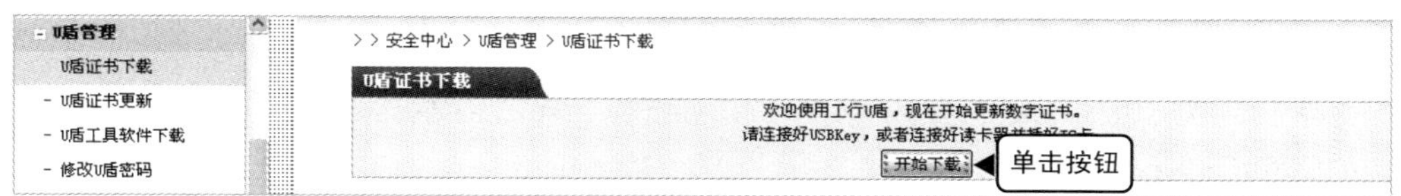

图 3-22　开始下载证书

在打开的 U 盾证书下载说明页面中单击“下载”按钮下载证书，如图 3-23 所示。

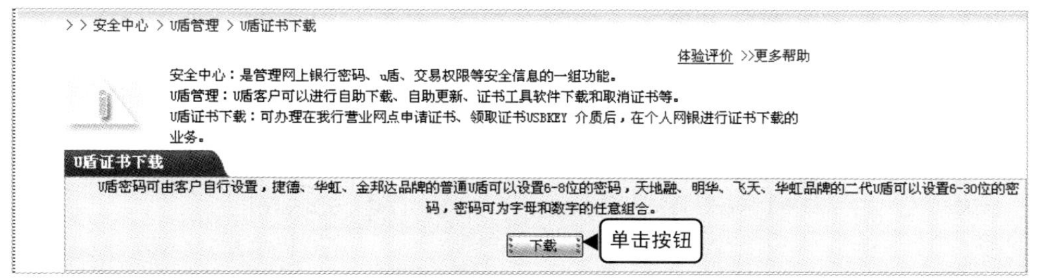

图 3-23　下载证书

此时，我们需要对 U 盾的密码进行输入并确认，单击“确定”按钮，如图 3-24 所示。

确认完成以后，我们将进入图 3-25 所示的页面，连接 U 盾并确认，紧接着系统将提示我们再次输入密码，输入完成以后，单击“确定”按钮，如图 3-26 所示，最后系统将会提示我们证书下载成功。

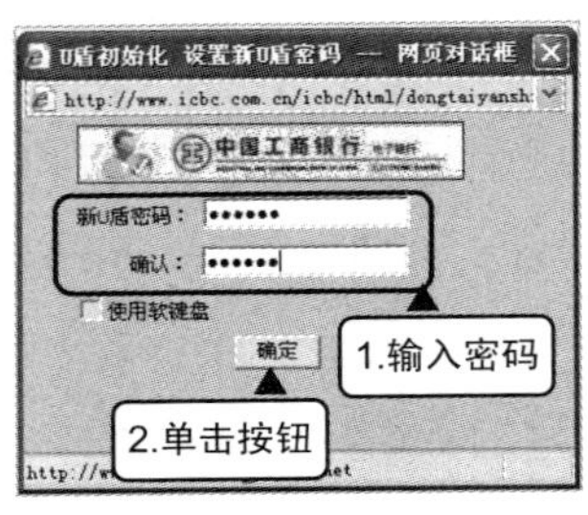

图 3-24　输入密码

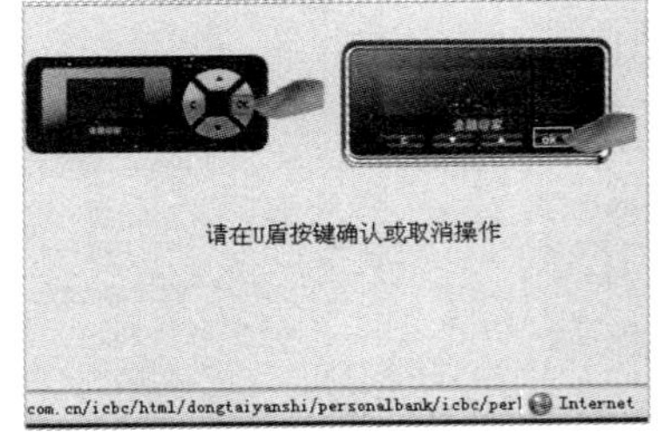

图 3-25　确认操作

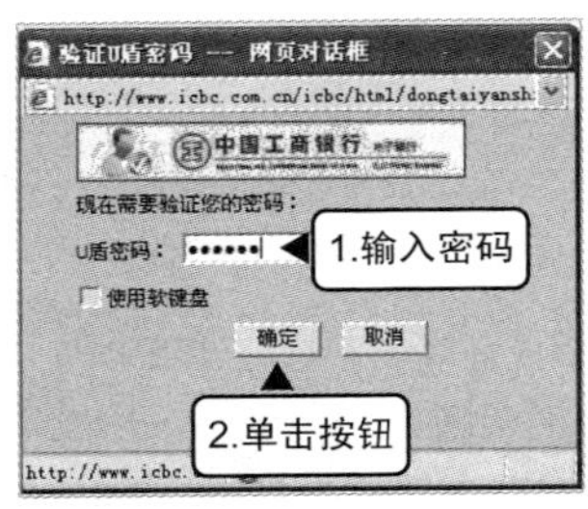

图 3-26　再次确认

当我们开通网银以后，在首次支付时，首先需要登录个人网银账号，同时修改网银的登录密码，该密码一般为数字与字母的组合，同时需要激活口令。

需要注意的是，在购物时，如果我们使用 U 盾支付，在 24 小时内都可以进行大额转账，并且交易额不会受到限制。但如果我们选择的是使用动态口令支付，那么每日累计不超过 5 000 元，单笔支付限额为 1 000 元，而且可使用的口令为 1 000 次。但不同的银行可能会存在一定的调整。

为了避免女性朋友们在购物时盲目消费，毫无节制，我们可以在银行官网的网银页面进行限额的调整。

在网银的安全中心页面，单击“口令卡管理”超链接，此时将出现图 3-27 所示的口令卡管理窗口。我们可以对于日累计限额、口令卡密码、验证码进行输入，完成后单击“确定”按钮即可修改成功，如图 3-27 所示。

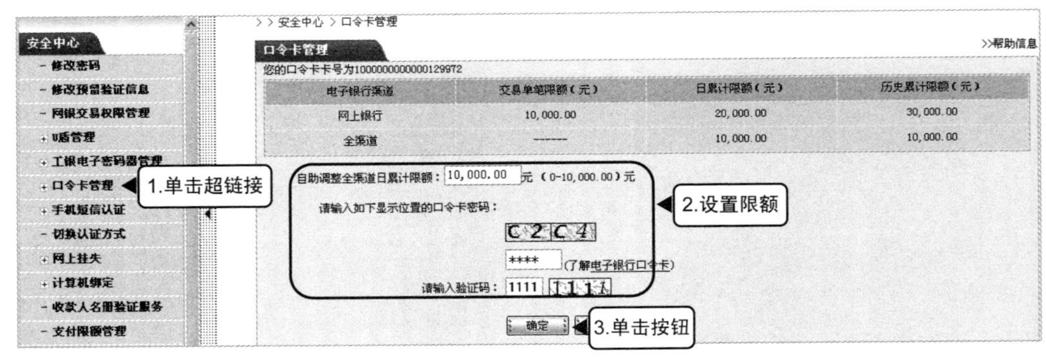

图 3-27　修改支付限额

除此外，我们还可以对于支付的限额进行修改，同样的在安全中心页面单击“支付限额管理”超链接，此时我们将进入图 3-28 所示的页面，在其中对单笔支付的最高限额和日累计支付最高限额进行修改，完成后单击“提交”按钮。

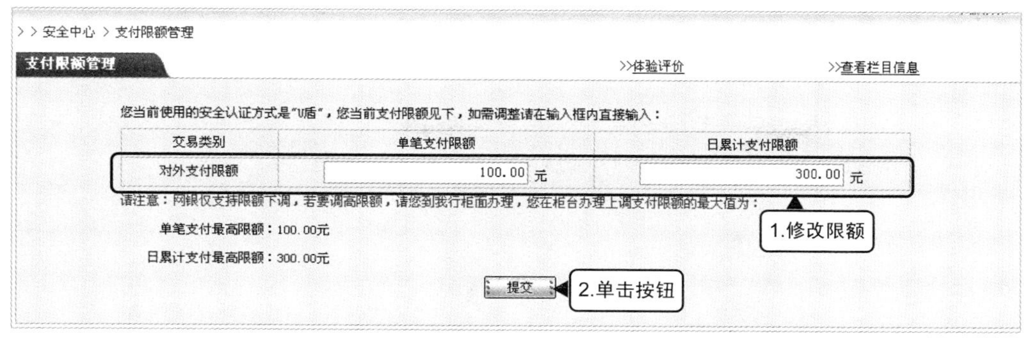

图 3-28　输入需要修改的支付限额

在打开的页面中输入相关密码，单击“确定”按钮，如图 3-29 所示，在打开的图 3-30 所示的页面中直接单击“确定”按钮，将进入图 3-31 所示的页面，系统提示交易修改成功，单击“完成”按钮完成整个操作。

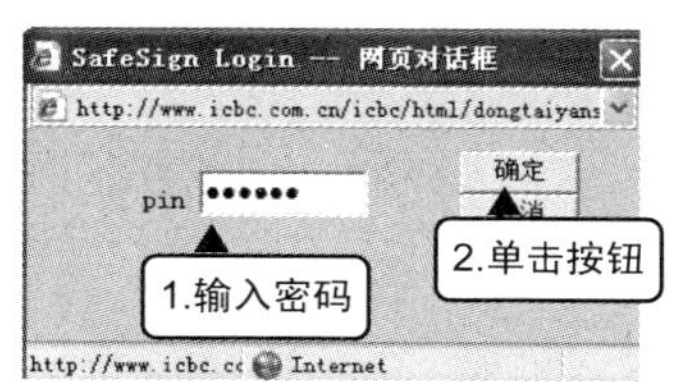

图 3-29　输入密码

图 3-30　确认信息

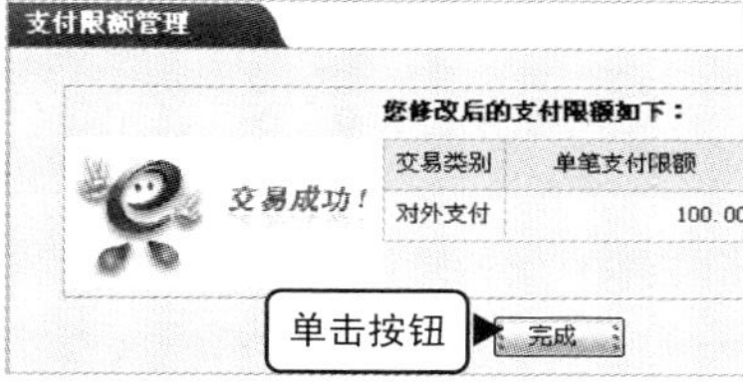

图 3-31　交易成功

3.3.2　注册网购账户

准备了网银卡后，只完成了网上购物的第一步准备工作，第二步需要注册一个网购账户，下面以注册支付宝账户为例进行简单的介绍。

首先，登录支付宝的官网，如图 3-32 所示，在出现的登录窗口下单击“免费注册”超链接。

图 3-32　单击“免费注册”超链接

在打开的页面中填写电子邮箱、验证码后单击“下一步”按钮，如图 3-33 所示。

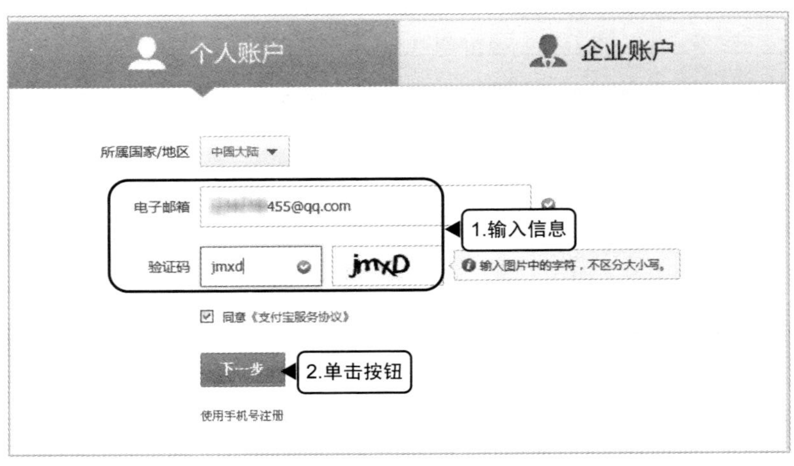

图 3-33　填写个人信息

紧接着我们需要对于个人的手机信息进行验证，输入个人的手机号码以及校验码，输入完成以后，单击“下一步”操作按钮，如图 3-34 所示。

此时我们将进入图 3-35 所示的页面，需要我们对于相关申请进行邮箱验证，单击“立即查收邮件”按钮。

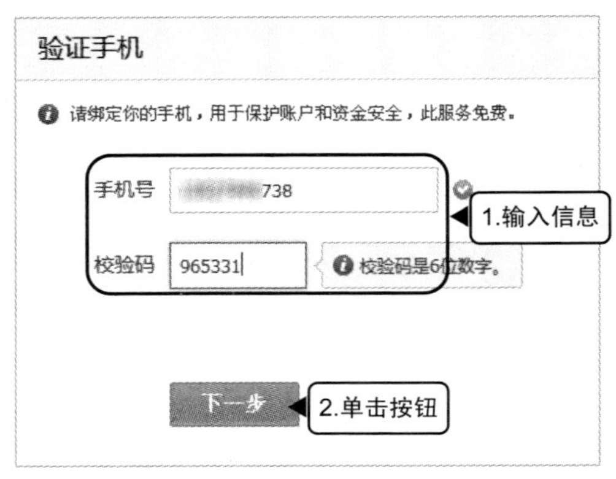

图 3-34　输入手机信息

验证邮件已发送到邮箱 224***@qq.com
请在24小时内点击邮件中的链接继续注册。
立即查收邮件
单击按钮
没收到邮件？

图 3-35　验收邮件

程序自动登录并打开对应的电子邮件页面，在其中单击“继续注册”按钮继续完成注册（也可以直接单击如下提示的网站超链接），如图 3-36 所示。

在打开的页面中即可查看到注册的支付宝账户名，在其下方设置登录密码，（当我们设置密码时，一定要注意安全性，我们可以尽量将密码设置得相对复

杂些，那么就能在一定程度上提高安全性）。

图 3-36　邮箱链接

图 3-37　输入密码

除此外，我们同样需要对于支付密码进行设置，该密码更要注意其安全性，因为它直接关系到我们付款时密码的安全问题。密码设置完成以后，我们需要输入自己的真实姓名以及身份证号码，输入完成以后单击“确定”按钮，如图 3-38 所示。

紧接着我们将进入图 3-39 所示的页面，系统将自动显示我们的姓名、身份证号、银行卡卡号、手机号码等，确认信息无误后，单击“同意协议并确定”按钮。

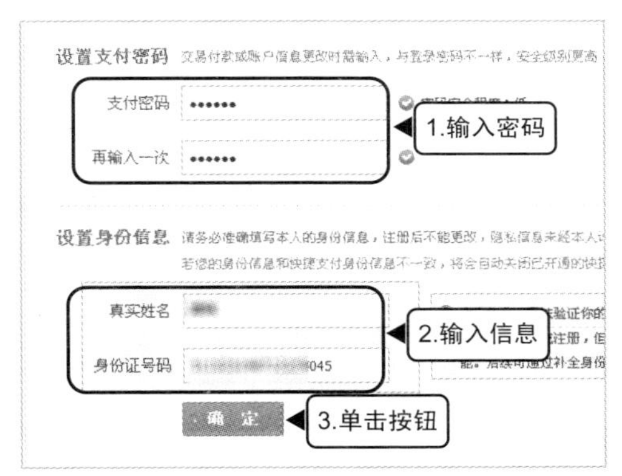

图 3-38　输入个人真实信息

图 3-39　信息确认

此时，系统将自动提示我们支付宝开通成功，包括账户名、手机号、银行卡号等，同时我们还可以登录支付宝钱包，领取一些特权，如话费充值优惠、转账 0 手续费、3 元红包等，具体如图 3-40 所示。

图 3-40　开通成功

3.3.3　淘宝爽购物

喜欢网购的 MM 对于淘宝都不会陌生，去淘宝，爽购物，不管是对于单身女白领还是妈妈们都适合。

为什么大家都喜欢去淘宝呢？有三个主要原因：第一，淘宝商品多，可满足我们不同的需求；第二，送货上门，方便快捷；第三，商品物美价廉，是女性理财的首选。

现在就让我们去看一看淘宝是否值得淘！首先，登录淘宝官网首页，如图 3-41 所示。

图 3-41　登录淘宝

在该页面我们可以看到各种商品，包括男女衣服、食品、电器等，当然我们更可以看到当前热门新衣以及打折商品，如上图所示冬季保暖衣服 3 折起。

此外，在该页面我们还可以看到一些可淘的手机数码产品，如手机、平板、电脑、相机、3G 配件等，如图 3-42 所示。

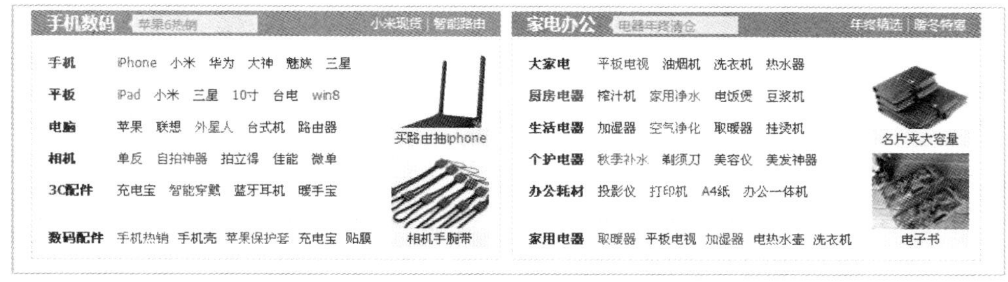

图 3-42　淘宝产品

当然我们还可以按类别选择我们需要购买的商品，如女孩子们如果要购买面膜，直接单击“面膜”超链接，如图 3-43 所示。

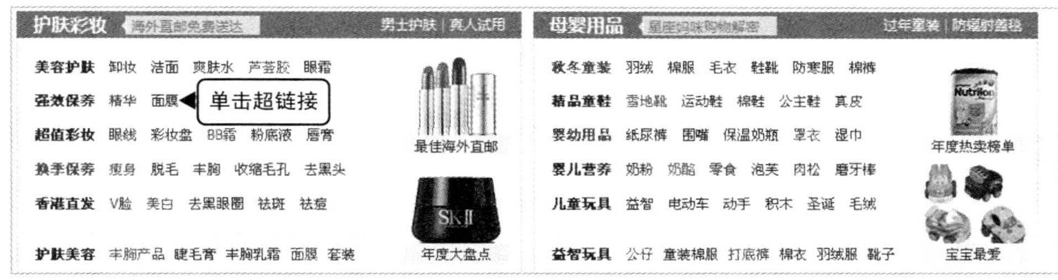

图 3-43　单击“面膜”超链接

在打开的页面中即可显示各种品牌的面膜，在该页面中，还可以按照面膜的品牌、功效等设置筛选条件，如图 3-44 所示，直接单击对应的超链接，即可将符合筛选条件的结果显示在筛选条件下方。

图 3-44　选择面膜品牌

如果无法确定，可根据淘宝的热门推荐，在该页面下方系统还提供了一些推荐面膜，如图 3-45 所示，如果看中了某款商品，直接单击该款产品对应的超链接即可。

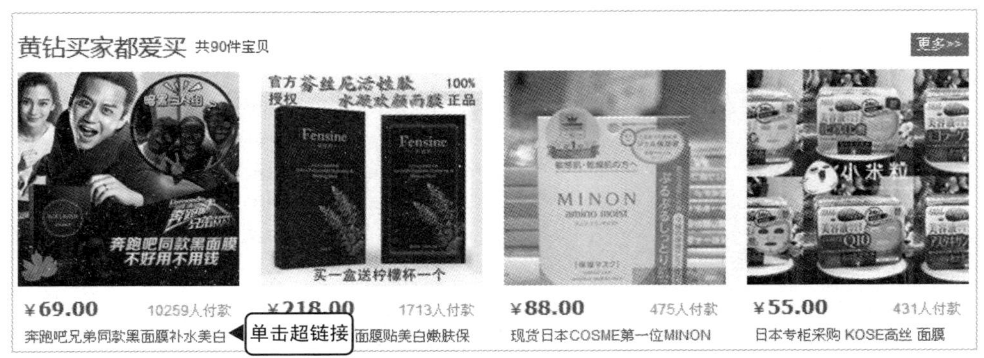

图 3-45　选择推荐面膜

在打开的页面中即可查看到该款面膜的详细信息，如原价 139 元，现在淘宝价为 69 元，充分节约了成本，如果喜欢，直接单击“加入购物车”按钮就可以将该产品加入购物车，如图 3-46 所示。

当然，在购买前我们还可以看看其他的买家是如何评价该面膜的，直接拖动滚动条，在页面下方即可查看到该面膜的累积评论有 2 548 条，成交记录有 13 131 条，如图 3-47 所示。

图 3-46　了解面膜详情信息

图 3-47　查看评价

相对来说，女孩子都会偏爱淘宝购物，不仅有各种廉价商品，而且也有各种昂贵的奢侈品，但是这些奢侈品相对实体店中的价格，也是有很大的优惠和折扣，不仅节约时间，而且更节约购买成本，因此，网购是女性理财必须掌握的一门购物技巧。

3.4 超前消费要谨慎

很多女孩子喜欢购买名牌、奢侈品，即使她们并非出身豪门，但是为了工作需要以及虚荣心的满足，名牌、奢侈品已经成了她们生活的必需品，但是微薄的工资根本无法支付这昂贵的消费，于是她们选择了信用卡。

可是小伙伴们，利用信用卡来进行超前消费，真的好吗？

有些女孩子由于过度超前消费，导致每月的薪水大部分都用于偿还信用卡，有的甚至当月的薪水还不够偿还信用卡，最终沦为"卡奴"，继而永无止境地工作，永无止境地偿还信用卡。

因此，女孩子们在超前消费上一定要谨慎，下面具体介绍一些有关信用卡的合理使用、信用卡理财小窍门以及如何规避信用卡风险，让你既可以超前消费，过上小资生活水平，又能理财，累积自己的财富。

3.4.1 信用卡的合理使用

信用卡一般是由商业银行向个人和单位发行，如我们经常可以看到工行、建行、交行等工作人员询问是否需要办理信用卡，它是银行向客户提供的一种先消费后还款的小额信贷支付工具。

当我们在商场购物或刷卡时，如果购物超过了预算，那么就可以通过该卡向银行借贷，该类借贷不需要我们支付任何的利息和手续费，但银行一般会规定一个额度，如最高的借款额，以及规定相应的还款时间。

信用卡与储蓄卡大同小异，一般在正面印有发卡银行名称、有效期、账号号码、持卡人姓名等内容，背面有磁条、签名条。如图 3-48 所示为某银行的信用卡正反面效果。

图 3-48 信用卡

信用卡的划分方式很多，但是根据持卡人的信誉、地位、资产状况等来划分是最常见的划分方式，即将信用卡划分为普通卡和金卡。这两种信用卡的办理具体要求如下所示。

- **普通卡**：相对来说，普通卡只要具备一定资产的人群都能办理，甚至是在校的大学生，它对于经济实力、名誉、地位等的要求并不高。
- **金卡**：相对来说，金卡类似于储蓄卡中的 VIP 卡，它是一种缴纳高额会费、享受特别待遇的高级信用卡。它的办理要求相对较高，如信用卡的持有者要求信用度较高、偿还能力较强、具有一定的社会地位等。类似于 VIP 卡，金卡享有的各种服务也会更高级。

从清偿方式上来划分，信用卡又可以分为借记卡和贷记卡，具体如图 3-49 所示。

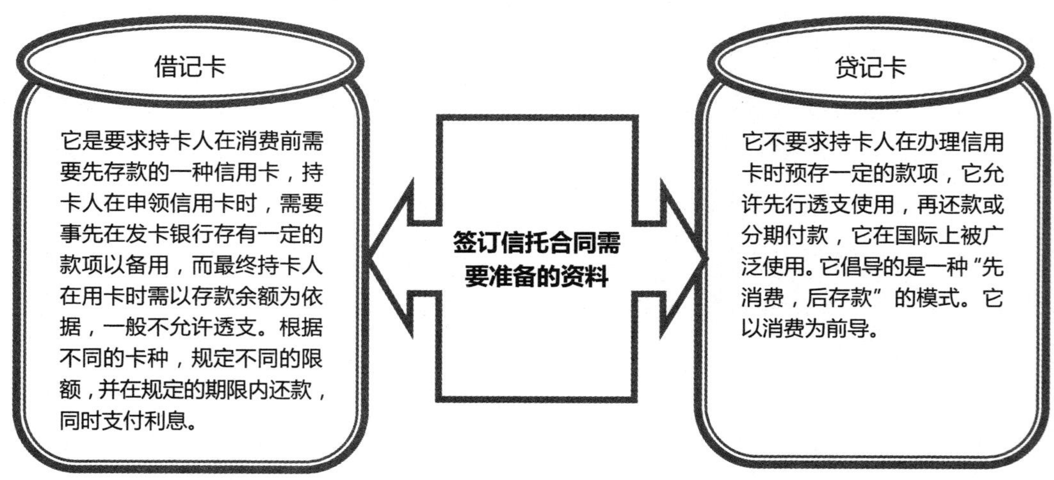

图 3-49 信用卡的分类

如同办理储蓄卡一样，信用卡同样需要申请，一般只要具有完全的民事行

为能力且具有一定的经济来源的公民，都可以向发卡银行申请信用卡。

当个人申请信用卡时，必须保证个人具有固定的职业和稳定的收入来源，并能向银行提供担保。担保的形式包括个人担保、单位担保和个人资金担保。

在申请信用卡时，要注意几个问题，具体如下图 3-50 所示。

申请表：内容一般包括姓名、基本情况、收入来源、担保人等。

↓

提交资料：提交证件复印件及相关证明给发卡行。

↓

资信证明：递交申请书的同时还要提交有关资信证明。

↓

信用卡合同：申请表一般都会附带有使用信用卡的合同。

↓

签名：对于合同的相关信息确认无误后才亲笔签名。

图 3-50　申请信用卡时需要注意的几个问题

当然，在使用信用卡时，最关心的还是它的信用额度，信用额度简单来说就是银行给予该信用卡的一个最高的透支限额，当我们在商场或其他场合消费时，只要消费的额度在该卡最高限额内，那么就可以刷该信用卡。但是如果超过了最高额度，那么就不能正常刷卡。

相对来说，信用额度是银行根据我们填写的资料和提供的相关证明文件综合评定核定的，一般可以由银行定期进行调整，当然需要我们提供相应的证明资料。另外，在一些特定的情形下我们还可以要求提高临时的信用额度。

除了信用额度，一般大家还比较关心的一个问题便是还款方式及还款日期，对于还款方式，我们简单介绍几种常见的方式，如图 3-51 所示。

在线还款

一般可以通过我们常见的如银联在线、快钱、盛付通、支付宝、财付通等进行在线还款。如果选择不同的平台和银行，它的收费标准以及款项具体到账时间是存在差别的。

图 3-51　信用卡还款的几种常见方式

微银通 pos 手机

微银通 pos 手机是一种利用移动金融系统进行个人支付的终端平台，不仅可以用来直接刷卡还款，还可以用于转账。

转账还款

一般可通过银行柜台或 ATM 机进行同城跨行或异地跨行的方式完成转账，但无论采取何种方式转账，银行都将收取一定的费用，而且到账还需要一定的时间。

“还款通”还款

它的收费一般按当地人民银行规定的同城跨行转账与异地跨行汇划收费标准收取。

“拉卡拉”还款

该种方式主要是通过安装在便利店中的“拉卡拉”智能支付终端完成还款，一般到账时间需 2~3 个工作日，通过该种方式还款无任何手续费。

“信付通”还款

“信付通”智能刷卡电话支付，是由中国银联自主研发，并通过银行卡检测中心认证，并由中国银联跨行信息交换网络提供金融服务支持的一种创新电子产品。

申请行还款

一般可以在申请行的柜台、ATM、网上银行等平台进行还款，款项一般当天在系统处理后即可入账。

图 3-51　信用卡还款的几种常见方式（续）

3.4.2　信用卡理财小窍门

如同我们在牛市、熊市中存在的一些投股小窍门，当我们通过信用卡理财时，我们仍然需要注意一些理财的小窍门，下面我们就对这些小窍门做简单介绍，如图 3-52 所示。

减少提现

一般信用卡都具有透支和提现两种功能，但提现时银行会扣缴一定比例的手续费，所以相对来说提现并不划算。

在最高信用额度内多刷卡

在每张信用卡的最高限额内多刷卡。不仅更便捷消费，而且还能累积信用，银行也能从你的刷卡额中向商家收取相应的手续费，长此以往可提高个人信用额度。

图 3-52　信用卡理财的小窍门

控制信用卡的数量

如同我们的储蓄卡，一旦数量过多就会忘记卡内余额、银行卡密码等，信用卡也如此，一旦数量过多就容易忘记相应的还款日期，从而影响信用记录。

选对适合的信用卡

现如今，市场上除了四大银行的信用卡以外，还存在很多商业信用卡，有些信用卡是银行与商家合作，办理该类信用卡可获得相应的优惠，但是记住要选择合适的。

到还款日才还款

对于信用卡的还款，要记住准时还款，一般不建议提前还款，对于手里闲置的资金即使存在银行作为一种活期利息也是有利息的。

保留刷卡凭证

相对来说保留刷卡凭证不仅便于每月总结消费记录，还能了解自己的消费习惯，从而做出相应的理财计划，更能确保自己信用卡的安全性。

图 3-52 信用卡理财的小窍门（续）

对于如上的几点小窍门，仅作为个人感受，可作为简单的参考，特别适合喜欢刷卡消费的 MM。

3.4.3 信用卡风险需注意

如同我们使用储蓄卡一样，当我们在日常生活中通过信用卡来理财时，它同样具有一定的风险，对于信用卡的风险，下面进行简单介绍，具体如图 3-53 所示。

来源于持卡人的风险

一般变现为持卡人恶意透支，即先挂失，然后在极短时间大量使用挂失卡、利用信用卡透支金额发放高利贷。

来源于商家的风险

一般可表现为不法雇员欺诈或者不法商家欺诈，都将给使用者带来一定的风险。

图 3-53 信用卡风险

来源于第三方的风险

包括盗窃信用卡、复制信用卡、ATM 欺诈、伪造、身份冒用、虚假申报等。

来源于商业银行的风险

通常情况下表现为在商业银行的内部存在不法的工作人员，他们往往会利用职权在内部作案。

图 3-53　信用卡风险（续）

除了如上所说的风险，一般在信用卡的日常使用中，我们还要注意防范信用卡诈骗的风险，一般可以从图 3-54 所示的几点出发。

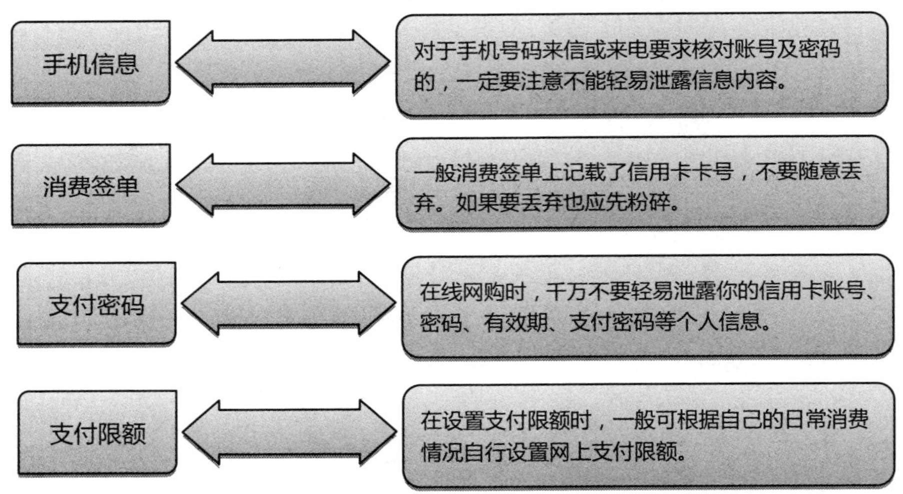

图 3-54　防范信用卡诈骗

当然，如上一些方法技巧并不是注意到了信用卡的风险就不会发生，我们要做的是“防治结合、预防为主”，只要预防措施做得好，那么信用卡风险概率也将大大降低。

3.5 月光女神的克星

不管是刚刚走出校园的大学生，还是已经工作一两年的小白领，月光族大有人在，特别是对于喜欢购买衣服、化妆品、各种包包的女神们。由于毫无节制的消费，最终女神渐渐变成了月光女神。

月月光几乎成为现代年轻女性的一种生活标志，但是随着年龄的增加，作为一名女子始终需要为自己沉淀一份积蓄。

那么，有没有什么办法能帮女神门摆脱月光女神，为自己攒一份嫁妆呢？当然有，那便是月光女神的克星——记账理财。

俗话说“你不理财，财不理你”。要想为自己累计一笔财富，月光女神从现在开始就要开始学会记账，从记账中控制自己的消费，理出一份嫁妆。

谁缔造了月光女神

3.5.1 理财必学——记账

理财的根本便是记账，正所谓家家都有一本理财经，家庭记账理财并非需要如同专业的会计师一般，需要各种财务报表之类的统计，而是对于我们的资产、负债、收入、支出做一个简单的统计与分析，从而对自己每月的花费做一个简单的预算。

当然，每个人的理财习惯不同，记录的方式也不同，我们先来看下面一个简单的例子。

例：美美去年大学毕业，在一家公司做文员，每月工资 4 000 元，由于每月的工资几乎不够花费，于是她很荣幸地加入了月光族一群。

最近，表姐提醒她，该为自己攒一份嫁妆了，于是她对于自己的收入与支出做了一份简单的统计，她发现她每月的工资收入 4 000 元，而每月的支出大概可以分为房租、水电费、生活费、车费、朋友聚会、学习成本、旅游花费等。

其中，房租和水电费大概在 1 000 元左右，生活费在 1 000 元左右，车费 400 元左右，朋友聚会 300~500 元，每月购书 100~200 元，旅游花费 500~1 000 元，而如此下来，几乎每月都没有剩余。

如上例所示，美美的月工资刚好够每月的花费，如果能将剩余的一部分资金用于理财的话，那么就需要她减少每月的旅游花费。可以改为两月一次或者在每年固定的几次，从而将旅游的花费用于各项理财投资，以此来累计自己的财富。

3.5.2　日记账与收支表

当然除了前面所说的随意地对收入进行记录外，一般还可通过固定的形式进行记账，如企业的现金日记账和银行存款日记账，如图 3-55 和 3-56 所示。

现金日记帐

月	日	凭证字	凭证号	摘要	对方科目	借方金额	贷方金额	余额
6	1			期初余额				190000
	2		2	支付运费	材料采购		50000	140000
					应交税金		3500	136500
	15		14	提现，发放工资	银行存款	14000000		14136500
	15		15	发放工资	应付工资		14000000	136500
	18		19	采购员[illegible]预支差旅费	其他应收款		40000	96500

图 3-55　现金日记账

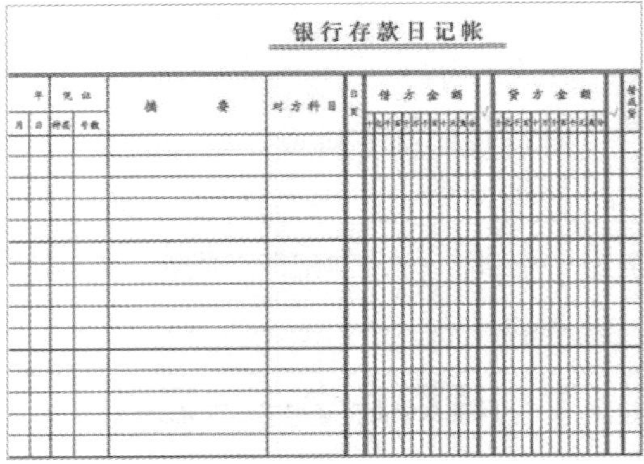
银行存款日记帐

年		凭证		摘要	对方科目	借方金额	贷方金额	余额

图 3-56　银行存款日记账

相对来说，企业的日记账会更加严谨，而用于家庭的日记账则比较常见，而且也存在多种样式，下面我们简单介绍一种，如表 3-1 所示。

表 3-1　家庭日记账

总项目	明细项目	日金额	月金额	月总金额	记录时间
伙食花费	菜	20 元	600 元	1 020 元	2015 年 1 月 1 日
	米	2 元	60 元		2015 年 1 月 1 日
	油	2 元	60 元		2015 年 1 月 1 日
	水果	10 元	300 元		2015 年 1 月 1 日
车费	地铁、公交	12 元	360 元	360 元	2015 年 1 月 1 日
	油费				2015 年 1 月 1 日
住房花费	租房	40 元	1200 元	1 380 元	2015 年 1 月 1 日
	水电	6 元	180 元		2015 年 1 月 1 日
	按揭				2015 年 1 月 1 日
服装花费	衣服		500 元	1 100 元	2015 年 1 月 1 日
	鞋子		300 元		2015 年 1 月 1 日
	其他		300 元		2015 年 1 月 1 日

续表

总项目	明细项目	日金额	月金额	月总金额	记录时间
女人专用	化妆品		200 元	350 元	2015 年 1 月 1 日
	包包		150 元		2015 年 1 月 1 日
旅游花费	出行车费		200 元	500 元	2015 年 1 月 1 日
	旅途购物		300 元		2015 年 1 月 1 日

一般如上的家庭日记账，每天花费的项目可根据不同的家庭做不同的更改，明细项目可增加或减少，通过如上的明细开支，我们可以对家庭每日以及每月的花费有一个简单的估算，并且为理财预算打下基础。

一般对于家庭的花费除了家庭日记账，还存在另外一种形式，那便是收支表，即以表格的形式对家庭的收支进行简单的列明，具体如表 3-2 所示。

表 3-2　家庭收支表

项目	金额（元）
家庭总收入	5 000 元/月
家庭总支出	3 900 元/月
衣	500 元/月
食	1 000 元/月
住	1 500 元/月
行	300 元/月
医疗费用	200 元/月
教育费用	200 元/月
度假费用	200 元/月
每月结余	1 100 元/月

3.5.3　手机一划随手记

随着手机功能的不断增强，现在的智能手机几乎替代了电脑，无论是上班还是下班，手机几乎从不离身，对于女孩子更是如此，因此家庭的记账，我们也可以在手机上进行。

对于手机记账，一般我们只需要安装一个手机记账软件即可，如同我们每天打开微信、微博，只要打开该软件，就能一账随手记。

市场上常见的手机记账软件很多，我们可以选择适合自己手机且快捷方便的记账软件，如适合 iPhone 的随手记，具体如图 3-57 所示。

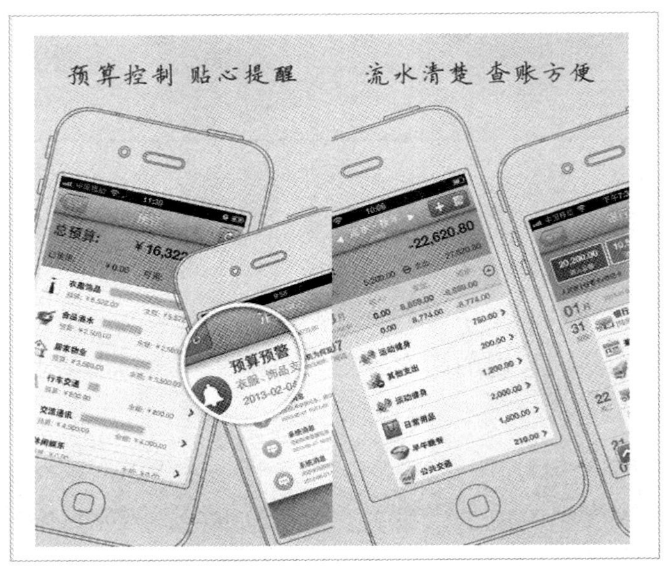

图 3-57　手机日记账

如上图所示，通过该手机记账软件，就可以对我们的日常支出进行简单的统计，同时计算出相应的总预算。

Part 04

做好储蓄与债券的“贤妻”

一个女孩在某个年纪，经历青春的悲欢离合，终会在某个路口，择一个人，执子之手，与子偕老，付出爱心、关心、体贴、包容，学做一个贤妻。同样的道理，在攒钱理财的道路上，同样需要付出你的爱心与细心，做一个“贤妻”。

4.1 当好家庭“守财奴”

提到守财奴，我们都会想起莎士比亚笔下的夏洛克，贪婪、阴险、凶残、吝啬，腰缠万贯，却从不享用，一心只想着放高利贷，他的生命中只有金钱，“守财奴”在那时代表着一个贬义词。

“守财奴”是怎样炼成的

但是在快速发展的今天，所有的付出都以价值回报，随着生活压力的不断增加，房贷、车贷、学费、养老等现实问题开始敲打家庭的房门。我们都在不停地赚取财富，但我们不仅是将财富带回家门，同时更是要守住这些财富，甚至实现财富增值。

那么该如何做好家庭的守财奴呢？

4.1.1 确定攒钱方向标

很多姑娘说，我为什么要攒钱，我以我是月光族为荣，可是姑娘们，如果你不攒钱理财，在飞速发展的社会，如果你的收入落后于你的需求，那么你这一生都将在迷迷糊糊中度过。

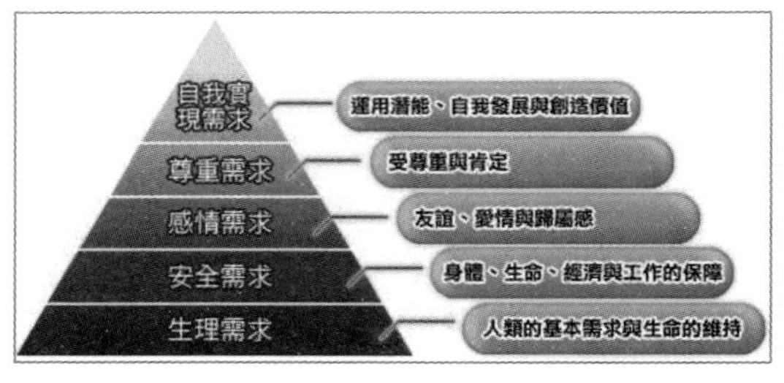

马斯洛的需求理论告诉我们，人的一生有需求层次之分，而人的最低层次追求温饱，在其基础上不断实现各种层次的需求。

而满足这些需求的前提是在一定的财富基础上，只有制定一定的理财计划，才能实现需求的满足，也才能达成生活的目标。所以姑娘你需要攒钱理财。

对于每一个活跃在都市的上班族来说，无论是在地铁、公交，还是在写字楼，都是来去匆匆的身影，他们很忙，忙得没有时间恋爱，没有时间陪父母，更没有多余的时间来理财，但是现实又时刻在提醒着他们，不能不理财，即使不去投资，也要守住原有的积蓄，简单来说就是攒钱。

那么该如何去攒钱呢？对于女孩子来说，在理财上一般相对比较保守，对于高风险的投资一般不敢轻易地去尝试，所以她们理财一般会选择风险相对较低的投资。

攒钱作为理财的一种手段，一般来说没有天生的理财者，都是在后天的生活中慢慢积累。

所以，女孩们别轻易否定，也别轻易决定，对于个人理财，更没有明确、科学的定义，没有通用的理财计划，不同的家庭、不同的积蓄、不同的风险承受、不同的需求都将决定采取不同的理财方式与攒钱的手段，但前提是你得先明白你的攒钱方向标。

以最少的成本，获得最大的收益，不仅是经济学的要求，更是攒钱的方向标。

在生活中，我们要不停地面临抉择，对于没有的财富如何去争取？对于掌握的财富如何去留住？对于不确定的未来如何能一笑置之？这一切都需要我们做一个“守财奴”，守住手里即使不多却弥足珍贵的财富。

人生只有拥有目标，你才会发现自己存在的价值，对于攒钱也如此，一旦明确攒钱的方向标，那么你就能找到攒钱的动力，就应该付出行动，所谓时不待我也。全球首富比尔盖茨曾经说过，“哪怕一秒也能创造无数的价值”，所以想攒钱的姑娘们，赶紧行动起来吧！

4.1.2　了解攒钱的手段

当我们已经明确攒钱的方向标之后，接下来就需要明确攒钱的手段，相对来说，由于理财偏好、风险承担、家庭状况的不同，对于女性理财，一般会选择最常见的银行储蓄、购买银行的各种理财产品以及各种风险较低的债券等，总的原则就是财富在一定的时间、空间上增值，但同时风险较低。

但相对来说，攒钱一般会分三步走，即生钱、护钱、以钱生钱，其中，生钱简单来说就是我们理解的各种家庭收入，包括工资收入、生意收入、房屋买卖收入等，家庭的各种收入就是积蓄的各种财富。护钱，简单来说，就是节省各种家庭开支，包括家庭的日常消费支出以及为家庭成员购买各种保险。

最后的以钱生钱，一般指家庭在可支配的金额之内用于如银行储蓄、债券、股票等投资，将家庭的多余闲钱用于理财投资。

下面以一个小案例来说明。

张女士，今年35岁，单身妈妈，广州人，目前月收入7 000元，工作稳定，有一个3岁女儿正上幼儿园，家有如下资产：定期存款50万元；现金、活期10万元；债券10万元；基金10万元；资产合计60万元；消费：每月日常生活开支5 000元，每年旅游支出在5 000元；保险费2 500元/年；其他支出20 000元/年；家里目前没有负债。

为了给女儿更好的生活以及赡养父母，近年来张女士逐步确定了自己的攒钱目标，她确定了攒钱的三大目标：目标一，给女儿积蓄一定的教育费用，初步目标在30万元，现在女儿3岁，等到女儿18岁上大学的时候，那么中间就还有15年。

目标二，希望自己能在55岁退休后有一笔养老金，而原有的生活质量不变。目标三，原有一套三居室，但是在离婚时房屋归属了丈夫，而自己和女儿目前租房，她希望能通过一定的理财，拥有自己的住房。

首先，她分析了自己的家庭情形，女儿现在3岁，18岁上大学，那么就还有15年的时间，这意味着每年需要积蓄2万元，在女儿上大学的时候才能实现30万元的目标。相对来说，时间较长，准备时间充足，同时现在自己储蓄的重点是在银行储蓄上，目前银行储蓄定期就有30万元，随着通货膨胀，她也渐渐明白，存在银行的钱逐年也在贬值，于是她打算做其他的投资。

其次，她根据自己的攒钱目标制定了具体的规划。

规划一：减少存款。因为自己目前工作相对稳定，而且家庭没有负债，目前家庭的现金、活期为10万元，她打算减少活期存款比例，决定计划在3万元左右，剩余的7万元，活期或现金用来购买货币基金，它的收益相对比银行活期存款高，同时变现能力也相对灵活。同时她还打算减少定期存款的资金。

规划二：为女儿积蓄教育基金。张女士想为女儿做一笔30万元的教育金，时间15年，而她打算从定期存款中拿出一部分资金做一定的投资。于是在朋友的介绍下，她从定期存款拿出10万元购买了年化收益12%，预计6年可以实现本金翻倍的某公司理财产品。按此推算，只需要12年的时间，本金投入10

万元就可实现30万元的回报，那么在15年后，女儿上大学的时候已经有30多万元的教育金了。

规划三：养老金安排。张女士希望在自己退休之后有一笔养老金，针对目前的情况，由于自己风险偏好较低，不敢冒险股票类投资，同时考虑到自己每年都有购买社保养老，于是她打算拿出一部分较少的投资，用于补充养老。根据投资习惯，她每月都会固定从工资收入里拿出800元购买基金，进行长期的基金定投。她认为到退休的那天，这笔投资就可以作为一笔养老金使用。不仅自己能养老，同时也给女儿减轻负担。

规划四：住房计划。由于张女士现在没有任何负债，而且工作稳定，同时公司给自己购买社保和公积金，因此她打算通过银行公积金进行贷款，实现购房目标。同时现在银行公积金贷款利息比较低，她打算将定期存款中20万元进行首付，剩余的房贷可以从银行贷款，其次再拿出部分钱做P2P固定收益类理财，每月付1%的利息，这样每月的利息收入可以填补一定的银行公积金贷款利息。

从上例可以看出，张女士首先做的就是确定自己攒钱的三大目标，女儿教育、养老、购房，并根据自己的家庭情况制定了具体的攒钱手段，用自己的工资收入生钱，同时将钱用于银行储蓄，购买债券、基金等理财方式上。

4.1.3 别小看利率

在当今物价飞涨的年代，人们生活水平提高了，消费也不断增高，人们会觉得和过去10年相比，收入翻了几翻，但是好像感觉收入以及积蓄却越来越少，同样的10元钱，在过去会购买到很多东西，而现在连一碗面钱也不够支付。

同样，过去人们有了积蓄都会存到银行，银行就是最好的保险柜以及理财之道，而现在一些有投资意识的人们将积蓄存入银行的越来越少，到底为什么呢？

原因只有一个，那就是人们通过银行储蓄带来的利息远远抵不过通货膨胀，简单说就是将钱存在银行越来越不值钱。可是，银行储蓄的利率真的有那么低吗？真的让投资者望而却步么？

对于银行的利率该如何去理解，首先我们来看看 2014 年 9 月的存、贷款利率，具体如表 4-1 和 4-2 所示。

表 4-1 2014 年 9 月最新各大银行存款利率表

银行	活期存款	整存整取						零存整取、整存零取、存本取息			通知存款	
		三个月	半年	一年	二年	三年	五年	一年	三年	五年	一天	七天
央行	0.35	2.6	2.8	3	3.75	4.25	4.75	2.85	2.9	3	0.8	1.4
工商银行	0.35	2.85	3.05	3.25	3.75	4.25	4.75	2.85	2.9	3	0.8	1.35
农业银行	0.35	2.85	3.05	3.25	3.75	4.25	4.75	2.85	2.9	3	0.8	1.35
建设银行	0.35	2.85	3.05	3.25	3.75	4.25	4.75	2.85	2.9	3	0.8	1.35
中国银行	0.35	2.85	3.05	3.25	3.75	4.25	4.75	2.85	2.9	3	0.8	1.35
交通银行	0.35	2.85	3.05	3.25	3.75	4.25	4.75	2.85	2.9	3	0.8	1.35
招商银行	0.385	2.86	3.08	3.3	3.75	4.25	4.75	2.85	2.9	3	0.88	1.49
中信银行	0.385	2.86	3.08	3.3	3.75	4.25	4.75	2.86	2.9	3	0.88	1.49
光大银行	0.385	2.86	3.08	3.3	3.75	4.25	4.75	2.85	2.9	3	0.88	1.49
浦发银行	0.385	2.86	3.08	3.3	3.75	4.25	4.75	2.86	2.9	3	0.88	1.49

表 4-2 2014 年 9 月最新各大银行贷款利率表

银行	房贷利率（首套一手房）		消费/短期贷款利率	公司贷款利率			
	三年	五年	一年	半年	一年	三年	五年
央行	6.15	6.55	6	5.6	6	6.15	6.55
工商银行	6.765	7.205	7.8 起	7.28	7.8	7.38 起	7.86 起
农业银行	6.765	7.205	7.8 起	7.28	7.8	7.38 起	7.86 起
建设银行	6.765	7.205	7.8 起	7.28	7.8	7.38 起	7.86 起
中国银行	6.765	7.205	7.8 起	7.28	7.8	7.38 起	7.86 起
交通银行	6.765	7.205	7.8 起	7.28	7.8	7.38 起	7.86 起
招商银行	6.765	6.55	7.2 起	6.72 起	7.2 起	7.38 起	7.86 起
中信银行	6.765	6.55	7.2 起	6.72 起	7.2 起	7.38 起	7.86 起
光大银行	6.765	6.55	7.2 起	6.72 起	7.2 起	7.38 起	7.86 起
浦发银行	6.765	6.55	7.2 起	6.72 起	7.2 起	7.38 起	7.86 起
平安银行	6.765	6.55	7.2 起	6.72 起	7.2 起	7.38 起	7.86 起
广发银行	6.765	6.55	7.2 起	6.72 起	7.2 起	7.38 起	7.86 起
华夏银行	6.765	6.55	7.2 起	6.72 起	7.2 起	7.38 起	7.86 起
民生银行	6.765	6.55	7.2 起	6.72 起	7.2 起	7.38 起	7.86 起
兴业银行	6.765	6.55	7.2 起	6.72 起	7.2 起	7.38 起	7.86 起
宁夏银行	6.765	6.55	7.2 起	6.72 起	7.2 起	7.38 起	7.86 起
南洋商业银行	6.765	6.55	7.2 起	6.72 起	7.2 起	7.38 起	7.86 起

需要注意的是，如上的数据来源一般是采集了某银行的某个分行的，并不代表全国所有银行的贷款利率，因此如果投资者有需求，可以前去自己要做贷款的银行进行咨询。

虽然现在利率市场化，贷款利率下限放开了，但是目前对商业银行的影响有限，基本跟之前相差无几。投资者应根据如上数据，再结合本地政策，得出准确的银行利率。

在我们已经了解了银行利率的情况下，我们来看看如果我们将资金投入银行，通过银行的利率能给我们带来什么惊喜。

曾经在网上流传一篇文章，名为《一天也不放过，榨干银行利息》，就是对于银行存款的奇迹利用，被网友称为“极品存款法”，它对于银行利率是这样计算的，“用网上银行每天都存50元，充分榨干银行利息。1天50元，30天1 500元，1年1.8万元。这样，我们以后每天都有钱，充分榨干银行的利息，1天都不要放过。”

但是经过细算，这样的方法并不可行，由于时间以及成本原因，很少有投资者会将资金拆分成每天存50元，但是它却从另一方面说明，充分利用好每一天、每一分钱，让钱通过时间的复利赚钱，尽可能不要让钱闲置。

那么一般的银行利率会不会带来奇迹呢？下面我们来看一个例子。

章太太，在一家私营企业做人事，每月工资6 000元，公司开办的工资卡是工商银行，而她每月的工资除了拿出一部分用于日常开销，剩余的也就留在了卡里，日子久了，就有了积蓄，但是她发现，3年了，利息却少得可怜，后来她才明白原来卡里的本金都是按活期计算。

后来她就每月拿出3 000元，做一个1年期的定期存款单。每月都如此，一年下来，她发现自己已经有12张一年期的定期存款单。根据表4-1所示，一年期的定期存款，那么12张一年期的利息收入=3 000×3.25%×12=1170元，而如果按活期的利率计算，那么一年下来的利息收入=3 000×12×0.35%=126元。如此，我们可以看出不是银行的利率低，而是我们没有找到适合的存蓄技巧。

此外，章太太从第二年起，每个月都将会有一张存单到期，如果家里急需现金就可以变现使用，也不会损失存款利息；如果没有急用的话，这些存单可以自动续存，而且从第二年起，可以把每月要存的钱添加到当月到期的存单中，重新做一张存款单，继续滚动存款。

如上“12存单法”的好处就在于将活期利息转化为定期利息，但是又不损失存款的变现能力，简单说就是定期存款可当活期存款使用，但是手里拿的却是定期利息，这也证明有时候鱼与熊掌可兼得。只需要坚持，那么就可看见利

率带来的奇迹。在现实生活中，如果你有足够的耐心，那么还可以尝试“24 存单法”、“36 存单法”、“60 存单法”，其原理与“12 存单法”完全相同，不过是每张存单的周期变成了 2 年、3 年、5 年。

这样做的好处是，你可以获得较多的利息。但问题是可能在没完成一个存款周期时，出现资金周转困难，这需要根据自己的资金状况调整。另外，在实行 N 张存单法时，每张存单最好都可设定到期自动续存，这样就可以免去多跑银行之苦了。另外，还可通过网上银行进行操作。

“12 存单法”的方法一般比较适合家庭日常开销不大，并且收入较稳定的家庭，那么长期坚持，将会获得较高的利息。

4.2 攒钱必学好方法

当人有了目标，那么接下来就该付出行动，对于攒钱也一样，一旦明确攒钱的目标，认识到攒钱的工具，那么接下来就该将攒钱付出行动。

无论是单身女子还是家庭主妇，攒钱的首选一般都会是储蓄，而到底选择哪一种储蓄才好，不同的家庭将会有不同的选择，但有一点是一样的，那就是求稳。不求最好，只求最适合。

在选择具体的储蓄之前，先让我们来认识一下储蓄的安全与风险。

4.2.1 储蓄的安全与风险

在认识储蓄的安全以及风险之前，我们先来认识什么是储蓄，储蓄简单说就是人们生活中常见的一种理财方式，储蓄的对象可分为一般的居民、企业和政府等。相对来说，我们常常提到的储蓄，一般指居民的储蓄，就是一般的投资者将自己的积蓄储存于银行，简称银行存款。

要注意的是储蓄一般是将个人结余或暂时闲置的资金存于银行，专业名称为货币资金，一般银行不允许储蓄者将各种实物存于银行。对于存在于世间的任何事物，都有它的两面，有好就有坏，对于储蓄也如此。储蓄有它的安全性，相对来说在所有的投资领域中，它的安全系数最高，但同时它也存在一定的风险。

首先我们来看看它的安全性，一般来说，投资者将自己的积蓄存于各大银行，安全系数很高。只要银行不倒闭，那么存款利率都将得到保证，而且相对来说利率的变动不大。而投资者在储蓄时考虑的安全主要是在储蓄过程中的一些安全行为，具体如图 4-1 所示。

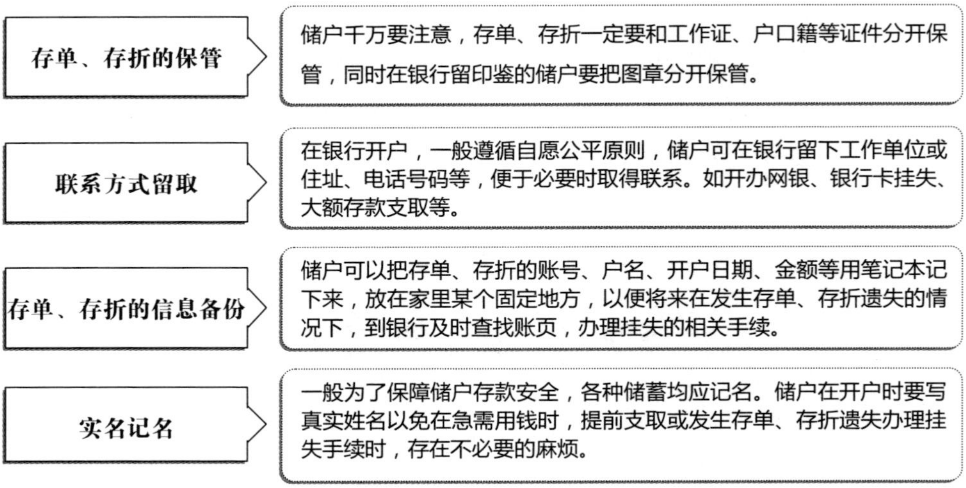

存单、存折的保管	储户千万要注意，存单、存折一定要和工作证、户口籍等证件分开保管，同时在银行留印鉴的储户要把图章分开保管。
联系方式留取	在银行开户，一般遵循自愿公平原则，储户可在银行留下工作单位或住址、电话号码等，便于必要时取得联系。如开办网银、银行卡挂失、大额存款支取等。
存单、存折的信息备份	储户可以把存单、存折的账号、户名、开户日期、金额等用笔记本记下来，放在家里某个固定地方，以便将来在发生存单、存折遗失的情况下，到银行及时查找账页，办理挂失的相关手续。
实名记名	一般为了保障储户存款安全，各种储蓄均应记名。储户在开户时要写真实姓名以免在急需用钱时，提前支取或发生存单、存折遗失办理挂失手续时，存在不必要的麻烦。

图 4-1　储蓄过程中需要注意的一些安全事项

如上图所示的一些安全事项都是我们在储蓄过程中需要注意的，毕竟没有人愿意自己的储蓄因为一些不注意的事项而存在风险，当然不同的家庭可能还存在其他一些需要注意的安全事项，在此不做详讲。

接下来我们来看看储蓄的风险体现。

储蓄的风险一般可以从两大方面来说明，一是储户不能获得预期的利息收入，二是由于通货膨胀引起的储蓄本金贬值的可能性。

那么我们如何才能将这两种风险降到最低呢？首先我们需要了解风险的来源，对于第一种风险，一般是由存款的提前支取、存款种类的错误选择带来的。我们都知道如果定期存款提前支取，利息将按照活期存款利率，那么这将会给储户带来一定的利息损失。

同时有很多的投资者，为了存款的方便，经常会将大量资金存入活期存款账户或信用卡账户，并且现在大多企业都委托银行代发工资，银行接受委托后会定期将工资从委托企业的存款账户转入该企业员工的活期存款账户或信用卡账户，持卡人随用随取，既可以提现金，又可以持卡购物，非常方便。

但方便的同时，大家都忽略了一个规律，活期存款和信用卡账户的存款一般都是按活期存款利率计息的，利率很低，以至于带来的利息收入也很低。而很多上班族都把钱存在活期存折或信用卡里，一存就是几月、半年，甚至更长时间，那么其中就会出现利息损失。

既然已经了解了风险来源，那么该如何最大程度地去降低这些风险呢？如图 4-2 所示。

办理部分提前支取	对于定期储蓄存款，一般都会遇着急需取现的时候，这时如取现额小于定期储蓄存款额，即可采取部分提取存款的方法，减少利息损失。未提取部分仍可按原存单的存入日期、原利率、原到期日计算利息。
储蓄种类和期限适当	储蓄存款有很多种类，如活期存款、定期存款、存本取息存款、零存整取存款等。一般定期利率最高，在定期存款中，不同种类、不同期限的存款，其存款的利率是不同的。具体选择时应考虑家庭的实际需要。
办理存单质押贷款	一般储户在存入 1 年期以上的定期储蓄存款以后，如需全额提前支取定期存款，而用款日期较短或支取日至原存单到期日的时间已过半，这时，储户可以用原存单作质押，办理小额贷款。

图 4-2 降低储蓄风险的三大措施

对于三大措施，我们具体以一个例子说明如下。

王太太有一张 20 万元的定期存单，2013 年 9 月 10 日存入银行，存期为 3 年，现在为 2014 年 9 月 10 日，她急需用钱 10 万元，此时她若不办理定期存款的提前支取手续，而将存单的 20 万元全部取出，那么这 20 万元全部都将按活期利率计付利息。

而如果她根据需要提前支取 10 万元，其余 10 万元仍按原存入日期的原利率计息，那么，该储户就比全部提前支取减少损失(200 000－100 000)×(4.25%－0.35%)×3－20 000×0.35%=11 000 元。

上例是办理部分提前支取的典型体现，不仅能满足马上兑现的需要，同时还将利息的损失降到了最低。因此，王太太的故事告诉我们，当我们储蓄时，为了实现利率的最大化，会选择定期存储，但同时家庭要留够一定的备用金，以免发生突然取现的情况。

同时，如果突然发生事情，所需金额超过家庭的备用金，需要在定期里取现，那么就可以如王太太一样，采用部分提前支取的方式，保住一定的利息收入。

4.2.2 选择最赚的储蓄法

投资者要想选择最赚的储蓄法，那么首先就得了解储蓄的方式，从利率表中我们知道，一般储蓄可以分为 3 类。分别是活期存款、定期存款以及通知存款。其中定期存款又包括整存整取、零存整取、整存零取、存本取息这 4 种储蓄方式。

而对于储蓄时间一般也存在不同，具体如表 4-3 所示。

表 4-3 不同存款期限利率不同

银行	活期存款	整存整取						零存整取、整存零取、存本取息			通知存款	
		三个月	半年	一年	二年	三年	五年	一年	三年	五年	一天	七天
央行	0.35	2.6	2.8	3	3.75	4.25	4.75	2.85	2.9	3	0.8	1.4

从上表中我们可以看出，相对来说定期存款的利率是最高的，特别是定期的时间越长，利率越高，如 5 年定期的储蓄利率为 4.75%，而活期存款的利率最低，仅为 0.35%。

那么对于这几大类储蓄有没有什么技巧呢？技巧当然有，首先我们来看如何活用活期储蓄。

活期储蓄对于投资者来说，最大的便利在于可随时存入或取出，早些年在银行开立账户，一般最低额为 1 元，但现在五大银行开立账户，一般最低限额为 10 元，同时不同的银行要求存入的金额也存在一定的差别，在过去银行会将存折和银行卡同时提供给投资者使用，但现在个人投资者在银行开立账户以后，一般将能得一张储蓄卡。

但对于一些特别的客户，银行也会提供给投资者存折。如投资者当前有闲置资金、存入金额较大、预计未来会有现金支出的个体经营户或一些老年人，则一般适合使用存折，而对于一般的消费人群，更多的人会选择使用银行卡。

但对于有活期储蓄的投资者来说，无论是使用银行卡还是存折，在日常的经营中，都存在一定的存储技巧，感兴趣的朋友不妨试试。具体方法如图 4-3 所示。

固定收入	投资者可以将每月的一些固定收入，如投资者每月的工资收入，可以将工资卡中的金额作为日常的开销，如购物、吃饭、交水电费等。
活期转为定期	一般在日常的储蓄中，活期与定期之间是可以相互转化的，因此当投资者的银行卡或工资卡中有大量的结余时，可以将其转为定期，从而将活期利率变为定期利率，提高利息收入。
月结清户	对于一些因投资者暂时将大额的流动资金放置的活期账户，因为本金额较大，可以选择每两个月结清账户，再用该本金利息重开一本活期账户存折或银行卡，这样就能实现利滚利。
密码管理	对于投资者来说，一定要记住自己的账户密码，不仅便于跨储蓄所或跨地区的存取，而且如果忘记自己的密码，重置密码是相当麻烦的。

图 4-3　活期储蓄小技巧

而对于定期存款来说，比较典型的代表就是整存整取，这是指在开户时一次性地整笔存入，到期一次性支取。一般整存整取的最低限额在 50 元，外币的最低限额为 100 元人民币的等值交换。如果用人民币存入，则一般存款期限有 3 个月、6 个月、1 年、2 年、3 年、5 年等，外币则有 1 个月、3 个月、6 个月、1 年、2 年等。

在选择存款的期限时，不同投资者会有不同的选择，但相对来说，存款期限越长，银行利率也会越高，利息收入就越高，但存在的问题是，变现能力较差。如果在存款期间突然提取，那么定期利率就将变成活期利率，如果本金较多，那么将给投资者带来很大的利息损失。

那么有没有办法解决这个问题呢？

前面我们说过，可以选择提前支取本金中的一部分，利息还是按照约定的定期利率进行计算。同时剩余部分的利率也将按照原有的利率进行计算相应的利息收入。

除此外，投资者还可以采取分批支取的方式支取存款，如将账户余额为 30 万元的存款，按照 5 万元、10 万元、15 万元的方式进行部分支取，那样就能避

免一定的利息损失。但需要注意，部分支取只能办理一次。

同时，在存储的过程中，投资者还要注意存款长短期调整的情形。在开户时，投资者最好选择自动转存，如果在存期中银行利率调高，那么就继续选择存长期，而当银行利率被调低时，投资者则可选择短期储蓄。

而对于定期存款中的零存整取、整存零取、存本取息这三种储蓄方式，我们先来简单了解一下。

首先，零存整取简单指开户时客户就与银行约定好存期，每月按批次存入，到期日一次性地支取本息的存款方式。它具有以下的特点。

- **最低本金：**一般存入的最低限额为 5 元，每月存入，如果中途漏存，可在下月补存。
- **存期：**一般有 1 年、3 年、5 年的存期。
- **利率：**利率按照开户日的零存整取利率计算，未到期前支取则按支取日的活期利息计算。
- **适用对象：**一般零存整取适用于固定的小额存款储蓄，重在积累，但是投资者最好不要连续两个月都漏存。

其次，与零存整取容易混淆的就是整存零取，整存零取一般是开户时就和银行约定好存款期限，本金一次性存入，而储户可以分批次地支取本息的一种存款。它同样具有如下特点。

- **最低本金：**它一般要求储户最低限额 1 000 元起存。
- **存期：**一般有 1 年、3 年、5 年的存期。
- **支取批次：**对于储户来说，一般将拥有支取的批次分为 1 个月、3 个月、6 个月，具体是几个月，投资者可自由选择。
- **利率：**一般银行会按照储户开户日的整存零取的利率计算。

最后，存本取息一般是储户在开户时与银行约定存款期限，利息分批支取，而本金到期一次性支取的一种存款。它同样具有如下特点。

- **最低本金：**它一般要求储户最低限额为 5 000 元。
- **存期：**一般有 1 年、3 年、5 年的存期。
- **利息支取批次：**对于储户来说，银行与储户约定，一般可以 1 个月或几个月支取利息一次。
- **利率：**利率按照开户日的存本取息的利率计算，到期未支取或者提前支取，利率按照活期的利率计算。
- **存款小技巧：**一般可与零存整取账户搭配使用，这样更能体现利滚利的效果。先将固定的资金以存本取息的方式储存起来，然后将利息以零存整取的方式存储。

接下来，我们就来认识存款中的第三类——通知存款。

通知存款一般指储户在开户时与银行约定支取的存款日期及金额，只是当储户需要支取资金时需事先通知银行的一种个人存款。它具有的特点如下所示。

- **最低本金：**它一般要求储户最低限额为 5 万元，如果投资者存入的是外币，则为 5 000 美元。
- **存款形式：**按照提前通知取款的期限，一般可分为 1 天通知存款和 7 天通知存款。
- **存期：**对于 1 天通知存款，一般在取款前 1 天通知银行，那么银行就要求储户的存期要大于两天；而对于 7 天通知存款则需要在支取前 7 天通知银行，所以一般要求存期在 7 天以上。
- **存款注意：**一般投资者可以一次性存入，一次或多次支取，但多次支取后，账户余额不能低于最低的存款限额，当低于该金额时，银行就会自动转为活期存款。
- **利率：**利率一般按照支取日期以及存款日期，确定是 1 天通知取款还是 7 天通知取款，并根据相应的利率进行计算。

- **适用对象：**通知存款一般适用于近期要支取大额活期存款的储户，如个体商户、股民、房地产商等，而对于存款期限一般将期限定为 7 天较合适。而对于一些个体理财者，如上班族或家庭主妇们，一般不适用于选择通知存款。

如上储蓄的各种形式都已讲解完毕，不同的家庭会有不同的需求，投资者可以选择自己认为最赚的一种方式进行储蓄。

4.2.3 临时用钱要防损失

我们知道，对于非活期储蓄类的存款，在我们急需用钱时临时取出会损失一定的利息收入，那么有没有一些方法来避免这些损失呢？

除了可以选择常见的通知存款，还存在其他的一些方式，下面我们举例说明。

例 1：张太太现在手里有 2 万元现金，她将其分为 4 份，分别是 2 000 元、4 000 元、6 000 元、8 000 元，如果她将这 4 张存单都存成 1 年期的定期存款。那么在 1 年之内，不管她什么时候急需用钱，都可以取出和所需数额接近的那张存单，这样既能满足用钱需求，也能最大限度地避免损失利息收入。

例 2：刘太太将手里一笔 30 万元的闲置资金，选择存本取息 3 年期进行存储，存款年利率为 2.55%，每月有 637.5 元的利息。在存入的第二个月，她将利息取出，重新开立一个整存整取的储蓄账户，把取出来的利息存到里面。以后每个月都固定地把第一个账户中产生的利息取出，存入第二个整存整取账户。

简单说就是存续期间的 36 个月中每月都有一笔 637.5 元的利息存入第二个整存整取账户，并且同样产生利息收入。

如上例的张太太和刘太太，她们选择的就是不同的两种方式来避免利息的损失。张太太的做法是，当急需用钱时，可以从不同的存单中取出一部分存款，从而把损失降到最低，如急需 8 000 元，那么就可以取出 8 000 元的存单，而不影响其他的 2 000 元、4 000 元、6 000 元存单利息。

而刘太太的做法是，当急需用钱时，可以从由每个月的利息收入构成的整

存整取的账户中取出，而不影响主账户中的利息收入，同时第二个账户还可以增加相应的利息收入。

简单说，张太太的做法就是，分额度储蓄，当临时用钱时，将利息损失降到最低。

而刘太太的做法是，将存本取息与整存整取组合存储，当临时用钱时，不仅将利息损失降到最低，而且还实现了利滚利。

张太太的方法一般适用于在1年内有临时用钱的需求，但又不确定何时需要和一次需要多少的小额闲置资金的储户。用分开储蓄法，不仅利息会比存活期储蓄高很多，而且在临时取出时，也能将利息损失降到最低。

而刘太太的做法相对复杂，每个月都将利息转入第二个账户。一般在开立账户时设置自动转存会方便很多。

如上的案例告诉我们，即使选择的是较低风险的储蓄，也要尽可能让每一分钱都滚动起来，包括利息在内，尽可能让自己的收益实现最大化。

当我们储蓄时，我们不仅要考虑临时用钱时要将利息损失降到最低，同样我们也要考虑如何存储才能实现较高的利息收入。举例说明如下。

章女士手里目前有15万元闲置现金，如果它将其平均分成5份，分别开设1年期、2年期、3年期、4年期（3年期的转1年）、5年期的存单。1年期的3万元存单到期后，可重新存为5年期的3万元存单；2年期的3万元存单到期后，也改成5年期。以此类推，5年后，最后一个5年到期的3万元也改成5年期。这样，以后每年都有一份5年期的存单到期，这样可赚取更高的利息。

假设她选择分为将其平均分成3份，分别开设1年期、2年期、3年期的定期储蓄各5万元。1年期的5万元到期后，再存为3年期的5万元存单。以此类推，3年后持有的存单则全部为3年期，只是到期的年限不同，依次相差1年，那么即使她临时需要取出，也将会最大限度地降低利息损失，但同时也在无形中增加了利息收入。

如上例所示，就是一种阶梯存储法，使储蓄到期额保持等量平衡，既能应对储蓄利率的间断性调整，同时还可以将短期的利息收入变为更长期的高利息。这种方法一般较适合日常生活支出有一定计划性、规律性的家庭。

4.2.4 宅女福音自动转存

在当今网络快速流行的年代，衣、食、住、行几乎都可以通过网络解决，因此也造就了无数的宅男宅女，宅不仅体现在衣、食、住、行上，同样也体现在各种理财上，首先就是对于自己的储蓄卡、信用卡的管理。

当宅女们办理银行卡时，一般都常会选一个功能，即自动转存，那么什么是自动转存呢？

自动转存一般是定期存款自动转存的简称，简单理解就是，当客户的存款到期后，客户如不前往银行办理转存手续，银行可自动将到期的存款本息按相同存期一并转存。

期间不受次数限制，续存期的利息按前期到期日的利率计算。

但如果投资者在银行自动续存后不足一个存期时要求支取存款，那么续存期间按支取日的活期利率计算该期利息。

一般储户在办理定期存款时，银行都会要求储户在存单上选择存款到期后是“自动转存”还是“不转存”。此时，储户要注意，储户需要在 “自动转存”项标明。

一般不同银行对于 “定期存款自动转存”的规定不同，如工商银行需要储户自行选择，而光大银行则一般默认储户要求自动转存。如果储户打算不转存，那么可以向工作人员说明。

而对于自动转存的利息该如何去计算呢？

如张太太存入一年期定期存款 5 元，存款到期后她并未要求提款或挪做他用，银行将自动将本金 5 元及 5 元在本年度所产生的利息再存为一笔一年期的定期存款。

但如果张太太在一年零三个月时，要求支取本息和，则续存期内的三个月利率按照支取日当日活期利率计算。

自动转存无论对于宅女还是银行来说，都是双赢，一方面稳定了银行的存款，另一方面对于储户来说，不仅增加了利息收入，而且也相对的便利。

但我们都知道，任何事物都有它的两面，有好就有坏，自动转存都有哪些利弊呢？简单介绍如图 4-4 所示。

取款是否需要提供身份证	当存款超过一个存期不满两个存期时，储户持存单到银行取款时，银行会认为转存后意味着新的存单，那么就会要求储户提供身份证件才能提取存款。
实名制与虚名存入矛盾	在存款实名制实施前以虚名存入的存款，经转存后，储户不在到期日支取，多数银行认为不在到期日支取均应视做提前支取，凡是提前支取就必须提供身份证件，非实名存款因无真实的身份证件就不得提前支取。
存款人在转存未到期后死亡	当银行在得知存款人死亡的情况下，继承人支取存款就必须提供由公证处出具的有关证明，否则，银行就不予取款。因为办理公证手续比较麻烦，还得支付一笔费用，因此也会使家属与银行产生矛盾。
《客户须知》规定不明	有的银行在开户申请书上要求储户保证遵守的《客户须知》中有关自动转存的规定含胡不清，其与实际操作也不完全吻合。
利息计算	有的储户会将一笔款项分割成同金额、同储种，但是不同银行的几张存单，若干年后在某一天同时支取，结果发现所得利息相差悬殊，这时储户和银行之间就会发生矛盾。

图 4-4　自动转存的利弊

4.2.5　搞点外汇来储蓄

当人们在银行储蓄时，一般会发现除了银行的利率，一般还存在外汇利率。

同时当我们出国旅游或定居时，会用到各种美元、加元、英镑等外币，那么外币储蓄和我们人民币的储蓄又有何不同呢？外汇又是什么呢？如何通过外汇储蓄来理财呢？通过外汇储蓄理财应该掌握哪些知识呢？下面具体来进行介绍。

一般来说，外汇可以从静态和动态两方面来理解，静态一般表示可用于国际清偿的支付手段或资产，包括铸币、钞票、外币支付凭证等其他外汇资产。

而动态外汇则一般可理解成货币在各国间的自由流动，从一个国家的货币兑换成另一个国家的货币，如人民币兑换美元。

如同我们在选择银行储蓄时，会了解各种存款的银行利率。

当我们要进行外汇储蓄前，我们首先得了解外汇汇率，那么外汇汇率是怎么理解的呢？

外汇汇率一般指将一国的货币折算为另一个国家的货币的比率或价格，如我国通过人民币折算成的各种外币的价格。

从银行买卖角度和汇率计算方式上可划分汇率如下表 4-4 所示。

表 4-4　外汇汇率的分类

划分方式	名称	名义
从银行买卖角度划分	卖出汇率	一般是银行向客户卖出外汇时所使用的汇率。它表示银行卖出一定数额的外汇需要收回多少外国货币
	买入汇率	它表示买入一定数量的外汇需要支付多少本国货币的比例。相对来说，外币折合本币数较少的汇率就是买入汇率
	中间汇率	买入汇率与卖出汇率两者之和相加，再除以 2，即为中间汇率
按计算方式划分	现钞汇率	又称现钞买卖价，是银行买入或卖出外币现钞时所用汇率。一般银行在收兑外币现钞时使用的汇率会低于其他外汇买入汇率
	名义汇率	名义汇率通常是先设定一个特殊的货币如英镑等，然后再确定与此种货币的兑换比例
	实际汇率	一般在金本位制度下，各国都规定了每一铸币单位的含金量，对两种货币的含金量进行比较，称为铸币平价，而实际汇率就是按照铸币平价来制定的汇率

相对来说，外汇汇率并不是一成不变的，它会随着一定的行情进行变化。

那么当今外汇汇率又是怎样的呢？如表 4-5 所示，我们就从外汇储蓄的典型银行——中国银行了解 2014 年 10 月某日的外汇报价。

如下表所示，在中国银行，615.25 元人民币可兑换 100 美元，998.77 元人民币可兑换 100 英镑，780.49 元人民币可兑换 100 加元。当然不同的银行之间兑换可能存在细微的差别。

表 4-5　2014 年 10 月某日中国银行的外汇汇率

外汇币种	现汇买入价	现钞买入价	现汇卖出价	现钞卖出价	中行折算价
澳大利亚元	531.52	515.12	535.26	535.26	535.61
巴西里亚尔		239.69		262.16	251.36
加元牌价	543.66	526.87	548.02	548.02	550.98
瑞士法郎	632.14	612.62	637.22	637.22	646.35
丹麦克朗	102.81	99.63	103.63	103.63	104.82
欧元牌价	765.79	742.16	771.17	771.17	780.49
英镑牌价	977.48	947.31	984.34	984.34	998.77
港币牌价	78.96	78.33	79.26	79.26	79.25
印尼卢比		0.0486		0.0522	0.0505
日元牌价	5.5808	5.4086	5.62	5.62	5.6242
韩元牌价		0.5538		0.6006	0.5824
澳门元	76.81	74.23	77.1	79.57	77.05
林吉特	187.77		189.09		188.74
挪威克朗	93.68	90.79	94.44	94.44	95.4
新西兰元	474.45	459.81	477.79	480.64	476.93
菲律宾比索	13.59	13.17	13.69	14.11	13.69
卢布牌价	15.24	14.81	15.36	15.87	15.6
瑞典克朗	84.08	81.49	84.76	84.76	84.96
新加坡元	477.54	462.8	481.38	481.38	482.92
泰铢牌价	18.89	18.31	19.05	19.63	19.01
台币牌价		19.48		20.88	20.22
美元牌价	612.57	607.66	615.03	615.03	615.25

在日常的生活中，我们不用去银行咨询外汇，然后再决定是否要储蓄，一

般在家就可以操作。如我们可以登录一些网站进行了解，如登录银率网，将出现图 4-5 所示的页面。

在登录以后，在“金融产品超市”下单击“储蓄”超链接，此时将出现可选储蓄币种、储蓄类型、储蓄存期等。如图 4-5 设置的“美元”、“整存整取”、“3 个月”查询条件，完成以后单击“查询”按钮。

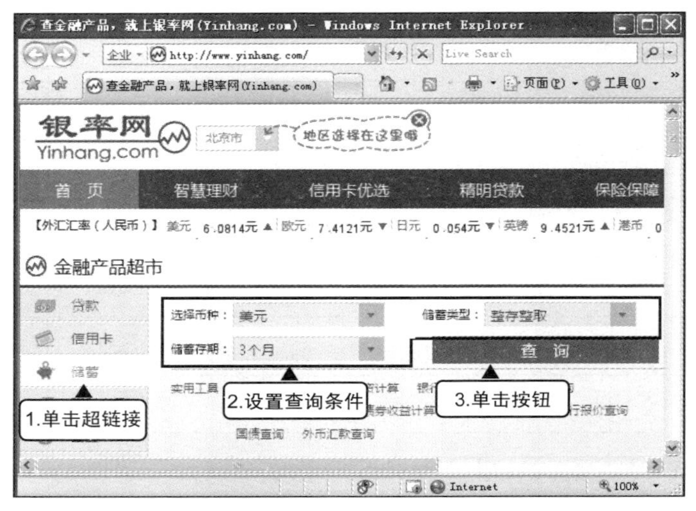

图 4-5　登录银率网

接下来将出现图 4-6 所示的结果。在其中可查看到利率范围为 0.1%~2%，本金为 5 万美元，3 个月的整存整取，那么在包商银行中，到期利息将为 250 美元，同时在最右角，我们还将看见外币储蓄利率表，如美元的活期利率为 0.15%，七天通知存款为 0.19%，3 个月定期为 0.57%。

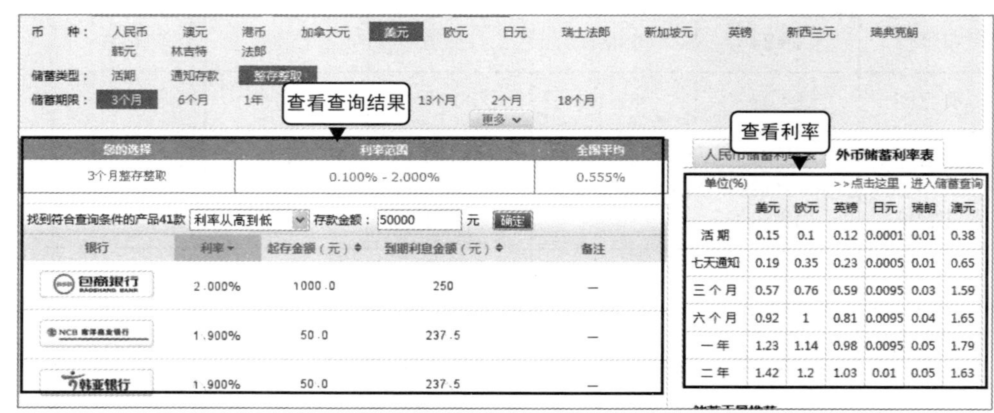

银行	利率	起存金额（元）	到期利息金额（元）	备注
包商银行	2.000%	1000.0	250	—
NCB 南洋商业银行	1.900%	50.0	237.5	—
韩亚银行	1.900%	50.0	237.5	—

单位(%)　>>点击这里，进入储蓄查询

	美元	欧元	英镑	日元	瑞朗	澳元
活 期	0.15	0.1	0.12	0.0001	0.01	0.38
七天通知	0.19	0.35	0.23	0.0005	0.01	0.65
三个月	0.57	0.76	0.59	0.0095	0.03	1.59
六个月	0.92	1	0.81	0.0095	0.04	1.65
一年	1.23	1.14	0.98	0.0095	0.05	1.79
二年	1.42	1.2	1.03	0.01	0.05	1.63

图 4-6　查询结果

对于外汇的储蓄，一般都是在家庭收入有了一定的经济基础才会进行，对于一般的家庭来说，更多的还是选择人民币的储蓄。而对于外汇投资，大多投资者更多地会选择在一些外汇买卖的平台进行投资，而非简单的储蓄。

4.3 国债，保守理财之星

对于风险承受能力较低的人群来说，无论是单身女子还是家庭主妇，相对于一些高风险高回报的投资，如股票、开放式基金、外汇、信托等，她们更倾向于保住手里已有的资金，同时实现平稳增值。

除了银行存款，她们大多会选择风险较低的债券投资，如国债、地方债、企业债等。

相对来说国债的风险最低，并且投资最安全，是债券投资的首选，那么国债有哪些类型？在国债与政府债券中如何挑选，在购买国债中我们又需要注意哪些问题？

下面我们来简单的认识一下什么是国债。

4.3.1 认识国债很简单

不同的划分方式，可以将国债分为不同的类型，而我们常见的国债，一般从它的发行形式上可以将其分为凭证式、记账式、储蓄式、无记名国债四大类，而它们具体比较如下：

- **储蓄式国债**：和银行存款类似，一般面向个人投资者发行，不可在市场流通交易，现在一般采用电子式的储蓄国债，投资者购买方便、简捷、成本较低。
- **凭证式国债**：是一种可以记名和挂失的国债，不能上市流通交易，在投资者购买当日计息，如果在持有期内，投资者急需用钱，可以到购买网点提前兑换，本金将能全部退还，而利息则按实际持有天数计算，但一般银行会收取本金的1‰作为手续费。
- **无记名式国债**：它是一种实物债券，此类债券面值不等，不记名、不挂失，但是可以上市流通。投资者可以在发行或代理发行机构的柜台购买，在柜台卖出，也可以交予证券交易所托管，通过其交易系统卖出。

- **记账式国债：**一种常用的国债，可以记名、挂失、转让以及上市流通，但一般需要通过证券交易所的交易系统发行、交易，且投资者交易的前提是已经在证券交易所开立了证券账户、现金账户等，一般交易和发行都在网上进行，效率较高。

那么对于这些国债我们该如何去购买呢？要想了解如何购买国债，首先我们要知道国债是如何发行的，国债的发行方式一般可以分为以下几种，如图 4-7 所示。

方式一，出卖：政府直接委托一些金融机构在金融市场上直接销售。

方式二，公募：在市场上，公开招标，一般可分为价格、收益率、分期等 3 种方式。

方式三，承购：金融机构承购国家发行的全部债券，再向社会投资者转售。

方式四，强制分担：国家利用政治手段，强制干预国民购买，我国出现较少。

方式五，支付：对于一些国家需要现金支出建设的，国家会发行国债替代。

图 4-7　国债发行方式

当我们已经对国债的种类以及购买方式有了基本的认识以后，那么接下来我们就需要对于如何买卖国债有一定的认识。

4.3.2　国债交易程序

国债的交易程序相对股票的交易程序来说，会轻松得多，当我们对其简单了解之后，就能减少一些不必要的麻烦。

那么国债的交易程序是怎样的呢？首先我们来看看国家是如何收回投资者手里的债券的？一般国家会采取如下几种方式收回投资者手里的国债。

- **以新换旧**：国家以兑换的方式，通过发行新债券，收回旧国债。
- **到期一次性偿还**：如根据票面规定的期限，如 5 年，在规定的债券到期日一次性偿还本金和每年利息汇总额。
- **分期法**：一般国家会在发行时，约定几个偿还期限，如每年偿还多少，而所有的偿还期限偿还的本息和为总的应付的本息金额。
- **市场购销**：国家对于流通在证券市场的国债，等到期满时，会进行全部收回
- **抽签多次偿还**：国家通过摇号抽签的方式，对于发行过的定期债券按比例收回，直到全部收回为止。

但如果投资者如同买卖股票一样在证券公司开立了证券账户，并购买了国债，那么对于国债的买卖就与股票的买卖类似，就需要遵守开户、委托、成交、清算交割、过户等五大程序，而国债的交易一般也以价格为先、时间为先。一般 1 000 元面值为一手，每次的交易最少为 1 手，最高不超过 1 万手。

投资者可以委托证券公司进行买卖交易，但前提是与证券公司办理了委托关系，委托债券交易，而投资者在交易期间可以通过柜台或者电话了解相关的交易情况。

交易一般会在每周一至周五上午的 9:30~11:30，下午 13:00~15:00 进行，而法定的假日不计算在内。一般现货交易还可以实现回转交易，即当天买进可以当天卖出。

在证券市场，一般常见的债券交易就是债券回购交易，就是以公司为代表的买卖双方约定在成交的同时，在未来的某一时间以某一价格，买方与卖方互换角色的一种债券交易，双方在开始交易前就对价格和利息进行约定。

而对于该交易的交易程序一般如图 4-8 所示。

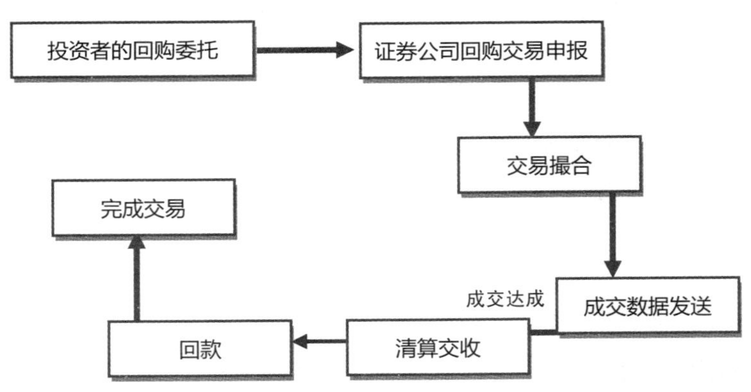

图 4-8 债券的回购交易程序

在如上图中交易时，如我们考虑利息的计息天数一样，债券回购交易时，我们同样需要考虑债券回购天数。对于这些债券天数该如何计算呢？简单举例说明如下。

刘太太在 2014 年 9 月 28 日开始一笔 3 天期限的债券回购，那么回购期限从 9 月 29 日开始计算，回购天数为 3 天，因为 10 月 1 日至 10 月 7 日为国庆小长假，那么期限自然就顺延至 10 月 8 日。

如上例所示，如遇节假日，那么回购天数仍以约定为主，如上例的 3 天，只是在节假日的基础上顺延。如上图所示顺延到了 10 月 8 日。

4.3.3 国债理财小窍门

如同在买卖股票时一样，我们在买卖国债时，同样存在一些小技巧，不一定每一个人都适用，但是不妨试一试。

在买卖国债前，我们先来计算一下买卖国债的成本以及收益。

首先是成本，债券的投资成本，也可以用相应的公式来表示，如：投资成本=购买数量×发行价格。当然在最后汇总总成本时，还需要考虑到交易、管理、税收等方面的费用。

同时如果我们是委托证券公司进行买卖，那么还需要给证券公司的经纪人支付相应的佣金。一般每一手债券在价格每上升 0.01 元时，对应的起价佣金为 5 元，但最高不能超过成交额的 2‰，经纪人在为投资人办理手续时，还会收取 3‰的成交手续费及 2‰的过户手续费。

谈完成本，接下来我们就可以计算我们的收益，对于债券的收益，一般我们可以将其总结为到期收益、持有期收益、直接收益三大类。

对于 3 种收益如何计算，一般也可以遵循一定的计算公式，简单介绍如图 4-9 所示。

到期收益	到期收益率也可以理解为是一种贴现率，即将未来的现金流量折算为债券全价的贴现率，计算相对复杂，一般可通过相关软件来完成。但大多投资者一般都不会持有到期。
持有期收益	持有期的收益计算，一般可通过公式完成：i=（P2-P1+I）/P1，其中 i 为持有期间的收益利率，P2 为卖出债券的价格，P1 为购入时的价格，I 为持有期间的利息收入。
直接收益	对于投资者来说，对于直接收益的计算相对简单，用公式表示就是，收益率=年利息÷市场价格。

图 4-9　三大收益率的计算公式

除了以上 3 种收益率的计算，还会存在一种情况，就是投资者买入一种 5 年期的国债，在发行的第 2 年买入，第 3 年卖出，那么持有期间的收益就可以通过公式：（卖出价－买入价）÷（持有天数÷365）÷买入价×100%来计算。

在对于债券的投资成本以及收益率进行了解的基础上，最后我们谈谈国债理财中的一些小窍门。

一般我们可以从适用对象、买卖时机、买卖方式、投资心理等方面来理解，简单介绍如图 4-10 所示。

适用对象	一般电子式的储蓄国债适合稳健型的投资者；凭证式国债适合中老年人；记账式国债一般适合对市场敏感以及具有市场预测能力的投资者；而记账式国债一般适合根据市场价格波动，采取“低买高卖”的人群。
买卖时机	一般当市场利率处于低迷时期，如银行利率有所调低时，此时投资者就可以选择购买国债来保值稳值，相对来说，此时国债利率较高。

图 4-10　国债投资小技巧

买卖方式	在国债交易中，除了常见的债券回购，还存在逆回购，但是该方式一般资金要求较高，而对于市场比较熟悉以及在投资市场经营多年的投资者不妨选择国债期货来进行操作。
投资心理	一般来说，投资心理就是作为国债的投资个体切忌盲目跟风的买入卖出，当众人都卖出时切忌轻易卖出，一定要坚持自己的投资理念，不然可能得不偿失。

图 4-10　国债投资小技巧（续）

上面介绍的买卖国债的一些简单小技巧，是否完全适用，还在于投资者具体问题具体分析。

Part 05

安居乐业当好管家婆

俗语云，一个成功男人的背后，必有一个默默付出的女人，她会让男人在打江山的同时无后顾之忧。通俗点说，她就是这个男人的管家婆，要当好这个管家婆，不仅是要管好男人赚回来的钱，更重要的是能让这些钱发挥它应有的价值。下面来看看安居乐业的管家婆们是如何理财的。

- ✧ 精挑细选出租房
- ✧ 火眼金睛选新家
- ✧ 按揭买房需理智
- ✧ 购房合同的猫腻
- ✧ 浓妆尽显奢华美
- ✧ 淡妆省钱又清新
- ✧ 外包精装不费力
- ✧ 公共交通VS买车
- ✧ 女士选车必知策略
- ✧ 购车这样才省钱
- ✧ 车险如何买

5.1 先租后买不丢人

大多女人都经历过出租房的生活，或许是一个人，或许是成家后。

有这样一句话，男人该珍惜年轻时陪你一起住出租屋的女人，在你一无所有的时候，她给了你最宝贵的青春，因为那种叫爱情的东西。

而现在很多男人都在说，没有房娶媳妇多丢面儿，出租屋的婚礼靠谱吗？如果真有一个女子不嫌弃你没有车、没有房，只看上你这个人，看上你的上进心，那你就娶了吧，努力加油，在某一天，还她一个大房子，先租后买并不丢人。

5.1.1 精挑细选出租房

出租房，如何找，粗看是很简单的一件事儿，在一个大城市，如此众多的房屋害怕租不到房屋吗？可是，如果你是个上班族，那么你没有那么多的时间去找房，如果你是个全职太太，当然你可以精挑细选，慢慢寻找，但是因为出租屋终将不属于你，那么，到了快约定的时间，房东会不停地问候你，提醒你，什么时候会搬走，有时候会让你觉得你是他们家一个失散的亲戚。

那么能不能快速地找到新的出租屋，并且还和自己的预期差不多呢？价优物美还温馨呢？

当然，只要你想，一切皆有可能。一般来说，首先，如同我们上一章说的理财一样，要攒钱，那么就要先确定方向和目标，租房也一样，首先你得明白，你需要一个什么样的出租房，即你得梳理清楚你的租房需求。

当然不同的家庭会有不同的需求，所以别人的租房经历并不能完全适合你。比如人家都是开车上班，那么他家租房或许并不需要考虑交通问题，而你们家都是坐地铁或公交，那么，首先你就得考虑交通方便，所以在聆听别人的租房经历时，一定要结合自己的实际，不要盲目跟风。

下面，我们就来简单谈谈一般的家庭在租房时需要考虑的十大问题，总结如图 5-1 所示。

交通问题	考虑你要租住的房屋是否需要临近公交或地铁，是否交通方便，这样家人上班、孩子上学、出行都比较方便。
环境问题	在租房之前，你需要考虑房屋周围是否有大小型超市及绿化面积，附近是否有吵闹区，而有孩子的家庭，则还需要考虑房屋是否为学区房，以方便孩子上学。
屋内光线问题	屋内的光线直接决定你生活的温馨以及舒适程度，因此一定要放在关键的位置，租房时都会有一个通俗考量，如果客厅朝南，坐南朝北，光线是很好的。
价格问题	相对来说，一般价格和它的地理位置以及装修密切相关，如在某些城市里呈现“南富西贵”，南边一般价格较贵，西边一般装修比较精致，而一般东边和北边相对来说便宜。
租入问题	在看房以后，一定要记得询问房东，房屋何时空出来，你何时可以搬进去，一般对于同样的房子，或价格相差不大，如果在租客之间选择，他们更倾向于可以尽快入住的房客。
屋内设施问题	在看房以后，签订合同之前，对于屋内的设施，一定要观察清楚，如屋内的水管、电灯、冰箱等是否损坏，屋内其他设施以及你需要房东再为你提供的东西都要提前说好。
预付费用	在看房签订合同之前，向房东了解房屋每月需要支付的租赁费用，以及各种物业管理费、水电费等具体的费用明细，以及是否需要支付各种不同的预付费用。
费用支付方式	在你未和房东签署合同之前，一定要了解支付每月账单的计算方式及支付方式，并且询问每月的具体支付日期是哪一天。
货比三家	在同一区域，同一地段，同一大楼，可以多看几家，了解具体的价格，可以在小区的公告栏了解出租信息，或者在保安处了解，对差不多的房屋，进行多家比较，选到最适合自己的。
找中介看房	一般当你寻求中介帮你找房时，一定要做好心理准备，一般中介是会收取一定的中介费用的，相对来说，一般是一个月房租，但不同的中介可能存在一些差别，可能高于一个月房租也可能低于。

图 5-1　租房时需要考虑的十大问题

对于上图中反应的问题，可能不是所有的主妇们关心的问题，但是对于租房这件事儿，说大不大说小不小，但是至少是一件值得慎重考虑的事情，那么在实际的租房中可能除此之外还会存在一些其他问题，那就要结合具体实际去考虑了。不过所谓抓问题抓关键，如上的一些问题，基本体现了租房时需要考虑的问题。

除了如上的问题，一般家庭在考虑租房时，还可以从地段与匹配的房源去选择，具体如图 5-2 所示。

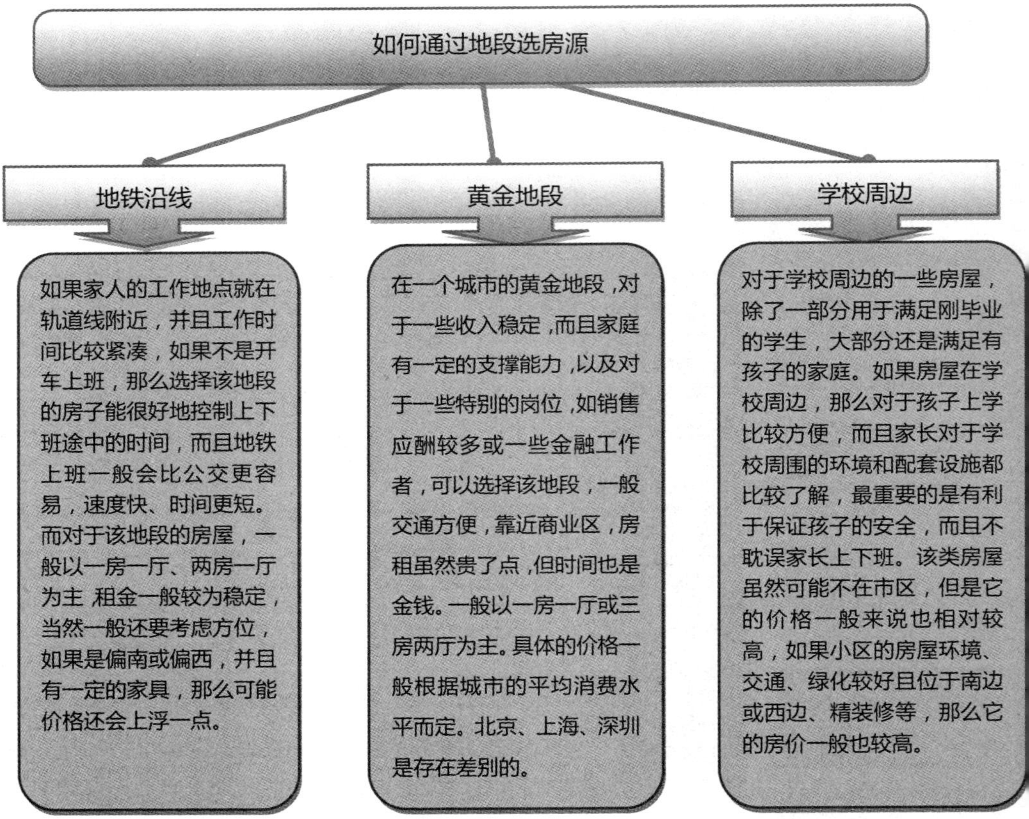

如何通过地段选房源

地铁沿线	黄金地段	学校周边
如果家人的工作地点就在轨道线附近，并且工作时间比较紧凑，如果不是开车上班，那么选择该地段的房子能很好地控制上下班途中的时间，而且地铁上班一般会比公交更容易，速度快、时间更短。而对于该地段的房屋，一般以一房一厅、两房一厅为主 租金一般较为稳定，当然一般还要考虑方位，如果是偏南或偏西，并且有一定的家具，那么可能价格还会上浮一点。	在一个城市的黄金地段，对于一些收入稳定，而且家庭有一定的支撑能力，以及对于一些特别的岗位，如销售应酬较多或一些金融工作者，可以选择该地段，一般交通方便，靠近商业区，房租虽然贵了点，但时间也是金钱。一般以一房一厅或三房两厅为主。具体的价格一般根据城市的平均消费水平而定。北京、上海、深圳是存在差别的。	对于学校周边的一些房屋，除了一部分用于满足刚毕业的学生，大部分还是满足有孩子的家庭。如果房屋在学校周边，那么对于孩子上学比较方便，而且家长对于学校周围的环境和配套设施都比较了解，最重要的是有利于保证孩子的安全，而且不耽误家长上下班。该类房屋虽然可能不在市区，但是它的价格一般来说也相对较高，如果小区的房屋环境、交通、绿化较好且位于南边或西边、精装修等，那么它的房价一般也较高。

图 5-2　不同的地段匹配不同的房源

当然，在不同的地段，一般会存在不同的房源，以适合不同的家庭，虽然在现实中可能存在更细致的划分，但是一般都是以这三大类为划分点。

上图也再次说明，在寻找到合适的房源时，需要先明确自己的需求以及需支付的价格，然后再去寻找适合自己的房源。

5.1.2 签订租房合同时需要注意的问题

当我们已经货比三家，觉得自己看好的某一套房子的周边环境、交通、价格等都比较满意，决定和房东定下来时，接下来就需要和房东签订租房合同。

而大多租客对于租房时的安全和法律意识还比较薄弱，很多人在还未看完租房合同时，就已经确认签字，这样就可能面临一定的风险。那么租客对于合同中的一些特别条款有哪些问题需要注意呢？具体内容如图 5-3 所示。

细看合同内容

在细看租房合同时，应对合同中包含的月租、押金、月租支付方式、水、电、天然气、煤气、物业管理费、清洁费等明确由谁承担。

结清费用

在我们搬入之前，可以要求房东在房屋出租前结清水、电、暖、煤气、天然气以及其他的一些费用。

转租约定

我们承租的过程是一个缓慢的过程，可能存在一些不确定的因素，如会存在突然搬走的情况，那么在签订合同时，我们应对能否转租做出约定。

租金价格

因为房价总在不断的变化，所以在合同中一般可以和房东协商，在承租合约到期之间，在续约之前，可以约定每月的房租固定不变。

其他约定

在合同中要对提前终止合同以及对房屋维修做出约定，同时要明确违约责任和违约的补偿标准。而对屋内的设施，要约定维修责任。

图 5-3 签订租房合同时需要注意的问题

签订合同以后，在入住时一般房东会和你进行房屋的交验，在房东交屋给你时，对于屋内以及屋周围进行检验。对于房屋和合同是否相符，主要注意以下几个问题。

首先，房屋是否存在和合同不一致的地方；其次，对于合同中约定的家电家具等屋内设施等是否与合同相符；然后，房东是否已经将钥匙完全交付完毕，以及是否需要换新的门锁；最后，对于原有的水、电、煤气表的数字进行记录。

当以上几点都没有问题时，你就可以搬进新家布置自己的温馨小家了。

5.2 告别租屋来买房

到了一定年龄，有了一定的积蓄，有了家庭，有了孩子，那么买房已经是一件理所当然的事了，可是买房也不是一件简单的事呢。

比如是买新房还是二手房，是买在郊区还是市区，是按揭还是全款，是买三室还是两室等都是买房时需要考虑的事情。

当所有的事情汇聚成各种问题，我们就需要理出一条脉络来。对于买房这件事，我们可以简单地分成如何选新家、如何办按揭、如何签合同三大方面，而至于这几大方面该如何解决，下面我们将详细进行讲解。

5.2.1 火眼金睛选新家

对于新家的选择，由于家庭的情形存在不同，如家庭构成、家庭需求、家庭积蓄等，可能存在两大方面的考量，有一部分人群会选择购买新房，而另一部分人群可能选择购买二手房，那么对于两者的购买又有何区别呢？下面我们分别进行介绍。

1. 如何购买新房

一般的人群可能会选择购买新房，所谓新房，简单说就是购房者直接从房地产商手里购买，而非房东手里，一般经常可以看见一个新的楼盘建成以后，大家前去抢号购买。

那么对于这些新房我们该如何去购买呢？

对于新房来说，我们需要选择合适的楼盘，那么对于市场上众多的楼盘，

我们该如何去选择，该考虑哪些因素呢？

一般可以从楼盘价格、室内布局、小区环境、交通是否方便等，当然如果在买房后还有进一步规划的投资者，还可以选择考虑该房屋未来的转租或升值前景。

如果投资者已经在众多的楼盘中选择了一种，那么接下来就需要对该楼盘的可信度进行了解。简单说就是对该楼盘的开发商的信用度以及资金情况进行了解。简单介绍如下图 5-4 所示。

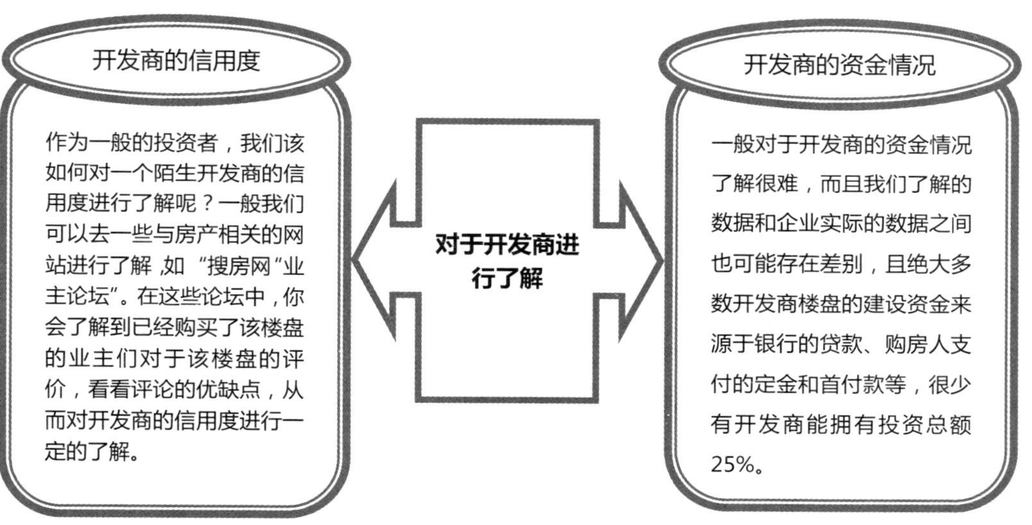

图 5-4　了解的两大方面

如果购房者对如上的两方面进行了一定的了解，那么接下来还需要对开发商的“五证”进行了解，同时认清期房和现房。

首先，我们简单了解一些什么是期房和现房，期房一般指房地产开发商从取得商品房预售许可证开始至取得房地产权证大产证为止，所出售的那些商品房就被称为期房。

期房是当前房地产开发商普遍采用的一种房屋销售方式。购买期房也就是购房者购买尚处于建造之中的房地产项目。购房者在购买期房时应签商品房预售合同。

而与此不同的则是现房，它一般指购房者在购买时，房屋已经通过交付标准的各项验收，开发商已办妥所售房屋的大产证的商品房，购房者与开发商签订商品房买卖合同后，可立即办理入住并取得产权证的一种商品房。

而对于购买新房时我们对开发商的“五证”的审查，期房和现房，前四证一般相同，唯一的差别则是期房的第五证是预售许可证，而现房的第五证则是对于新楼盘，开发商领取到的产权证，五证以期房为例，简单用图 5-5 表示如下。

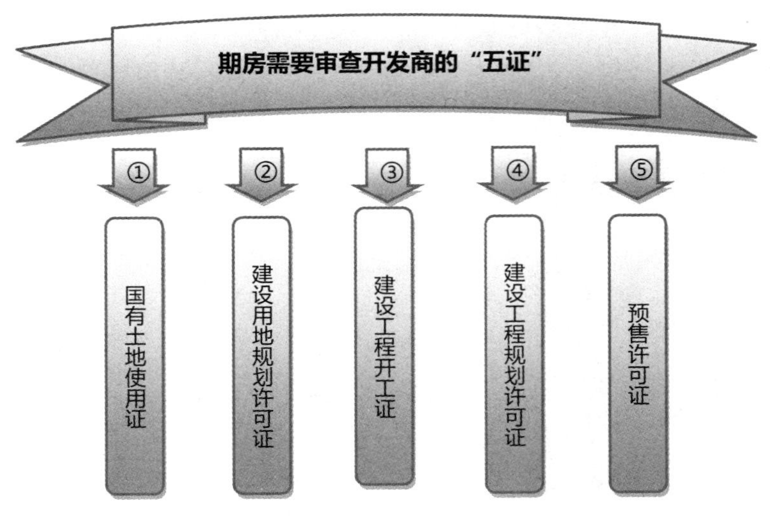

图 5-5　期房销售的“五证”

在五证中，购房者要重点查看开发商的国有土地使用证和建设工程规划许可证，法律规定商品房销售必须“五证”齐全，并且随着人们法律意识的提高，一般看“五证”已成了购房人的常识，但也存在购房者因为时间原因，会存在只看预售许可证，而忽略其他证件。而很多开发商有预售许可证，但缺少其他四证，所以提醒购房者看房时不要着急，对于五证都要查看清楚。

在查看中，一定要查看原件，一般开发商都会将五证放在售楼大厅醒目的地方，如果开发商提供给你的是复印件或者告诉你某些证件还在办理中或者不需要，那么你一定要提高警惕，该开发商可能存在问题。你不妨再等等或者多看几家，或者对于开发商的背景再多一些了解。

当对于开发商的五证都审查完成，没有任何问题后，那么接下来的一个问题便是开发商的实力审核，这对于购买期房的投资者更为重要。我们作为一般的消费者，该如何去了解开发商的实力呢？一般可以从三大方面去进行了解，如图 5-6 所示。

项目开发进度

一般一个开发商对于新楼盘的开发进度如能保证按期进行，那么则能证明其是有实力的。

品牌知名度

如万科这样的知名企业，同期开工的项目很多，但是都能赢得人们的信任，这就是品牌效应。

项目开发量

项目开发量一般可以从它的总开发量和实际开发量进行考察。如果开发量较多，说明企业实力也较强。

图 5-6　开发商实力考察的三大方面

在现代社会，购房时一定要注意如上所说的五证，毕竟购买新房对家庭来说也算一件大事。

对于新房的购买，除了对开发商进行考虑外，接下来我们就需要对房屋本身以及环境进行一定的考察，那么我们该如何去考虑呢？这就与我们选择租房时需要考虑的因素相似。一般可以从如下几方面进行考虑。具体的内容如下：

首先，我们可以从日常生活的基本需求出发，如衣、食、住、行等方面，简单来说也可以理解为新楼盘的周围环境，如图 5-7 所示。

如楼盘附近是否有服装店、洗衣店、商场等。

所谓民以食为天，无论是对于单身贵族还是家庭妇女来说，生活中我们都离不开超市、菜场、面包店、饮食店、小吃店等。

看看自己选中的楼层，光线是否充足，看看周边的房屋是怎样的，看看周围是否有化工厂、电站、加油站、机动车维修点等。

交通便利一般是选房时的一个重要条件，一般需要看看房屋周围是否具有公交站台、几条地铁线，此外还要看看附近是否有火车经过。

图 5-7　考察新楼盘环境的几大方面

当我们对新楼盘的环境进行考量后，接下来我们还需要对小区的内部环境进行考察，具体见图 5-8 所示。

在同一小区中有多栋建筑，开发商在居住区规划中，为保证每户都能获得充足的光线，一般会对两栋建筑之间的距离进行规定。

2 公共建筑

一般小区内的公共建筑除了具有一些运动设施、小店、超市等，还会配套一些诸如学校等设施，方便人们的日常生活。

3 小区绿化

小区环境好坏的一个重要指标便是绿地率，绿地率一般指的是居住区用地范围内各类绿地的总和占居住区总用地的百分比。国家规定新建的居住区绿地率不应低于 30%。

4 小区内交通

对于设施较好的小区，汽车在小区外可直接进入小区地下车库，车行与步行互不干扰，可以大大提高小区环境质量。

5 居住私密

一般多层住宅居室与居室之间的距离以不小于 24 米为宜，高层住宅的侧向间距宜大于 20 米，以免形成各住户间的“通视”。

图 5-8　小区内部环境考查的几大方面

不同的家庭可能对于小区的要求不同，上面讲的仅仅是作为一种大方面的考虑，购房者还可以根据自己的家庭情况进行选择，如有车家庭，对于车位的要求，有孩子家庭对小区内如幼稚园的要求等。

当我们对于小区的环境觉得还不错时，那么最重要的环节来了，那便是对于房屋的考查，一般可以从如下几方面进行考量，具体如图 5-9 所示。

墙面：无论我们是对现房还是期房进行查看时，一般需要对墙面是否裂纹、渗水，外立面、外墙瓷砖、涂料等进行一定的了解。

门、窗、玻璃：我们需要对室内的门、窗、玻璃等进行查看，查看其是否完整，有无破损、磕碰、划痕等，以及门的推拉及上锁是否顺畅。

卧室、阳台：对于卧室、阳台的裂缝、墙壁空洞、墙面空干裂、门窗玻璃防护胶、卧室护栏、阳台门密封程度都要进行仔细查看，如有问题应及时要求解决。

图 5-9　室内看房需要考虑的因素

电路、电表箱：对于室内的电路一定要先测试是否安全，此外对于水箱、电表箱等，要检测是否漏水。

双气：对于家庭来说，一般日常生活都离不开天然气和暖气，而两者的破坏却是无法想象的，所以一定要注意燃气走管、暖气水压。

室内采光：一般来说，室内的采光一定要好，那么该如何看室内光线好坏呢？一般客厅为朝南的方向时，那么光线一般比较通透。

水源：对于人来说，人可无食物，但是一定不能没有水，可见水在我们生命中之重，那么对于室内的水源一定要要求干净。

看房时间：相对来说，一般看房时间最好选择在冬至日的前后两三天上午或者下午，并且楼盘已经封顶。这样可以最大限度看到房屋的阳光充足度。

室内面积：当我们看房时，对于房屋的大概面积可以进行预估，看看是否和宣传所说的相同，一般开发商为了吸引顾客，会采取赠送小阳台之类的方式。

图 5-9　室内看房需要考虑的因素（续）

除了上述几点内容，选择看房时，我们还会考虑更多的因素，而且具体小区具体分析，但总体来说，可以结合自己的需求，带着问题去看房，看看该小区是否能将你考虑的那些问题进行完美解决。

2. 如何购买二手房

当我们在考量购买新房时，有时会因为家庭的积蓄、交通、信用度等考虑购买二手房，人们选择购买二手房一方面是因为已经有人居住过，环境、交通、开发商的信用度等方面都有保证，另一方面是因为二手房一般都是在市区，或者远点靠近市区，而新房一般都靠近郊区。

一般买卖的二手房都是在市区及周边，那么注定房屋的价格会较贵，而且如果是在城市的偏南或偏西的位置，则同样的面积需要付出更高的价位，尽管如此，近年来二手房买卖仍日渐增多。

那么我们买卖二手房时，都需要注意哪些问题呢？具体如图 5-10 所示。

确认产权证

当我们对于房东的产权证进行确认时，一定要注意查看产权证上的房主与卖房人是否为同一个人，产权证所确认的面积与实际面积是否相同，一定要验看产权证的正本，最后还要到房管局查询此产权证的真实性。同时还要确认产权的完整性，看看有没有抵押及是否有剩余房贷。

确认房屋的面积

对于合同上标明的房屋面积以及实际的房屋面积要进行查看，一般包括建筑面积、使用面积、户内的实际面积，而产权证上标明的一般是建筑面积。

确认房屋的内部构造

对于房屋内部的户型、线路、墙面等进行查看，一般查看户型是否合理，室内的线路是否合理，天花板是否安全完整，墙壁是否有裂纹等，这些问题都是我们需要考虑的。

确认屋内设施

一般主要对于室内的天然气、水管、电视、空调、门窗等基本设施进行确认。

了解原有装修的状况

一般可以了解原有的装修是属于精装修还是一般装修，可以向房东了解住宅的内部结构图，包括管线的走向、承重墙的位置等，以便购买后自己重新装修。

了解物业管理

对于小区的物业管理要有个基本的了解，如水、电、煤、暖的费用如何收取，三表是否出户，小区物业管理费如何收取，物业管理公司可提供哪些服务等问题。

了解物业费用及周围邻居

对于物业费用，除了物管费，一般还包括清洁费，水、电、煤、暖的费用及车位费等。同时我们还可以在物管处或者居委会了解一些自己的邻居的职业、水平、层次等，从而了解自己所选小区的一个整体素质。

了解房屋是否存在违规部分

对于房屋要查看是否存在私自改变房屋的内外部结构，如一间改成两间，阳台改成卧室等。

了解政策的变化

对于与房产相关的各种政策要有一定的了解，特别是与二手房相关的各种政策，可通过报纸、中介代理公司、房管部门等进行了解。

计算房价

一般可通过自己对市场的了解评估，或者委托信得过的中介公司或评估事务所进行评估。

图 5-10　购买二手房时需要考虑的问题

除了如上的问题，在实际购买中我们还需要注意一些问题，比如二手房的购买程序。一般购买“二手房”时买卖双方必须要签订《房屋买卖合同》，并到

房屋所在区、县国土房管局市场交易管理部门办理已购住房出售登记、过户和缴纳国家规定的税费手续。

另外，如上的手续可以交由房产中介的房产经纪人代为办理。

3. 寻找房产中介需要注意的问题

当我们买卖二手房的时候，大多数的购房者都会委托中介帮忙寻找，而现在的房东也大多会委托中介进行房屋出租或买卖。所以很多购房者为了方便快捷地找到满意的房屋，一般都会委托中介进行办理。

那么当我们委托中介进行代理时，需要注意什么问题呢？

首先，我们一定要注意四大方面。如图 5-11 所示。

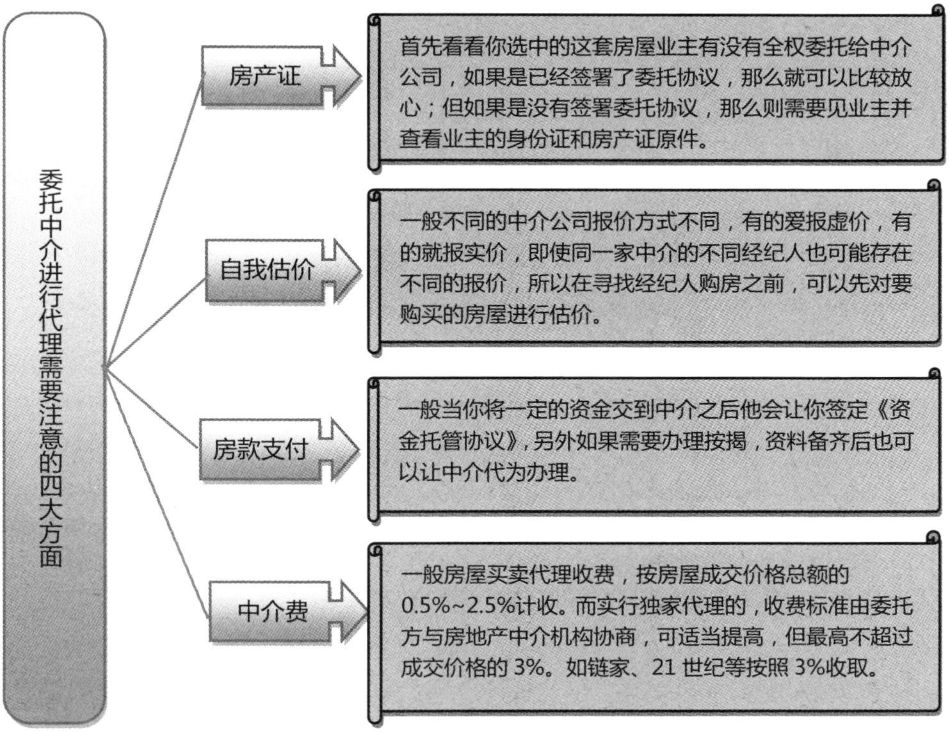

委托中介进行代理需要注意的四大方面

房产证

首先看看你选中的这套房屋业主有没有全权委托给中介公司，如果是已经签署了委托协议，那么就可以比较放心；但如果是没有签署委托协议，那么则需要见业主并查看业主的身份证和房产证原件。

自我估价

一般不同的中介公司报价方式不同，有的爱报虚价，有的就报实价，即使同一家中介的不同经纪人也可能存在不同的报价，所以在寻找经纪人购房之前，可以先对要购买的房屋进行估价。

房款支付

一般当你将一定的资金交到中介之后他会让你签定《资金托管协议》，另外如果需要办理按揭，资料备齐后也可以让中介代为办理。

中介费

一般房屋买卖代理收费，按房屋成交价格总额的0.5%~2.5%计收。而实行独家代理的，收费标准由委托方与房地产中介机构协商，可适当提高，但最高不超过成交价格的 3%。如链家、21 世纪等按照 3%收取。

图 5-11　委托中介进行代理需要注意的四大方面

当我们寻找中介时，最怕的就是中介吃差价，那么该如何避免这种差价呢？虽然现在实现透明交易，但是在一些中介公司仍然存在差价问题，要避免出现差价，一般可以从如下几方面着手，如图 5-12 所示。

透明交易

房屋买卖的程序比较复杂，所以在交易前，买卖双方应有所沟通。在交易时，最好抽出时间，购房者、房东、中介公司三方做到透明交易。

委托代理合同

如果买卖双方无法见面，一般可以要求中介公司出具卖方或买方的委托合同，合同中会写明价格及中介代理权利范围，这就有利于保证买卖双方的利益。

查看相关证件

对于购房者来说，一定要警惕中介公司提供的一些假房源，如果在没有查看相关证件及辩明真假房东之前就交了定金，到时有可能损失已交的定金。

中介公司代理范围

对于买家或卖家来说，在进行二手房交易时，最好不要委托同一家中介公司代理买、卖两方，尽量让中介公司仅代理一方，这样才能真正保证委托方的利益。

多方了解信息

如果对购买的房屋的相关信息缺乏了解，如对于周边的房子的价格是多少？房子是否会升值等信息了解较少，那么就容易被吃差价。

行业求助

在购买房屋之前，除了委托中介，一般还可以请房地产专家、律师，或者一些很有买、卖房屋经验的朋友提供建议。

图 5-12　买房时如何避免被吃差价

相对来说，除了如上几点可以避免差价外，购房者还可以选择一些品牌中介进行中介服务，如在混乱的中介中，第一个提出三方协议的链家地产，北京中介行业的老大，对于该类名牌中介，无论是房源、服务还是手续费都将透明，这样更容易保护购房者的利益。

4. 网上买房咨询

由于网络的快速发展，衣、食、住、行几乎都可以通过网络解决，虽然买房不能像一些理财产品那样，直接在网上进行交易，但是人们在交易前，则可以在网上进行一定的咨询了解。如对于新楼盘的一些信息进行查看，可以在一些房产网站对不同的楼盘进行分析了解，同时还可以对某一楼盘的详情进行了解，这就避免了在看房时盲目寻找。

首先，我们可以借助一些网站，对楼盘的相关信息进行了解。对于一些房产的信息，常用的有58同城、搜房网、房价网，而一般常用的则是搜房网，那么我们就以搜房网查询新房信息为例，来看看具体的操作过程。

登录搜房网（现官网名为房天下），根据条件搜索，如图在搜索栏选择城市为深圳，开发商为万科，房屋性质为经济适用房，然后单击“搜索”按钮，当然投资者还可以根据区域、地铁、地图找房等进行查询，如图5-13所示。

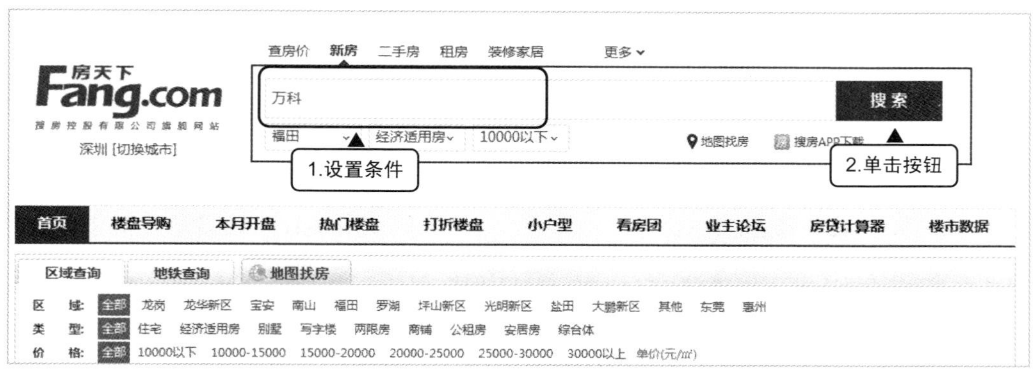

图5-13　登录搜房网

此时将出现图5-14所示的搜索结果，楼盘的名称为万科东海岸。目前在售，投资者可单击楼盘名称，进行详细的了解。

图5-14　条件搜房

此时将出现与该小区相关的小区首页、业主论坛、小区相册等相关信息，此外还包括该小区的具体信息，如本月均价：23 528 元/㎡，环比上月下降 0.54%，同比去年下降 25.50%等，见图 5-15 所示。

同时我们还可以了解该小区的基本信息，如图 5-16 所示，建筑面积：87 003 平方米；占地面积：131 802 平方米；当期户数：759 户；总户数：759 户；绿化率：69.13%；容积率：0.57；物业费：1.95 元/平米/月；公寓：2.98 元/平米/月；多层：1.95 元/平米等信息。

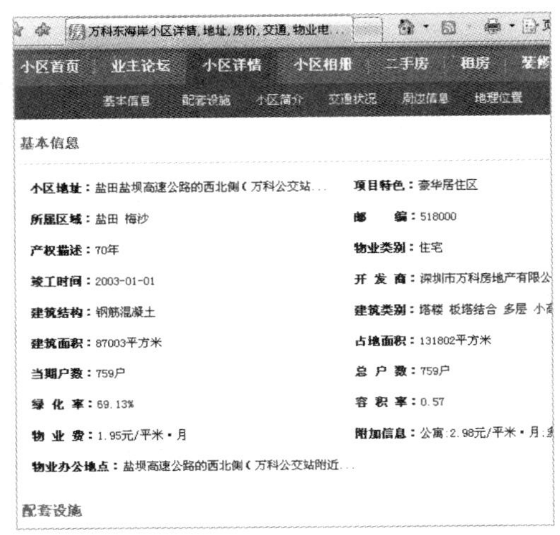

图 5-15　楼盘信息

图 5-16　楼盘基本信息

紧接着我们还可以在图 5-17 中单击“业主论坛”，通过其他购房者对该楼盘的相关情况进行了解。大多楼盘都会为购房者提供这样的业主论坛，购房者在上面了解到的信息相对比较客观。

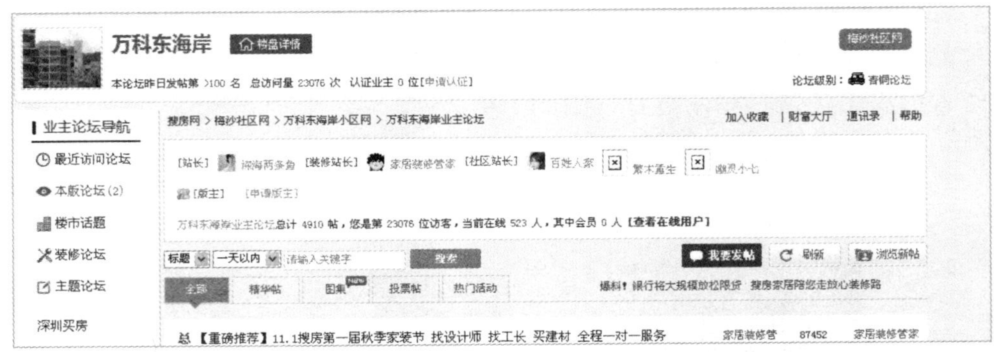

图 5-17　了解业主论坛

当我们对小区的详情已经有了基本了解以后，那么接下来我们就可以对于即将购买的新房在网上进行简单的估价，虽然不是百分百的准确，但是至少我们可以了解一定的行情。

登录一个可以计算房价的网站，如图 5-18 所示，登录房价网，并且输入自己房屋的相关情形，开始估价，输入完成以后，单击“快速评估”按钮，此时将进入如图 5-19 所示的页面，系统会自动要求投资者对其输入的房屋信息进行再次确认，如确认无误，可以单击“快速评估”按钮。

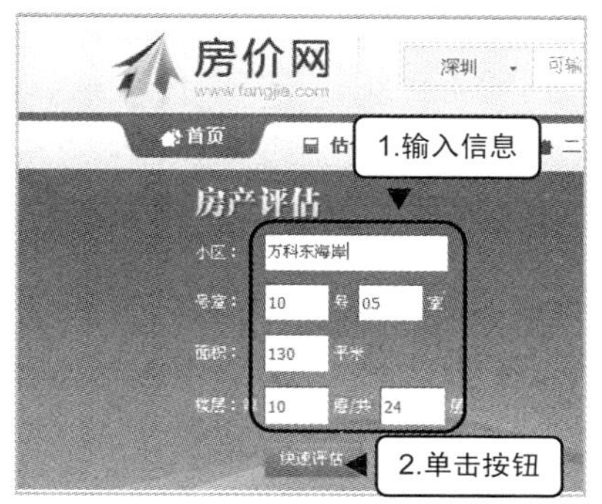

图 5-18　输入房屋信息

图 5-19　确认信息

此时，系统将会要求投资者对该小区的详情进行详细填写，包括楼栋详情、装修情况、房屋质量、车位情况等信息进行填写，如图 5-20 所示，选择完成后单击“下一步”按钮，此时将进入图 5-21 所示的页面。

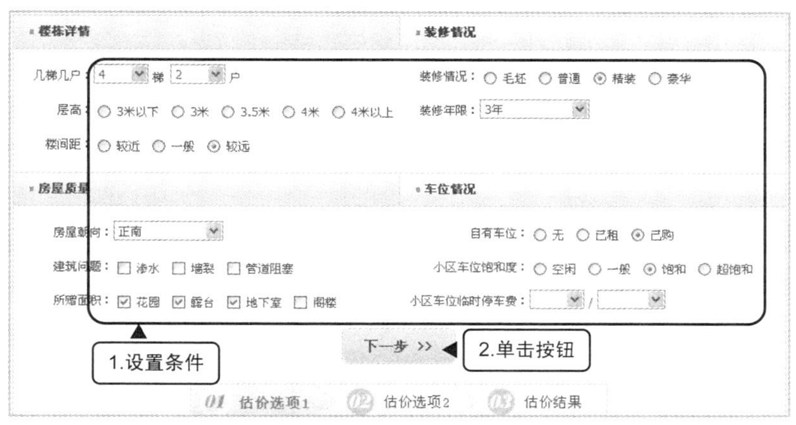

图 5-20　填写房屋信息

对于如上的信息，如果自己不能准确把握，那么可以通过前面我们提到的途径对信息进行详细的了解，或者咨询物管处。

紧接着上面的步骤，我们还需要对该楼盘的物业、治安、小区环境等相关信息进行选择输入，当选择完成以后，就可以单击“提交并查看估价结果”按钮，如图 5-21 所示。

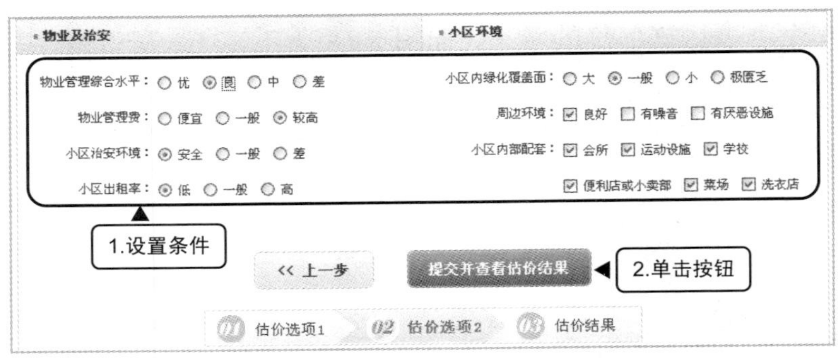

图 5-21　输入楼盘信息

此时系统将自动计算出评估结果，如图 5-22 所示。初步评估结果该楼盘为 305 万，均价：23 469 元/平米；面积：130 平米；楼层：第 10 层，共 24 层；同时如果投资者实行按揭付款，那么就需要支付首付 91 万元。

如果投资者觉得计算有误，可以单击“房屋纠错”按钮，反应相关信息。

同时我们还可以从图中看出，该楼盘近几个月的房价走势，如图所示，从最初的 7 月份快接近 24 000 元/平米到 10 月份接近 22 000 元/平米，其中与国家对于房产的调控以及经济下滑以及深圳地区对于房产政策的调整密切相关。但是相对一般的家庭来说，300 万的房价还是较高的。

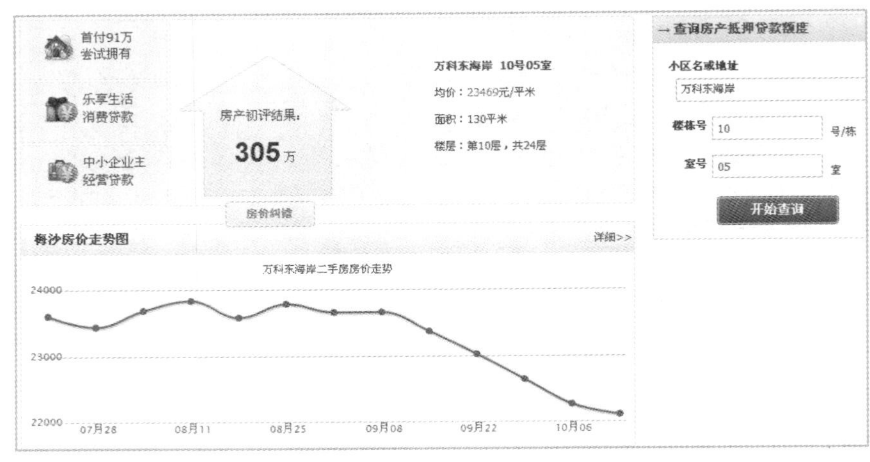

图 5-22　查询结果

5.2.2　按揭买房需理智

对于新房的购买，大多家庭会选择按揭，按揭简单来说指购房款不是一次性付清，而是采用向银行贷款的形式购买，那么按揭需要什么资料、按揭需要满足何种条件、按揭的程序是怎样的呢？

下面我们对这些问题进行简单的介绍，首先来看住房贷款的分类，其次是贷款需要满足的条件及贷款需要提交的资料。

对于个人的住房贷款，是指银行向借款人发放的用于购买自用普通住房的贷款。借款人申请个人住房贷款时必须提供担保。目前，个人住房贷款主要有委托贷款、自营贷款和组合贷款 3 种，如图 5-23 所示。

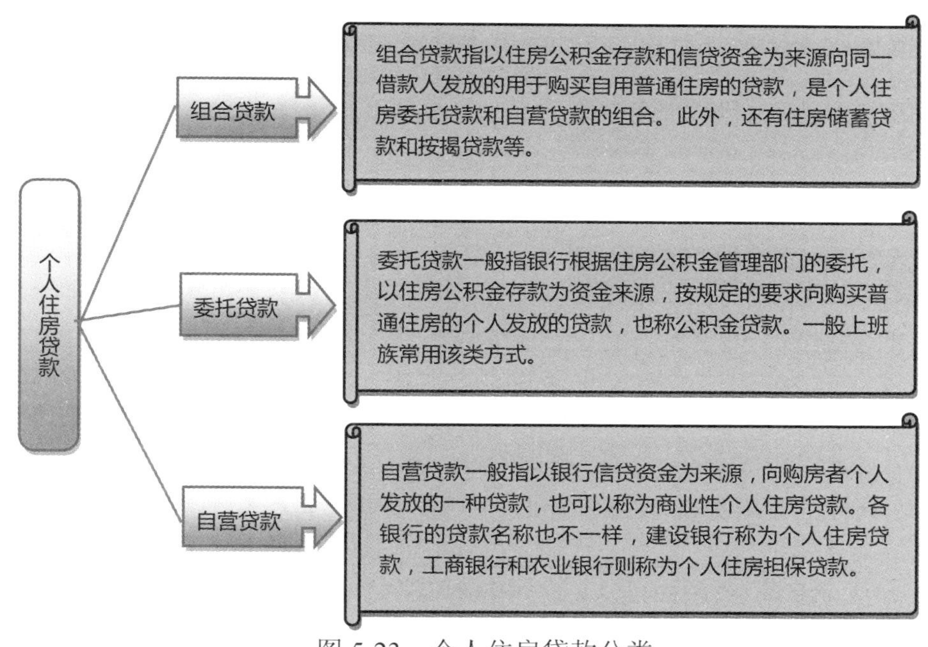

图 5-23　个人住房贷款分类

对于如上的 3 种贷款，大多家庭会选择住房公积金形式的委托贷款，而对于组合贷款、自营贷款则一般较少使用。

当我们办理住房贷款时，并不是每个人都能申请的，它需要满足一定的条件，那么它需要满足哪些条件呢？

要办理房贷需要提供抵押担保物、年龄、民事行为能力及身份证明、首期购房款、个人稳定的职业和经济收入、住房的合同或协议，如图 5-24 所示。

抵押担保物

首先必须满足的条件，购房者需要以所购住房作抵押担保。

年龄

银行会对借款人的年龄给与限制，如男士不超过 65 岁、女士不超过 60 岁。

民事行为能力

如同办理银行的其他业务，贷款时一般要求具有完全民事行为能力。

首期购房款

银行会要求购房者必须支付不低于所购住房全部价款一定比例以上的首期购房款。

个人稳定的职业和经济收入

银行要求购房者具有稳定的职业和经济收入，有偿还贷款本息的能力。

住房合同

购房者还需要提供已经签署购买的住房的合同或协议。

图 5-24　房贷条件

当购房者已经满足了一定的按揭条件，那么接下来就需要向银行提供一定的资料。具体的资料如图 5-25 所示。

1. 借款人已经支付的全部或部分的首期购房款的证明。
2. 借款人还款能力证明。如银行卡积蓄或收入证明。
3. 借款人购买二手住房的合同、协议或意向书原件及复印件。
4. 借款人具有法律效力的身份证件：居民身份证件、户口本或其他。
5. 借款人或配偶授权查询人民银行个人征信系统的授权文件。
6. 借款人已出租的房产须提供租赁权益变更的相关证明文件。

图 5-25　按揭需要准备的资料

7 借款人本人名下用于供款的银行活期存折复印件。

8 借款人需要提供交易住房的《房产价值评估报告》。

9 贷款人要求提供的其他证明文件或资料。

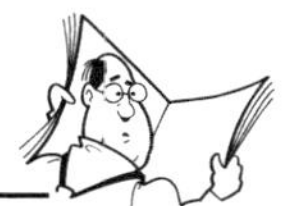

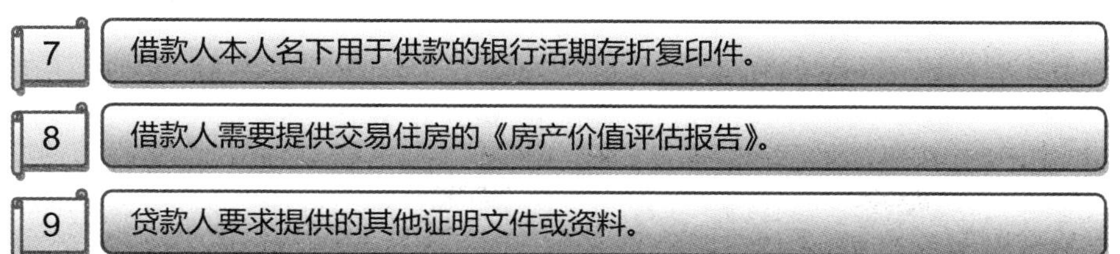

图 5-25　按揭需要准备的资料（续）

准备好相关的资料后，接下来我们就可以寻找到适合的时间，去向银行申请按揭，当在申请之前，我们需要了解办理按揭的程序，以便安排好自己的时间，以及做好相应的规划，具体的规划如下图 5-26 所示。

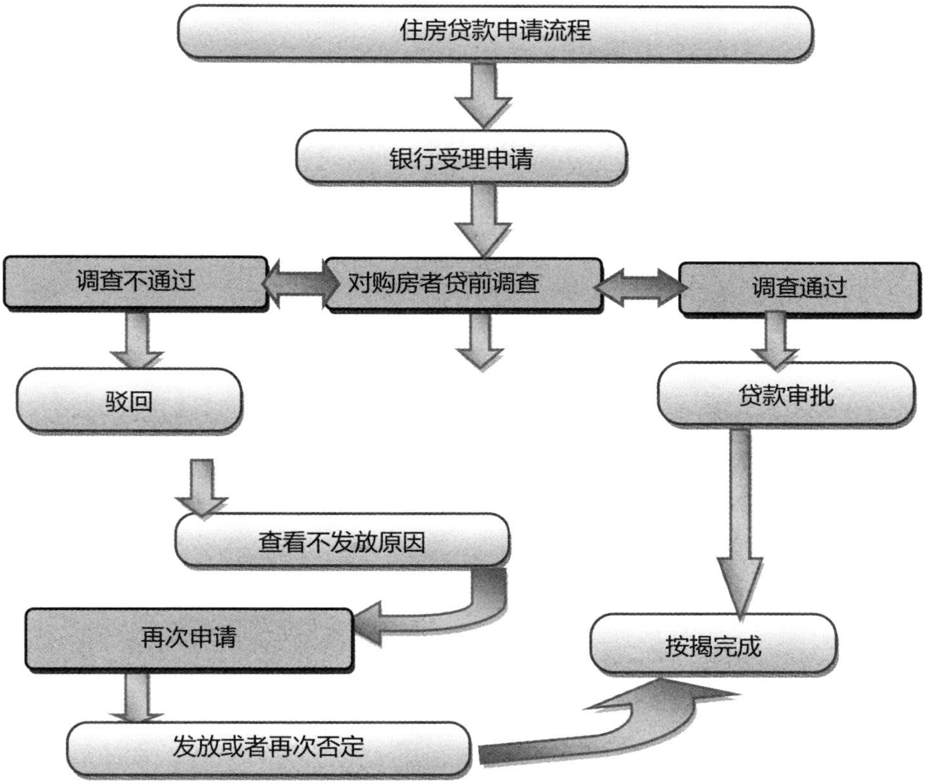

住房贷款申请流程
银行受理申请
调查不通过
对购房者贷前调查
调查通过
驳回
贷款审批
查看不发放原因
再次申请
按揭完成
发放或者再次否定

图 5-26　住房贷款申请流程

现在大多家庭都利用公积金贷款，相对来说，公积金贷款会比直接贷款更优惠。公积金贷款指上班族根据公司购买的住房公积金进行贷款的行为，但是公积金需要缴纳一定的期限。

此外公积金贷款还需要满足一定的条件，不同的城市对其条件会存在不同的规定，以成都为例，具体的资料则如图 5-27 所示。

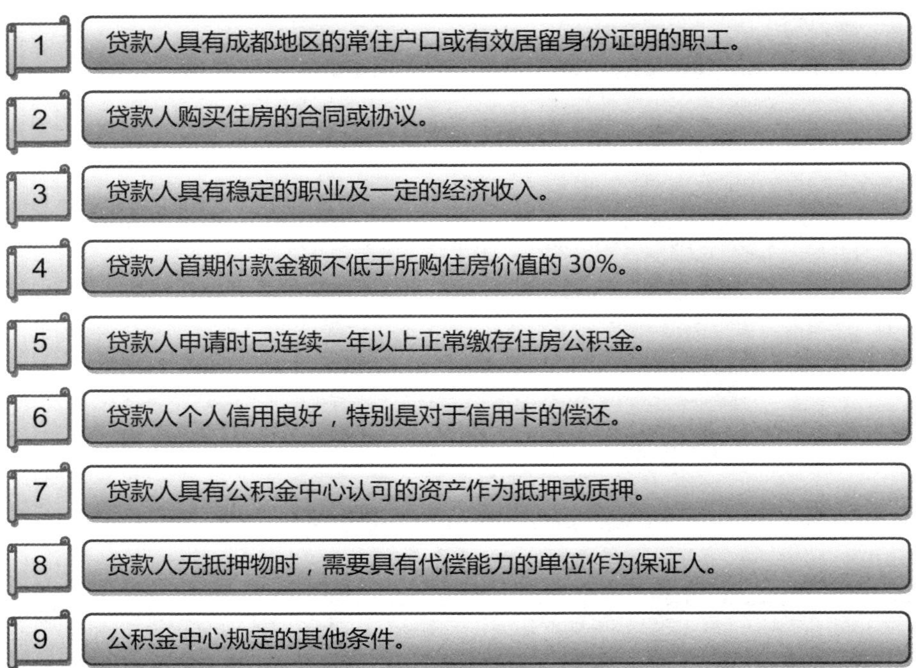

图 5-27　公积金贷款需要满足的条件

当贷款人满足如上的条件后，那么接下来就需要了解它的申请程序，以便准备相关的资料。申请程序如图 5-28 所示。

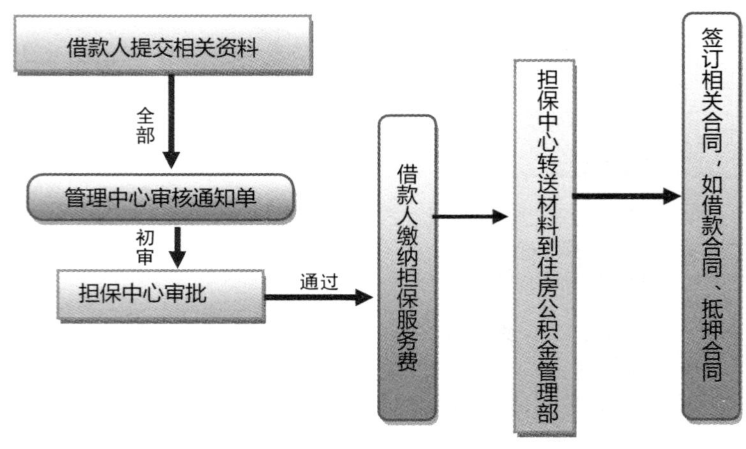

图 5-28　住房公积金贷款申请流程

5.2.3　购房合同的猫腻

无论我们是购买新房还是二手房，到最后都需要签订购房合同，那么签订购房合同的程序是怎样的呢？

随着网络的快速发展，人们对于时间的管理更为严格，对新房的购买，很多购房者对新房现场了解完全满意之后，就会和开发商约定时间进行签约。

而为了节约彼此的时间，现在大多购房者会选择和开发商进行网络签约，具体的操作如图 5-29 所示。

1　在确定了买房意向之后，经过购房者与出卖人双方协商，两者需要将正式的合同条款输入相关的合同备案软件，进行网上签约。

2　购房合同上报成功后，打印正式的(电子)合同，购房者和开发商履行签字手续，一次性付款需打印 4 份，按揭贷款需打印 5 份。

3　开发商和购房者网上签约上报之后，开发商需要携带全部的购房资料以及全套已签字(盖章)的纸质正式合同到具有管辖权的房地产交易管理部门办理合同盖章备案手续。开发商需要在网上签约的 3 个工作日内，到房地产交易管理部门办理合同盖章备案手续。

图 5-29　网签流程

在网签的过程中，我们需要注意两点，具体如图 5-30 所示。

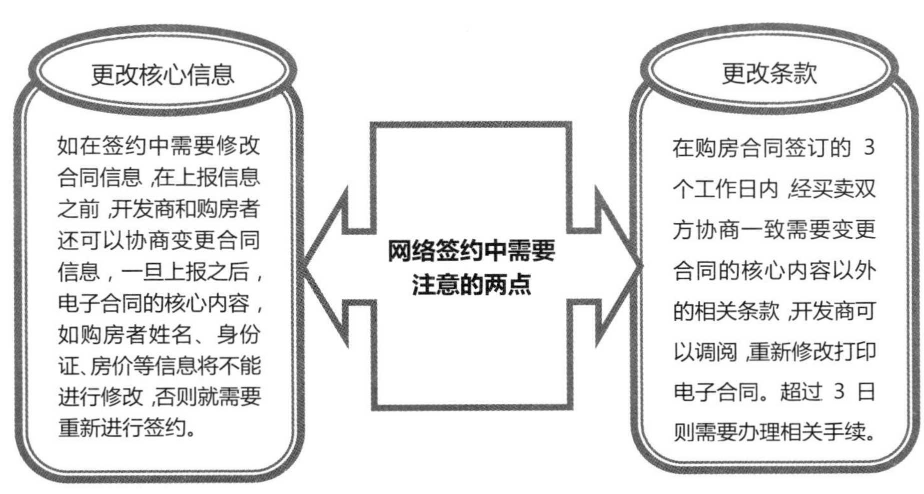

图 5-30　网签注意事项

我们对于手中的购房合同还需要注意如下几点。具体如图 5-31 所示。

购房的主体：即房地产开发商和购房者的相关信息，同时还需要写明双方的名称与地址。

商品房面积：合同中应对预售商品房的面积以平方米为单位计算，并明确是建筑面积、使用面积还是其他面积。

房屋价：一般包括该房屋的单价和总价，如每平方米多少元。预售款实收的数额和期限没有统一规定的，当事人应在合同中明确。

预售房屋的基本情况：预售合同中应明确表明商品房的所在地区、座落、商品房预售许可证号、房屋建筑面积、房屋结构、房屋竣工交付日期等相关信息。

房屋交付方式与期限：对于逾期交房，合同中应列明一些免则条件。如合同中可以约定由于不可更改的自然事件的影响，开发商的交房期限才可以合理顺延。

房屋使用性质的规定：如在购房合同中列明该房屋是住宅用房、办公用房、生产用房或其他的用途。

房地产权属登记义务：如购买后，买卖双方需要对于产权证进行权属的变更，这就需要在合同中进行相关程序的约定。

物业管理：如在合同中列明的该房屋所属小区中相关的物业管理的详细，如物管费用、车位费等。

纠纷解决方式：如买卖双方在签订相关的买卖合同后，由于一些原因，买卖双方出现一定的纠纷，对于该纠纷要规定相应的处理方式，如选择诉讼还是仲裁。

图 5-31　签订合同时需要注意的内容

除如上几点外，在合同中我们还要注意，如果是可以办理房产证的房屋，对于面积和交付使用时间就不重要了，如果还不可以办理房产证，或者还没竣工验收，那么就要注意交付使用时间以及面积差异。

而对于房产证的办理时间，这个更要看仔细，因为有些开发商几年都办不了房产证，所以自己一定要谨慎。

5.3 装修好比化妆

古语有云，淡妆浓墨总相宜。化妆可以在某种程度上成就一个人的不完美，在这个世界很多事情需要借力，同样的道理，无论你有着怎样的外貌，它只是一层空壳子而已，你可以通过化妆涂上你需要的色彩，让镜子里的那张脸变得温馨、变得美丽、变得吸引人。

而对于我们的新房也一样，我们可以在一个陌生的空壳子上或别人已经装饰的壳子上，通过装修，描绘出独具你个人的色彩。

装修与买房是一样的大事，装饰是未来几十年的主要生活环境，因此不得不花费一翻心思。然而华丽的装修必然会耗费很多的财力，管家婆们要如何利用有限的资金来把新家装修得温暖舒适，这也是对女性朋友在生活理财方面的一项重要考验。

5.3.1　浓妆尽显奢华美

自古以来，浓妆总是呈现出一种奢华的美，如宫廷贵妇们，在华丽的宫装下，描绘出各种艳丽的妆容，像近年来很火的宫廷大戏——《甄嬛传》，甄嬛在荣升贵妃以后的各种妆容，都是浓妆。

当浓妆运用到我们的新房装修上，就是要运用合适的工具，将我们的新房打造出贵气，呈现一种低调或高调的奢华美，特别是装修刚兴起的年代。

无论选择怎样的装扮，都应该量力而为，这里的“力”是指自己的财力，不能过度追求奢华而给生活带来过大的压力。

相对来说，从国内外来分，豪华的装修风格一般可以分为中式复古、欧式复古。

首先，我们来了解什么是中式复古和欧式复古的装修，如图 5-32 所示。

中式复古

不管现代社会多么网络化，我们骨子里多少都会带有中国传统思想和文化，在中式古典家庭装修中，地面装饰材料一般选择二翅豆，圆盘豆，龙凤檀等这样的实木地板，色泽沉稳大方又不缺乏喜气，往往被偏爱。随着众多现代派主义的出现，装修复古的加热，国画、书画及明清家具构成装修设计的最主要元素。

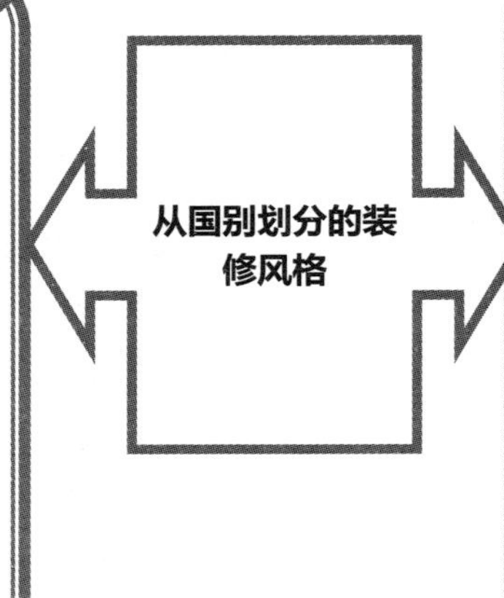

欧式复古

欧洲古典风格到处都显现出奢华，色彩浓烈，更讲究装饰性。欧式古典有必不可少的壁炉，柱子，雕刻出希腊化艺术、罗马艺术、埃及等文化感。在选择地板装饰材料的时候也是以颜色偏深的木地板为主，表现出沉稳，厚重。

图 5-32　按国别划分的装修风格

仅仅从国内的复古中呈现出来的装修风格也可以进行划分，如图 5-33 所示。

豪华奢侈

在装修刚兴起的年代，装修大多追求的是较为豪华奢侈的风格。尤其是在 20 世纪 80 年代和 90 年代初，室内装修往往是身份的一种代表。装修中尽显豪华奢侈，如彩绘玻璃吊顶、壁炉、装饰面板、装饰木角线等，整个风格基本上以类似于巴洛克风格并结合当时国内存在的一些材料为主要装饰方式。

从国内划分的装修风格

精致典雅

随着人们生活水平的不断提高，人们开始向往和追求高品质的生活。从 20 世纪 90 年代中期开始，人们逐渐在装修中使用精致的装饰材料和家具，尤其是在这个时候，国内的设计师步入家装设计行列，从而带来了一种新的装饰理念。

图 5-33　国内的两种装修风格

整体来说，对于浓妆似的装修，无论怎样的划分，都体现一种奢侈的美。这样的装修其成本相对较高，当然这样的装修体现的更是一种人生的价值品味，并不适合每一个家庭，所以选择哪种装修需要量力而为。

5.3.2 淡妆省钱又清新

现在，走在大街上，看见一个没有任何瑕疵的 20 多岁的美女，如果告诉你那是纯天然的，我想你也不会信。这样的女子大多都是经过一定的化妆的，只是妆容画得太好，既不明显，又画出了美感，而这样的妆容便是淡妆。

将这样的妆容用在我们的装修上，便是各种简单却温馨且又不失个人特色的装修风格。

从财力的角度来考虑，淡雅的装修会节省很多材料，如果选择得当，可以节省一大笔开支。一般可以简单地划分为以下 10 种风格，如图 5-34 所示。

流行于 20 世纪 90 年代，整体追求一种整洁明亮的室内效果。时至今日，这种风格仍然是大多数初次置业者装修的首选。

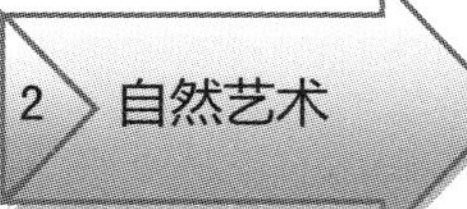

20 世纪 90 年代开始的装饰热潮，带给人们众多的装饰观念。装修中出现大量台湾、香港的装饰杂志中出现的风格。

20 世纪 90 年代中期开始，设计解放，其中现代主义、后现代主义等一系列较为完整的设计体系在室内设计中形成。基本上以樱桃木作为主要的木工饰面。

这种风格强调一种较为简单但又不失内容的装饰形式，逐步形成了以黑胡桃为主要木工装饰面板的风格。其中，简约主义和极简主义开始浮出水面。

相对来说，该种风格强调比例和色彩的和谐。人们开始把一堵墙的上部分与天花板同色，而墙面使用一种带有淡淡纹理的墙纸。整个风格显得十分优雅和恬静，不带有一丝的浮躁。

地中海风格多用有着古老历史的拱形状玻璃，采用柔和的光线，加之原木的家具，用现代工艺呈现出别有情趣的乡土格调。

图 5-34　十大装修风格

7 乡村田园

它不仅在材质上取自天然，而且更创新地把欧式典雅大气的风格和自然田园风格有机融合起来，并着力在居室环境舒适度上。

8 现代简约

一般适合年轻一族，追求独立，时尚，有个性，不需要太烦琐、太奢华的元素。地面装饰材料的选择也偏爱简单大方，如选择浅色的木地板、白蜡木地板，橡木地板等。

9 个人色彩

装修时，大量使用明快的色彩，人们会在家居中大量使用各种各样的色彩，有时候甚至在同一个空间中，使用 3 种或 3 种以上的色彩，节约成本而且独成一家。

10 小清新

这种装修风格，一般适合受简约主义影响，从而演变而成的一种带有“小资”味道的室内设计风格。一般适合众多的单身贵族，如今这种小资风格装修大量地出现在各式的公寓装修之中。

图 5-34　十大装修风格（续）

除了如上的各种装修风格，不同的家庭会有不同的需求与偏爱，如一般追求地位身份像征的，可能会选择一些豪华风格系列，特别是欧美的复古风之类。

而对于一般家庭来说，可能更多地追求一种居住的舒适度，那么各种柔和风格，如温柔优雅、地中海风格、乡村田园等比较适合。

而对于一些年轻的、追求个性的家庭，那么就可以选择现代简约、个人色彩、小清新、轻快明朗、自然艺术、随心所欲等系列风格。

可能更多的家庭希望几种风格综合在一起，那么综合的风格能不能实现呢？在装修前，我们可以通过一些装修网站或者朋友的介绍进行简单的了解。

5.3.3　外包精装不费力

对于现在繁忙的上班族来说，一般对购买的新房进行装修都会选择外包装修的形式，这种装修方式有不同的套餐选择，更容易控制装修成本。

我们可以选择一些知名的装修公司或者一些朋友介绍的私人装修公司，尽管是外包，但是一定要记得了解装修的相关程序，以便了解装修进程。

那么一般的装修过程都是怎样的呢？具体如图 5-35 所示。

装修面积计算

装修过程涉及的面积一般包括贴砖面积、墙面漆面积、壁纸面积、地板面积等。此外还要明确主要墙面的尺寸，特别是以后需要设计摆放家具的墙面尺寸。

室内主体改变

进入到施工阶段，一般会先进行主体拆改，主要包括拆墙、砌墙、铲墙皮、拆暖气、换塑钢窗等。

水电布局

水电布局是家装的一个重要环节，大家在装修时要注意插座的预留，以及水电安装的布局等。

木工、油工、瓦工等分工

一般需要根据时间来分先后，一般建议比较脏的先来。

贴砖、刷墙面漆同时进行

相对来说这两个步骤可以同时进行，贴砖相对比较复杂，需要细心，耐心，同时在油漆时注意防火。

安装木门和地板

木门和地板的安装需要按照一定的顺序，如先安装木门再安装地板，安装前要局部弄平打扫干净。

安装五金洁具

安装五金洁具相对来说是家居装修的重点，房主们在选购五金时要注意质量，在安装时要注意一些细节，以便保证以后的生活质量。

家具家电的摆放

相对来说，一般在选购家具时要注意家具的尺寸，这样在摆放时就相对容易，而家电则依据家具摆放。

家居配饰

相对来说，这是装修的最后一步，如何装饰搭配自己的新家，可根据自己的喜好自由搭配。

图 5-35　装修过程

了解了装修的过程后，接下来我们需要对装修的花费进行一定的预算，主要包括设计费、水电改造、家用乳胶漆、电视背景墙、地面砖铺设、墙面砖铺设、墙体打孔、灯具、吊顶、卫浴设备、窗帘、橱柜、沙发、衣柜、其他家电、垃圾清理等。

相对来说，我们可以在一些装修网站上，对相关的信息进行简单的了解，现在的装修网站很多，那么该如何选择呢？

一般我们可以多家比较去咨询相关的装修费，同时看看已经装修过的业主对于该装修网站的评价，做到物美价廉。另外，我们可以借助一些装修网络平台，了解相关信息，如图 5-36 所示登录土巴兔网。

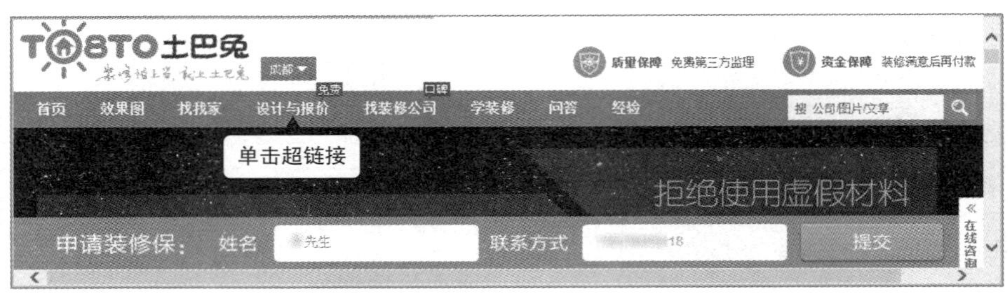

图 5-36 登录装修网

在上图中我们可以单击“设计与报价”超链接先设计室内装修，此时将出现免费的户型设计，如图 5-37 所示，同时需要投资者输入个人及房屋信息，如称呼、装修类型、装修面积、预算金额等，输入完成后，单击“免费户型设计”按钮，此时将进入图 5-38 所示的页面，系统提示申请成功。

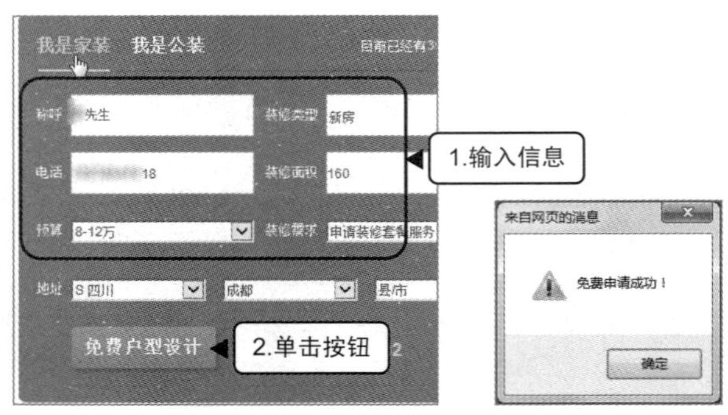

图 5-37 输入信息　　　　图 5-38 申请成功

当我们装修以后，不能马上搬入新房，一般需要间隔一定的时间。一般入住者可以购买甲醛苯氨检测试剂自己检测，如果超标不严重还可以买点活性炭

放在家里，或者通过养植物来除甲醛。

同时一定要记得保持室内空气畅通，如果超标严重就需要找专门的室内空气治理公司进行治理，直到治理以后空气达标才可以入住，否则将会对身体带来一定的危害。

我们在布置我们的小屋时，都会考虑在室内种植一定的植物，但是，一定要注意有些植物可以在室内种植，有些却不可以，具体如图 5-39 所示。

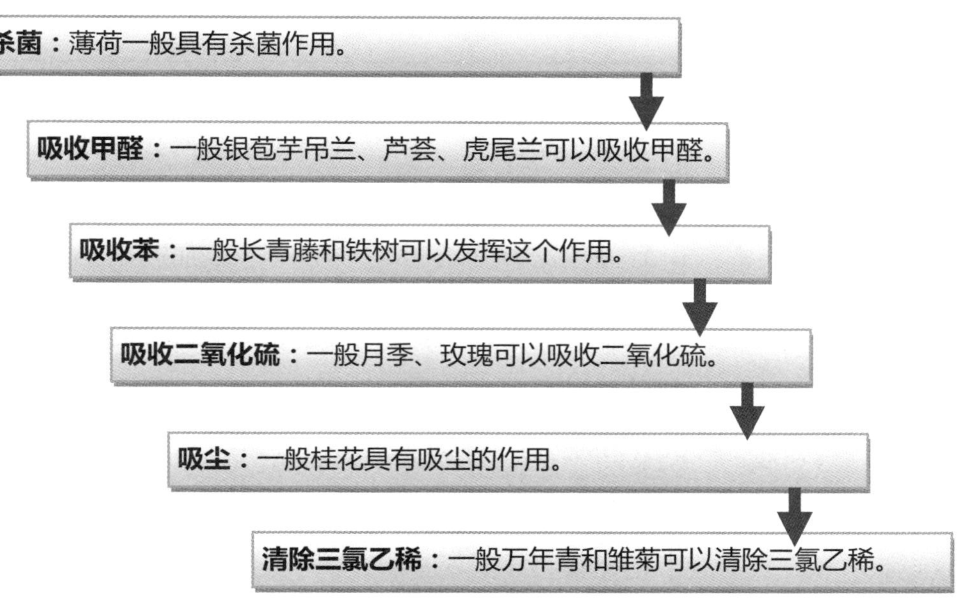

图 5-39　室内可以安放的植物

一些植物可以安放于室内，那么必有一些植物是不可以安置在室内的，具体如图 5-40 所示。

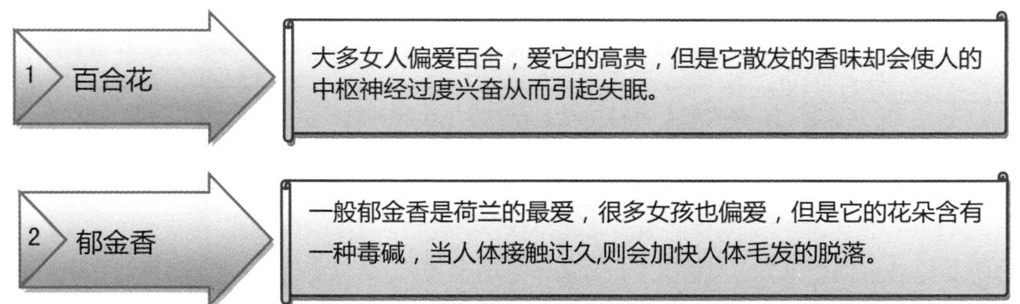

图 5-40　室内不宜放置的植物

3 杜鹃	一般我们都记得杜鹃啼血这个传说，杜鹃花它的花朵含有一种毒素,一旦误食，轻者会引起中毒，重者则会引起休克，严重地危害身体健康。
4 含羞草	这是一种独特的、会害羞的花草，但它体内的含羞草碱则是一种毒性很强的有机物,人体过多接触后会使 MM 的毛发脱落。
5 兰花	如同百合花一样，兰花独特的香气，同样会令人过度兴奋从而引起失眠。所以放置兰花前要仔细斟酌。
6 夹竹桃	对于该种花草来说，它可以分泌出一种乳白色的液体,当我们接触时间长时便会使人中毒,从而使人昏昏欲睡、智力下降。
7 天竺葵	对于该种植物，当它所散发的微粒与人体接触时会使人的皮肤过敏，从而引发一定的瘙痒及神经性过敏。
8 玉丁香	该类植物的芳香气味会对人体的肠胃有刺激作用,不仅影响食欲,而且还会使孕妇恶心呕吐或头晕目眩，加重孕吐反应。
9 紫荆花	相对来说，紫荆花散发出来的花粉如与人接触过久,会诱发哮喘症或使原本的咳嗽症状加重。
10 夜来香	夜来香，一般在晚上会散发出大量刺激嗅觉的微粒,闻之过久，会给高血压和心脏病患者带来一定的影响。

图 5-40　室内不宜放置的植物（续）

对于如上的植物，大多家庭都会偏爱，如女生喜爱的百合、郁金香、兰花，也许大家都会说没有任何影响呀，但这是一个缓慢的过程，为了身体健康的长远考虑，还是应该谨慎安置。

5.4 出行的不同方法

在城市生活的人们，外出一般可以选择的交通的工具不外乎公交、出租车、地铁、高铁、火车、飞机、自行车、摩托车、三轮车等。

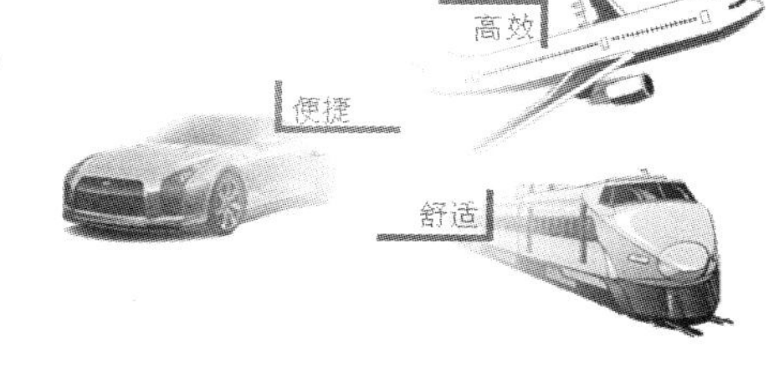

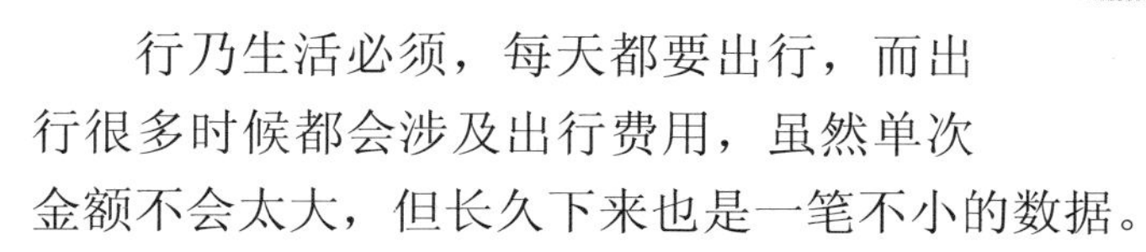

行乃生活必须，每天都要出行，而出行很多时候都会涉及出行费用，虽然单次金额不会太大，但长久下来也是一笔不小的数据。

精明的管家婆们会通过各种计算，在不影响正常出行的情况下，尽量减少出行费用，这也是女性持家的一部分。

5.4.1　公共交通 VS 买车

大多家庭都经历了从乘坐公共交通到买车的阶段，而对于存在的公共交通，也是经过一定的进化阶段的，且看它们如何演变而来，具体如图 5-41 所示。

20 世纪初：交通工具主要有自行车、黄包车、公交车、轿车、火车、船、飞机。

↓

建国初期：交通工具主要有自行车、黄包车、摩托车、公交车、公共汽车、轿车、火车、渡轮、飞机。

↓

改革开放初期：交通工具主要有自行车、摩托车、人力三轮车、有轨电车、无轨电车、公交车、公共汽车、地铁、私家轿车、火车、轮船、飞机。

↓

21 世纪初：交通工具主要有自行车、摩托车、人力三轮车、有轨电车、无轨电车、空调公交车、大型公共汽车、快速地铁、私家豪华跑车、快速空调磁悬浮列车、豪华轮船、私家游艇、私人飞机等。

图 5-41　交通工具的演化

对于如上的交通工具，我们发现随着时代的进步，各种先进的交通工具也在不断的优化，如从最初的自行车、黄包车、摩托车到如今的有轨电车、无轨电车、快速地铁、快速空调磁悬浮列车、私家游艇、私人飞机等。

对于一般的家庭常选的公共交通工具不外乎是公交车、出租车、飞机、轮船、高铁、地铁、汽车、磁悬浮列车等，如果是上班族的家庭，一般会选择公交车、地铁、出租车、飞机等作为出行的交通工具，当然仍有大部分的家庭会选择自己的私家车进行上下班。

那么家庭出行究竟是该选择公共交通工具还是自驾车呢？简单比较如图 5-42 所示。

公交车：票价便宜、交通安全、常用，但是存在交通拥堵的现象。

汽车：时间长、票价不便宜，存在一定的安全隐患。

飞机：方便、快速，适合于出差或国外旅行，但一般价格较高。

轮船：时间长、不方便，需周转，而且票价也不便宜，会出现晕船现象。

火车：方便、实惠、票价便宜，但是遇到出行高峰期时，需要提前预订。

地铁：快捷迅速，但一般上下班时间需要排队安检，费时。

出租车：快捷迅速次于地铁，高于公交车，但是一般价格较贵。

图 5-42　公共交通工具的优缺点

对于上图所示的各种公共交通，共同点都是网络发达，出行者可以到达各个地点，但是毕竟是公共场所，人较多，而且拥堵，对于女生来说，存在一定的不方便。

如果选择私家车，一般出行都比较方便，特别是对于平时应酬较多以及在假日常带家人出去游行的家庭则更加便利。

但是拥有私家车也存在一定的弊端，如初期成本会较大，大城市道路拥挤，停车位难找等。

但对于一个家庭来说，具体问题具体分析，如果对于私家车的需求不是排在家庭的首位，那么可以选择公共的交通工具作为出行的工具，而如果因一些原因，如有老人、孩子上学、加班应酬等，那么可考虑买车。

5.4.2　女士选车必知策略

自古以来便有巾帼不让须眉之说，在当今社会越来越多的女人开始开车上下班、接送老公孩子。

但是一个家庭要买车，也是一笔不小的支出，精明的管家婆们会从买车到养车的各个方面来计算是否有必要买车。下面我们就简单来介绍女士们购车时的几点小策略，具体如图 5-43 所示。

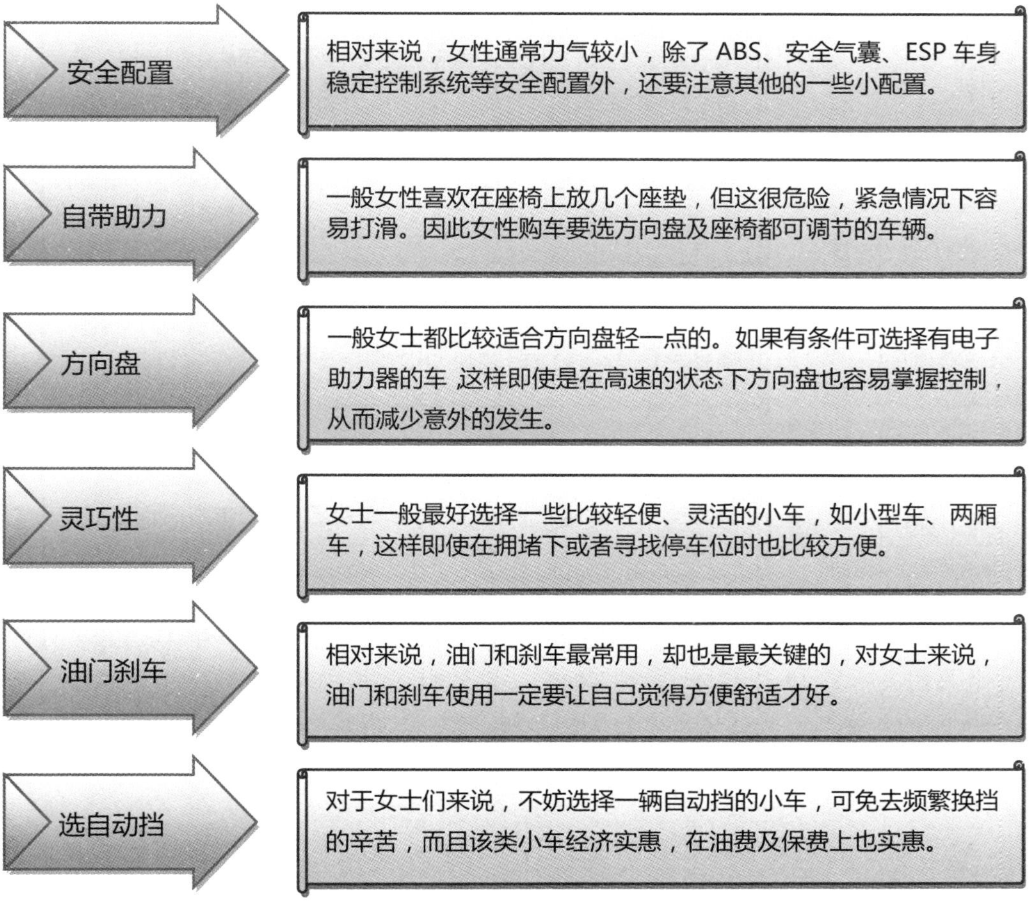

安全配置	相对来说，女性通常力气较小，除了 ABS、安全气囊、ESP 车身稳定控制系统等安全配置外，还要注意其他的一些小配置。
自带助力	一般女性喜欢在座椅上放几个座垫，但这很危险，紧急情况下容易打滑。因此女性购车要选方向盘及座椅都可调节的车辆。
方向盘	一般女士都比较适合方向盘轻一点的。如果有条件可选择有电子助力器的车 这样即使是在高速的状态下方向盘也容易掌握控制，从而减少意外的发生。
灵巧性	女士一般最好选择一些比较轻便、灵活的小车，如小型车、两厢车，这样即使在拥堵下或者寻找停车位时也比较方便。
油门刹车	相对来说，油门和刹车最常用，却也是最关键的，对女士来说，油门和刹车使用一定要让自己觉得方便舒适才好。
选自动挡	对于女士们来说，不妨选择一辆自动挡的小车，可免去频繁换挡的辛苦，而且该类小车经济实惠，在油费及保费上也实惠。

图 5-43　女士购车时的几点小策略

颜色亮丽

车色如同女士对于各种衣服的偏爱，从颜色上说，年轻的女孩更适合草绿色、淡蓝色、杏黄色这些活跃的色彩，而稳重成熟的女性不妨选择橄榄绿等更深沉的色彩。

货比三家

如同我们购买其他任何的东西一样，对于各种品牌、各种价位的车型，我们可以货比三家，以免因为对于车辆的信息不了解，从而买到一些库存车，或是质量有瑕疵的车。

底盘较低

女士和男士不同，她们的爱车建议底盘较低，因为当女士穿裙子或高跟鞋时，上下车会更方便。

油箱容量

与男士们不同，女士对于车的油箱容量大多没概念，一般都等到车子没油时，才发现爱车需要加油了，所以对于女士们来说，油箱容量越大越实用。一般以超过 40 升者最佳。

售后服务

爱车作为一种高档消费品，当我们开回家之前，需要像卖车顾问询问清楚售后的服务以及维修。

价格预算

在买车之前，我们需要总体做个规划，如是全款还是按揭，价格预算在 15 万、30 万，还是 50 万以上。

车内布置

如同我们对于小家的温馨布置，那么对于我们的爱车，在挑选时不妨关注一下汽车的内饰，是真皮、布艺，或是桃木，选择一款自己的最爱。

与男人爱车并喜欢研究各种车型不同，女士一般对于各类车很少了解，更别说研究了，那么在买车时，不妨带着自己的老公或男朋友或男性朋友，让他们做你的汽车顾问。

图 5-43　女士购车时的几点小策略（续）

对于如上的几点看法，仁者见仁智者见智，女士们可以结合自己的具体情形做一些参考。

下面我们还将对于女士们购买爱车后需要注意的一些问题做简单的讲解，如图 5-44 所示。

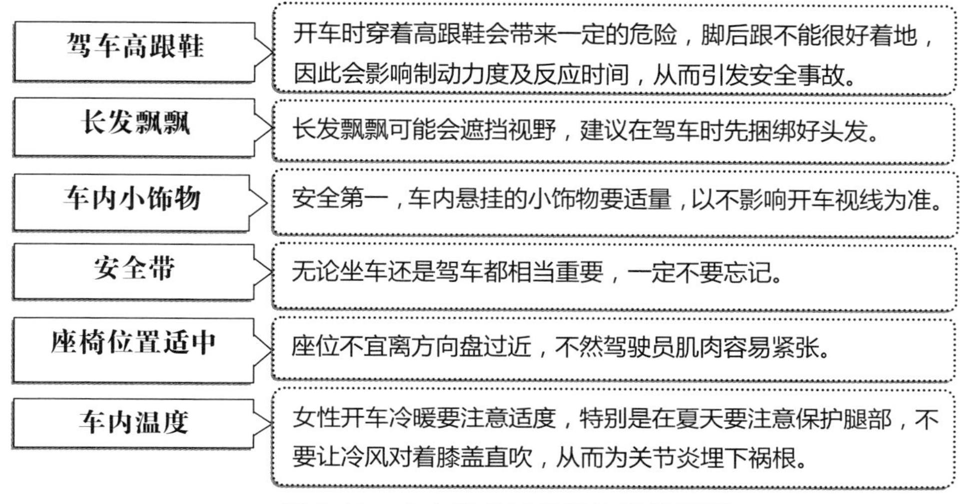

图 5-44　女士驾车时需要注意的问题

对于如上的问题，女士在驾驶时一定要注意。在驾车时，以安全第一，理性开车，日常不要疏忽一些小细节，以免为安全留下一些隐患。同时，当情绪波动较大时，千万不要驾车。

5.4.3　购车这样才省钱

如同我们购买衣服、化妆品、鞋子，一般我们会希望高质同时价格优惠，同样的道理可用于买车。在买车时，我们都希望能买到一辆自己喜欢的宝贝，同时在价格上更希望它能经济实惠，那么在购车时怎样才能省钱呢？

对于大多家庭来说，想要全款买一辆高性能的车子，而本身的积蓄相对较低时，是具有一定的难度的，所以如同贷款买房一样，很多的人也会选择贷款买车。

当我们选择贷款后，能不能在贷款中省钱，从而减轻一定的负担呢？这是肯定的，一般我们可以从 3 方面着手，实现轻松贷款、还贷。这 3 方面分别是贷款方式、还款方式、车子的耗油量，具体解释如图 5-45 所示。

贷款方式

贷款买车方式常见的有三大类，银行车贷、信用卡分期付款、汽车金融公司贷款，其中最能省钱的是银行车贷，但前提是个人信用良好。

图 5-45　从三大方面节省购车成本

还款方式：还款方式不同，需要支付的利息也不一样，所以当借款人申请车贷时，需要先根据收入情况计算好贷款成本，再确定还款的方式。

车子耗油量：相对来说，在其他同等的条件下，可以考虑耗油较低的车子，如当油价不断上涨时，就能节省很多的油费了。

图 5-45　从三大方面节省购车成本（续）

在购车时，一般会涉及几大费用，裸车价格、车船税、购置税、上牌费、保险等，其中车船税必须交，一分不能少，所以不存在省钱的讨论，而对于购置税一般具有地方特色，各地区指定车型指定价格，而最能省钱的地方就在于裸车的价格，所以如果对于车型、市场、行规具有一定了解的基础上，通过砍价的方式，是可以省出一大部分的。

而对于保险，如果购买全险则价格相对会高一点，而其中的交强险则为必交的部分。同时在购买保险时，如果选择 4S 店购买，在保费之外还存在一定的手续费，而如果直接选择保险公司，则可以相对节约，但是一定要找一家售后服务相对较好的公司。

另外在买车之前，我们需要掌握一定的信息，可以借助一些相关网站，对于汽车的相关信息进行了解。对于一些汽车的信息，我们常用的有易车网、汽车网、中国汽车网等，而一般常用的则是易车网，下面我们就以易车网查询汽车的详情信息为例说明如下。首先，登录易车网，单击“40 万以上”超链接，再单击“捷豹 XJ”超链接，详情如图 5-46 所示。

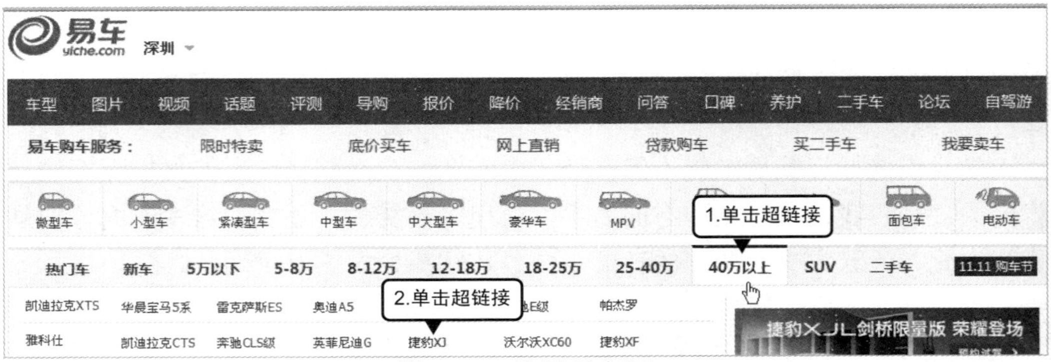

图 5-46　登录易车网

紧接着将出现如图 5-47 所示的页面，出现“捷豹 XJ”的具体详情信息，包括相关图片、购车者可以参考的价格，如图所示为 59.8 万～309 万，其中的

厂商价和二手车价存在一定的差别，同时还包括该类车型的最低价、低价、贷款、置换等信息。同时还告诉我们可以买车的地点，如图所示深圳有 3 家。

同时我们还可以看到，网友们对于该车的印象以及评分。如图所示为 4 颗星，同时还有网友对于此车的优缺点的分析，如优点为气派、内饰豪华、动力强劲等，而同时存在一定的缺点如耗油高、前脸不好看、小毛病多等。

图 5-47　“捷豹 XJ”的基本信息

此外，我们还可以在该页面看到关于“捷豹 XJ”的关键报告，如综合耗油 9.7 升，加速时间 7.8 秒，制动距离 39.05 米，具体如图 5-48 所示。

捷豹XJ关键报告　　详细报告>>

综合油耗 (100km) **9.8升**
节能 | 省油 | 一般 | 较高 | 油霸

车型	综合油耗
捷豹XJ	9.8L
捷豹XF	11.42L
奥迪A8L (进口)	14L
宝马7系 (进口)	17.3L

加速时间 (0-100km/h) **7.8秒**
很差 | 较差 | 中等 | 良好 | 优秀

车型	加速时间
宝马7系 (进口)	5.17s
捷豹XF	5.85s
奥迪A8L (进口)	6s
捷豹XJ	7.8s

制动距离 (100km/h-0) **39.05米**
很差 | 较差 | 中等 | 良好 | 优秀

车型	制动距离
奥迪A8L (进口)	37.6m
捷豹XF	38.01m
宝马7系 (进口)	38.06m
捷豹XJ	39.05m

图 5-48　“捷豹 XJ”的关键报告

如果我们在图 5-47 所示的页面中，单击“贷款”超链接，将出现图 5-49 所示的页面，申请车贷时，需要填写相关信息，如姓名、手机号、购车时间等，此时系统还将出现首付、期限、裸车价格、首付金额等相关信息。

如图所示该车的裸车价格为 89.8 万元，首付金额为 26.94 万元，首付为 30%，期限为 3 年。

同时我们还需要选择相关的贷款银行，如图所示出现的平安直通车、平安银行、渣打银行。图中选择的为渣打银行。当我们还想选择额外的银行时，可以单击“加载更多”超链接，进入下一步操作。

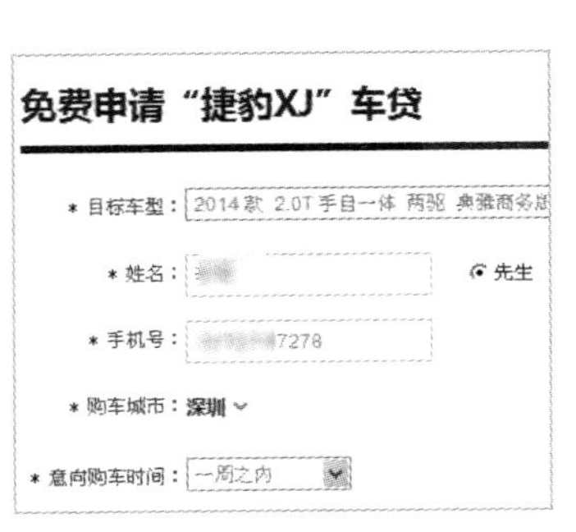

图 5-49 填写申请车贷的基本信息

此时将出现各大银行的报价，如图 5-50 所示的工商银行、东亚银行、兴业银行等，紧接着我们需要对经销商进行选择。如图 5-51 所示，选择 4S 店深圳旗舰店，选择完成以后单击“下一步，身价评估”按钮，进入下一步操作。

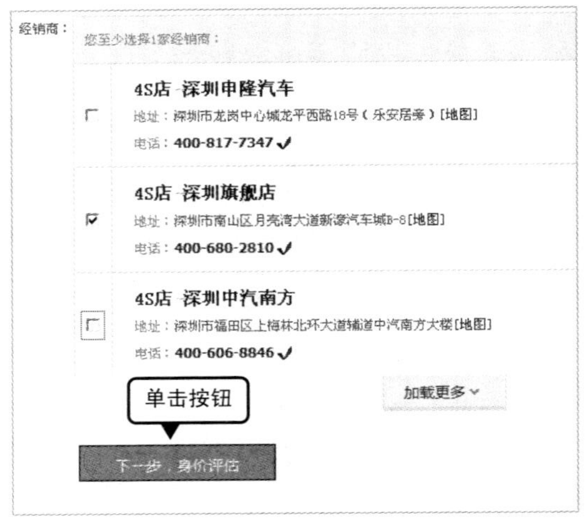

图 5-50 选择银行

图 5-51 选择经销商

紧接着我们将进入图 5-52 所示的页面，通过相应问题的填写，从而评估出贷款的额度，如图所示的贷款额度为 11.41 万。

图 5-52　贷款额度的评估

到此就简单完成了贷款的申请。当然在申请过程中可能会遇到一定的问题，那么我们就需要具体问题具体分析，同时可以通过人工服务或者在线咨询的方式进行相关问题的咨询了解。

5.4.4　车险如何买

当我们在选择爱车时，同时我们需要给爱车上一份保险，那么该如何选择车险呢？在 4S 店购买还是去保险公司？男女购买车险时有什么差别？

当我们在考虑车险时，一般都会遇到如上的问题，下面将对如上的一些问题做简单的讲解。

一般车险可以分为两大部分，交强险和商业险，交强险一般为国家强制购买，除了自行车、电瓶车之类无须购买，其他的机动车辆都需要购买，但购买可自由选择投保的保险公司，如平安、太平洋、中国人民保险等，但是无论你选择哪一家，全国都实行统一的费率，所以不存在差价的问题。

但大多爱车人士除了要买基本的交强险，一般还会额外购买一些与爱车相关的保险，这一部分就是商业险。当意外袭来时，可最大程度地减少自身的经济损失，而根据购买险种的多少及是否全面，便有了全险一说。

所谓的全险并不能做到真正的完全，不能对车主的所有损失进行赔偿，而且选择的保险公司不同，能够得到理赔情形也是不同的。

一般我们常将全险的险种分为交强险、第三者责任险、车损险、不计免赔险、车上人员险、盗抢险、划痕险、玻璃险、自然险等。总计来说，会有几十种，但是因为发生的风险概率太低，所以在此不做考虑。

下面我们对一些险种进行简单的讲解，爱车人士在购买车险时可做简单的了解，具体如图 5-53 所示。

交强险

一般指购买保险的机动车辆发生了保险事故，而保险公司对被保险人以外的受害人的损失在责任限额内进行赔偿的一种国家强制性的责任保险。

第三者责任险

一般指因交通事故导致第三者身亡或财产损失，而损失由保险公司进行承担，在责任范围内进行相应的经济赔偿的责任。

车辆损失险

简单指保险车辆在保险责任范围内发生的保险事故，造成车辆本身损失后保险公司给付的赔偿，一般保额是以车辆的价值为前提进行确认。

不计免赔险

车主把本应由自己负责的 5%～20%的赔偿责任再次转移给保险公司，一般车主会对车辆损失险和第三者责任险投保不计免赔险，来使自己承担的风险最小。

车上人员险

主要是针对乘车人员的保险，一般大多车主都会购买，特别是出租车、汽车、大巴车等，而私家车也会根据车上可载的人员进行购买。

盗抢险

一般发生在被保险车辆被盗或被抢劫，而公安机关两个月都未查明下落，保险公司负责赔偿保险车辆丢失后所受到的损失。

图 5-53　险种的一些简单介绍

附加车身划痕险

理赔的范围是因他人恶意行为造成车辆出现人为划痕，一般会按照实际的损失计算赔偿金额的一种附加保险。

附加玻璃单独破碎险

它也是一种附加险，一般指在车辆使用过程中，被保险车辆的玻璃单独破碎，而保险公司按照实际损失赔偿的一种附加保险。

附加自燃险

一般指被保险的车辆在实际使用中，因自身原因起火燃烧，以至于给车辆带来损失，保险公司会承担相应的赔偿责任，此外还包括为减少车辆损失而产生的施救费用。

交强险赔偿限额

对于交强险的赔偿限额，根据车辆是否需要负责，负责的，一般死亡赔偿限额11 万元，医疗费用限额 1 万元，财产损失限额 2 000 元；而不负有责任的，死亡赔偿限额 1.1 万元，医疗费用赔偿限额 1 000 元，财产损失赔偿限额 100 元。

图 5-53 险种的一些简单介绍

当我们对于车险具有一定的了解后，那么接下来就需要考虑在哪购买车险的问题，如是选择 4S 店还是选择保险公司，在选择之前我们需要对其进行一定的了解。

一般在 4S 店购买的车险，都是 4S 店代理各大保险公司的车险，根据客户的需求不同，4S 店会分别代理 1～2 家大型或小型保险公司的车险，从中赚取一定的提成。而关于售后服务，一般 4S 店会和保险公司一起负责，但如果客户直接在 4S 店购买，价格相对来说会高一点。

我们在日常生活中常听见的电销，是指各大保险公司推出的各种车险，当然它是在我们购车后，或者第二年续费之前，常常会接到的各种车险电话，而车险销售一般分为电销和直销。

电销即是电话车险销售，直销则是保险代理人对你的直接销售。相对于直销，电销价格会低到 5%～10%，而我们在 4S 店可以买直销也可以买电销。我们在购买时一定要注意，一般当工作人员为你推荐车险时，会先给你一个直销价，如果你不同意相应的价格，他们最后才会给你电销价。

而对于购买的险种存在的差别极少，一般差别主要在车险价格以及售后理赔上，那么我们是在电销中心购买还是在 4S 店购买呢？下面简单地从价格、售后理赔、代理公司、优惠等方面进行简单的比较，如图 5-54 所示。

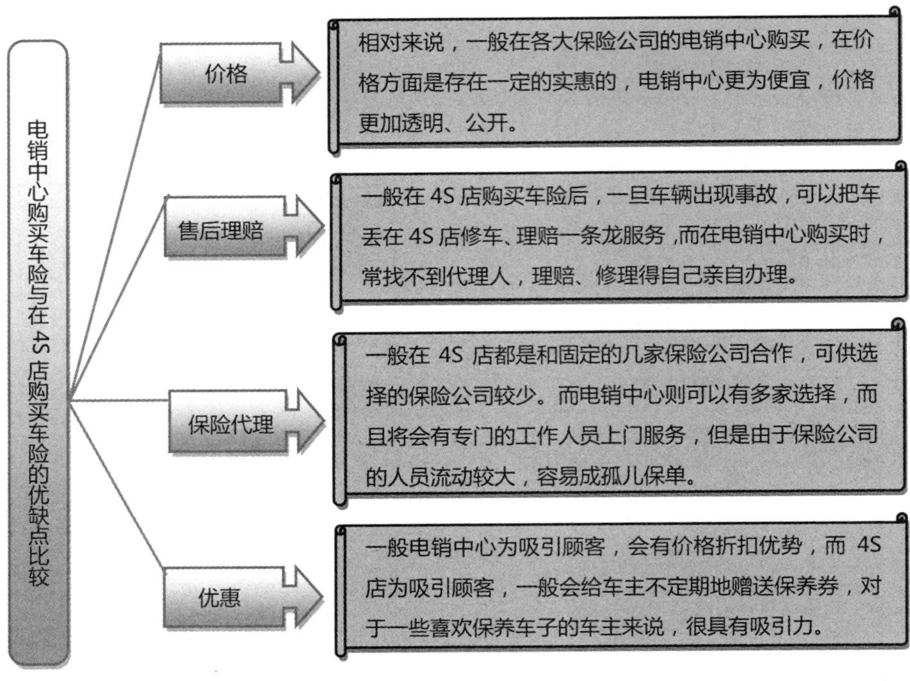

图 5-54　车险购买比较

如上图所示，通过电销中心购买和在 4S 店购买，两者各具优势，在购买前可具体问题具体分析。

当然除了以上两种购买方式，我们购买车险还可以如同购买人寿保险一样，我们可以通过各大保险公司的代理人直接购买，如选择平安、泰康等投保，但是这种方式也存在一定的优缺点，具体如图 5-55 所示。

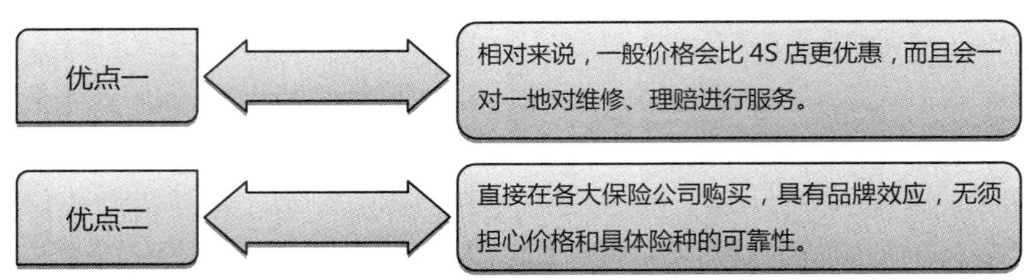

图 5-55　在保险公司购买车险的优缺点

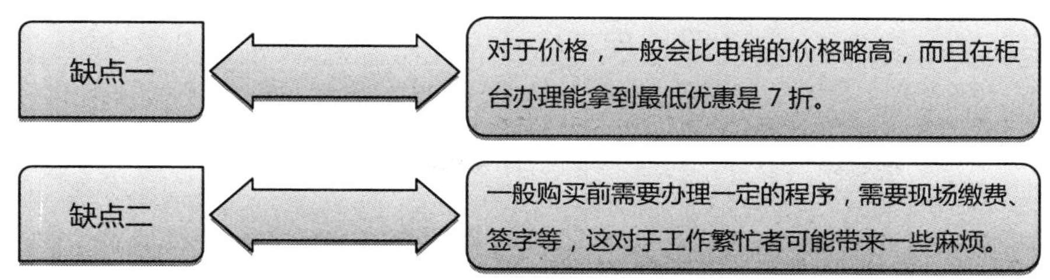

图 5-55　在保险公司购买车险的优缺点（续）

如上图所示的方式，我们在购买前，最好选择一些大品牌的公司，如平安、太平洋、泰康等，而一般保险代理人会通过私人电话或者公司电话和我们联系，当他们通过公司电话联系时，一般电话号码的开头都是“955××”和“400×××××”。

当然在和你一切谈妥后，一般工作人员都会上门服务，那么以后与该车险相关的如理赔等，都可以找该保险代理人，避免了我们通过电销中心购买后发生理赔事件时无人处理。

但同时我们也应该注意，因为现在保险行业人员流动较快，当负责你保单的人员离职后，你的保单就会变成孤儿保单，那么当理赔出现后，同样很麻烦。所以选择大品牌的公司时也要考察其售后理赔。

我们购买车险，都希望能实现快速理赔，那么首先我们得掌握好理赔流程，准备好理赔的相关资料，那么理赔程序是怎样的呢？具体如图 5-56 所示。

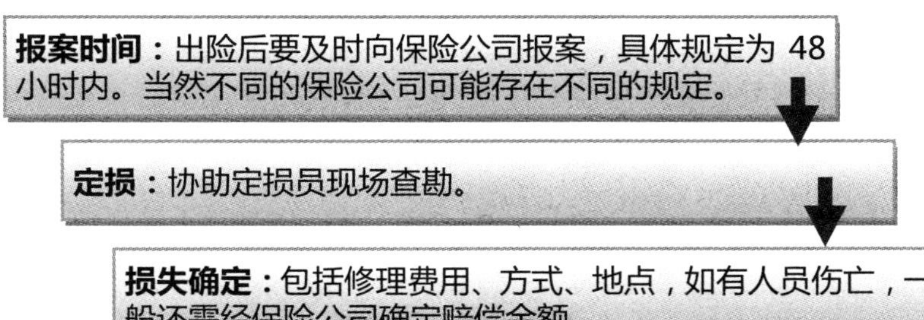

图 5-56　理赔流程

当然上图所示的是基本的理赔流程，一般如果事故双方无法协商，甚至有一方上诉至法院时，那么理赔流程就相对复杂了。

在理赔过程中有没有我们需要注意的问题呢？当然有，具体如图 5-57 所示。

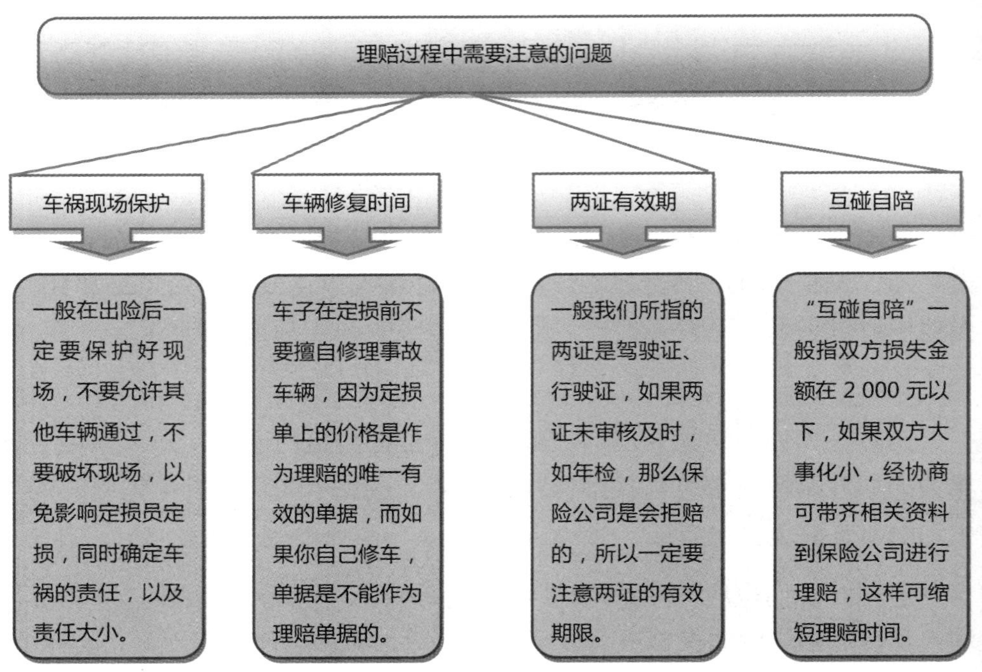

图 5-57　理赔过程中需要注意的问题

相对来说，一般出险后理赔都需要一定的时间，具体为 3～7 天不等，但是有些保险公司也可以做到 1 天内赔付，关键是车主要了解相应的理赔过程，以及及时准备相应的理赔资料。

Part 06

保险，女人的真正依靠

女人真正可依靠的是谁？老公？孩子？父母，老公也许会成为别人的老公，孩子会有自己的家庭，而父母在某一天也终会远去，只有它，你若不离，它必不弃——保险。

- ✧ 保险的类别与作用
- ✧ 购保误区
- ✧ 人生意外或难免
- ✧ 女性健康别忽视
- ✧ 为私有财产投保
- ✧ 顶梁柱绝不可倒
- ✧ 保卫妻子的婚姻险
- ✧ 为闺女买份婚嫁险
- ✧ 社保是主打
- ✧ 年金保险来辅助

6.1 保险到底有什么用

保险，这是一个近年来不断被提起的词，有人喜欢，有人讨厌，我们也许都有过这样的经历，当我们上班或休息的时候，经常会接到自称保险公司代理人打来的电话，我们通常会粗暴地挂断或委婉地拒绝，我们视他们为洪水猛兽，认为保险是骗子。

可是，保险真的是骗子吗？如果它不是骗子，那它是什么？它不过是你生病时昂贵的医药费、意外发生时留给家里的一笔储蓄、自主创业时的一笔资助、投资失利时的一份安慰、年老时的一份尊严，只要你愿意，这一生，它都将为你挡风遮雨，你若不离，它必生死相依。

有朋友说，有一天她家的保险告诉她一句话，“我亲爱的公主，你可以说你不需要我，你需要再考虑考虑我，你可以让我等待，甚至你可以拒绝我，但是请别在你和你的家人遭受伤害时才想起我，那时，我很抱歉，我已无能为力”。

6.1.1 保险的类别与作用

既然保险对我们如此重要，那么我们就需要走近它，了解它，那么到底保险是什么？而保险又有哪些种类呢？

保险它是一种风险转移与损失补偿的手段，投保人可根据合同约定，向保险人支付保险费，保险人根据合同约定可能发生的事故以及带来的损失承担赔偿保险金的责任。

简单说，假如我们从平安保险公司购买一份车险，那么我们根据保险合同的约定，在指定的日期，向平安保险公司支付保险费。这一过程一般可理解为购买保险。

而如果当我们的爱车出险后，那么平安保险公司就需要在理赔范围内，对我们支付一定赔偿保险金。从而我们和保险公司实现了风险共担，同时保险公司在一定的范围内对我们进行了损失补偿。这一过程一般称为保险理赔。

同时，我们的保费一般都需要在第二年的指定日期进行续费，除非我们在购买时一次性交款，但这种情形一般较少。

除了如上所提到的车险，在实际生活中，我们该如何去认识保险呢？相对

来说，不同的划分标准，可将保险划分为不同的种类，一般可以按照保险合同、保险标的、经营利益、执行力来划分，具体如图 6-1 所示。

按保险合同划分

一般按照保险合同的双方关系，可简单地划分为原保险和再保险。

按保险标的划分

一般按照承保的对象，可以分为人身保险和财产保险。

按是否盈利划分

一般以公司经营是否盈利可划分为商业保险和社会保险。

按执行力划分

一般可分为强制保险和非强制保险。

图 6-1　保险的不同分类

对于如上的分类，一般我们常听说的无外乎就是社保、交强险、商业险等。对于社保它属于一种养老保险，而对于交强险呢，属于车险的一类，为国家强制征收，除此外，我们还会常听说各种商业险。那么什么是商业险呢？

在商业保险中根据保险标的的不同，一般可以划分为三大类，车险、财产险、人身险。车险简单说就是对于各类车的承保，财产险主要对于自身的财产进行承保，而人身险主要以人作为承保对象。

人身保险一般可以分为五大类：人寿保险、健康保险、少儿保险、养老保险、意外保险等。具体说明如下图 6-2 所示。

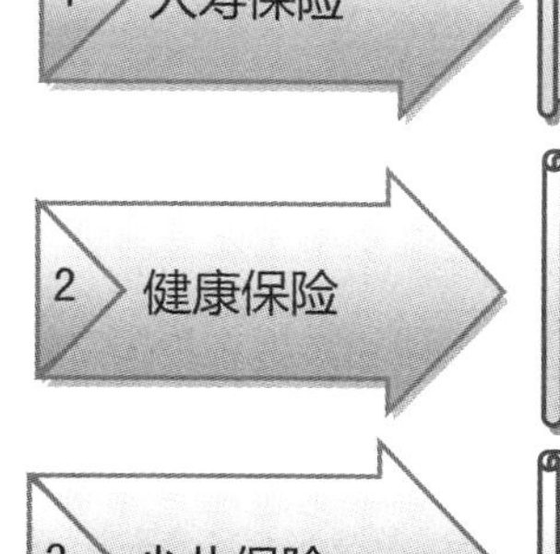

该类保险，一般以人的生死为给付条件。保险公司保证被保险人因疾病或意外导致死亡后，或存活到合同约定年龄，给付保险金。

一般可分为重大疾病保险和医疗保险，重大疾病保险，保证被保险人在患有合同约定的重大疾病时可以获得一笔保险赔偿金，解决因治疗疾病所需要的一大部分医疗费用及生活费用。

该类保险承保的对象为少儿，如少儿健康保险，少儿人寿保险，少儿教育保险等，一般都是父母为孩子投保。孩子是被保险人，而投保人为父母，一般还可以选择保费豁免。

图 6-2　人身保险的五大分类

4 养老保险：该类保险主要是解决晚年生活费用的问题，一般投保人缴够约定金额的保费，在约定领取的年龄，每年固定领取一笔保险金。

5 意外保险：一般是针对各种意外的投保，如意外造成的住院、疾病、残疾、死亡等，也可能是意外伤害带来的医疗费用的损失。

图 6-2　人身保险的五大分类（续）

当对保险的分类有了简单的了解之后，如上所说的这些保险到底对我们有什么用呢？

保险的作用一般我们可以从以下几方面去考虑，如孩子为什么需要保险？单身为什么需要保险？男人为什么需要保险？女人为什么需要保险？

首先我们从男人和单身去了解。具体如图 6-3 所示。

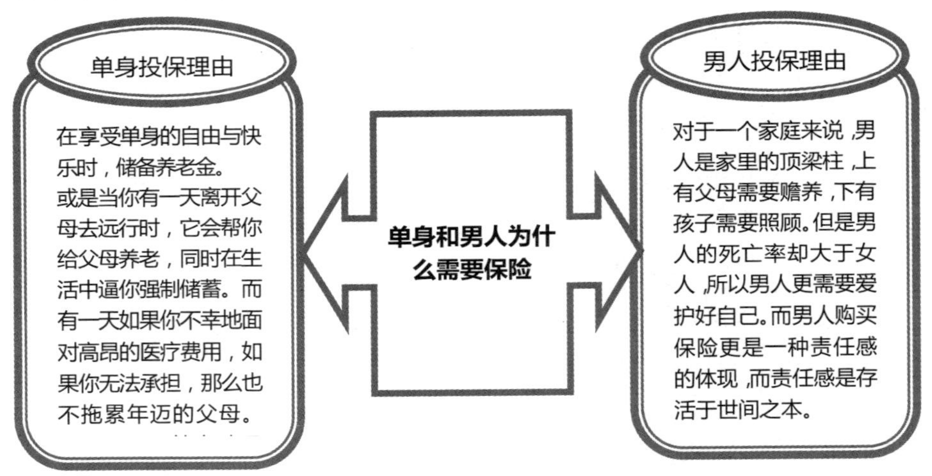

图 6-3　单身和男人需要保险的理由

也许上述的理由并不能说服你，但总结来说就一个字，爱，如果我们爱父母、爱那个她、爱单身的自己，我们就该为他们买一份保险。

看完单身和男人的理由，那么对于女人和孩子需要购买保险的理由又是什么呢？下面我们以两个小案例说明如下。

例 1： 小艾今年 10 岁，这一天，老师给小伙伴们布置了一个作文，题目是《我的爸爸》，在作文本中小艾是这样写的：

亲爱的爸爸：

我好想你，奶奶说你去了很远很远的地方，奶奶说如果院里的小梧桐树长大了，你就回来了，可是爸爸，我好想你。

爸爸你知道吗？奶奶有好多的白头发，她都躲起来一个人悄悄地哭，我看见她眼睛红红的，她总是摸着我的头说，我可怜的艾儿。

我好久没有看见妈妈了，我好想妈妈，好想我们的大房子，还有你给我买的那些玩具。

有个叔叔把妈妈带走了，叔叔对妈妈说他已经帮我们还清了债务，他说他只要妈妈，但不要拖油瓶，妈妈给我说对不起，爸爸，什么是拖油瓶，妈妈为什么要对我说对不起？

奶奶不让我去看妈妈，她把妈妈送来的大书桌和新衣服都扔掉了，奶奶说妈妈是个坏女人，爸爸，妈妈为什么会是坏女人？

爸爸你快回来吧，你回来了妈妈也就回来啦，我真的好想你，好想你。

例 2：小伍曾经是个幸福的女人，她有一个深爱她的丈夫，曾经他告诉她，你若不弃，我便不离。

然而曾经的誓言仍在耳边，人心却早已作古，在结婚三年后，她发现丈夫越来越晚归，偶尔回来身上还有浓烈的香水味，他没有解释，她便没有追问。

终于有一天，她出差提前回来，在家里除了丈夫还有一个漂亮的女人，她听到丈夫对那个女人说，执子之手，与子偕老。

她伤心离去，冷静半年后，他们去民政局办理了离婚，而男人从此在她的世界里消失。她离开了那个伤心地，回到家乡一切重新开始。五年后，当她出差路过这个城市，她突然想问问曾经问不出的话。

可是她却四处都找不到他，他似乎从人间消失，断了一切联系，她想也许她和他私奔到另一个城市了吧，不禁苦笑着打算离开。当她决定离开时，当年的“小三”找到她，第一句话便是，我等你很久了，于是她跟着她，来到一个芳草凄凄的墓地，指着墓碑说：“你找的他在这里”。

那个女人告诉她，她只是他花 1 000 元雇的骗子，骗她离开他，因为他当

年发觉得了胃癌。他不愿意她为他治病而一无所有，更不愿意因为他而耽误她今后的人生，所以他雇了她。

而恰巧这个“小三”是个律师，于是临走前，女人交给她一份合同，她告诉女人是她丈夫用自己所有的储蓄为她购买的一份养老保险，他说就算她会弃他而去，而他也将一生对她不离。

通过如上的两个案例，我们可见保险的作用，在案 1 中，如果男人为自己的意外购买一份保险，为自己的财产购买一份保险，那么就不会在自己死去后还要妻女受债务的影响，妻离子散。如果他曾为孩子购买一份保险，那么至少保险可以保护孩子长大。

在案例 2 中，如果男人为自己或女人为自己的丈夫购买了一份重大疾病保险，那么男人就不必在绝症来袭时，狠心推开深爱的妻子，只因担心昂贵的医药费拖累妻子，从而造成一生遗憾。

总之，保险对于男人、女人、孩子、单身都相当重要，它不只是一份死沉沉的合同，而是一份沉甸甸的爱。

6.1.2 购保误区

如同我们购买车、房、衣服、化妆品时会走入一定的误区，购买保险也一样，那么购买保险都有哪些误区呢？

下面我们就通过图 6-4 来看一看具体有哪些误区。

急用时才想起买保险

保险是一种对于未来风险的投资，当风险来临时，最大程度地减少损失，而不是当风险发生时才想起购买。

买保险考虑投资多于保障

现在各大保险公司推出的保险产品，具有储蓄和保障双重功能，很多年轻人更注重投资理财而忽略保险本身的保障功能。

图 6-4 购买保险的八大误区

为孩子投保列为重点

家长才是孩子真正的依靠，所以投保应以家里的顶梁柱为主，而不是需要父母照顾的孩子们。

同样都是保险，喜欢买便宜的

如同购买日常用品，同样的功能我们喜欢更便宜的一样，很多人对于购买保险，喜欢购买保费便宜的，殊不知保费多少直接与保障程度相关。

超额购买保险

对于很多风险厌恶者来说，他们喜欢购买多种保险，但一般总的保险支出额度应严格控制在年收入的 10%以内才合适。

认为购买保险不如储蓄

我们要明白保险最重要的作用是保障功能，而非理财，它解决的是意外来临时给你最大程度的保障而非每年盈利多少。

认为社保和商业保险重复

很多人认为有了社保那么养老就不用担心，其实这是错误的，社保只能解决基本生活，如果你想年老时达到现在的生活状态，那么你需要一份商业保险来补充。

女性的自身保障弱化

整体来说，现代女性投保率总体要低于男性，但是现在社会女性承担的压力、疾病在不断增加，那么女性就需要更加的关爱自己。

图 6-4　购买保险的八大误区（续）

6.2 女人这样选保险

对于一个女人来说，随着年纪的不断增长，身边的牵挂也会不断增加，孩子、丈夫、父母都是深深的眷恋。

女人都渴望拥有简单、平凡的幸福，通过努力我们能将命运牢牢握在手中，但是风险呢？对于各种未知的风险我们却不能阻止它的到来，我们唯一可以做的是，将风险带来的

损失降到最低。

为我们的所有牵挂都上一份保险，锁进保险箱，守住稳稳的幸福。但是我们该如何为这些牵挂购买保险呢？购买何种保险？保费多少合适呢？

6.2.1 人生意外或难免

虽然我们不愿意承认，但是它就是现实，我们永远不知道明天与意外谁先来到，每天当你打开微信、微博、QQ，当日的头条，除了明星，不外乎就是各种意外事故。

看过这些事故，面对各种血淋淋的现实，我们不愿面对，看着这些事故在身边上演，认为它只是个别人的故事而已，但如果有一天，我们成为了别人眼中的故事，那时我们会怎么样呢？对于各种意外，谁来为我们买单？

保险，当然可以让保险为我们买单，在我们对意外进行投资时，于是各种意外保险就走进了我们的生活，当意外来临时，为我们撑起一片晴空。我们该如何看待意外险呢？

意外险全称为意外伤害保险，是指因意外伤害而致被保险人身故或残疾为给付保险金条件的人身保险。

简单说，如果小王在一场交通事故中死亡，而他生前曾为自己购买一份保额为 50 万元的意外保险，那么当保险公司确定小王是在理赔范围内的，那么保险公司将无条件支付小王的家人 50 万元。

一般当一种事故确定为保险事故，它必须包括两大方面，即意外和伤害。具体如图 6-5 所示。

意外

意外一般指被保险人遭受的伤害是无法预见、违背主观愿望的。如无责任的各种交通事故，而投保人因生意、感情、工作选择自杀一般不列为意外，除非预谋在两年以上。

伤害

伤害，必须包含 3 个要素：1．外来的致害物，直接给被保险人带来伤害；2．侵害对象，侵害的是被保险人的身体；3．致害物以一定的方式侵害被保险人身体的客观事实。

图 6-5　意外保险包括的两大方面

一般意外和伤害两者必须同时发生，才能构成保险事故，两者缺一不可。那么我们常常购买的意外保险都有哪些呢？一般我们常会购买个人意外险、家庭意外险、旅游意外险、附加意外险等。

另外，我们购买的意外保险常通过意外卡单的形式，为自己或者家人购买。意外卡单，一般来说是一种短期意外险，缴费年限较短，缴费金额较低。

一般可以通过两种方式投保——网络投保和纸质投保，现在各大保险公司都采用网络投保。当你购买意外卡单后，登录保险公司的系统，填写保单的相关信息，激活保单，而保险合同一般在第二天零时生效。

该类意外卡单相对于重大疾病、养老保险等，因为保费较低，一般为70~200元/年不等，那么同样的保额也相对较低，一般会对于由意外而引起的疾病、残疾、身故给予一定的赔偿金。

同时我们要注意，同时购买多份同样的意外卡单，保险公司是不会累计理赔的，简单说就是对于同一场意外事故，保险公司不会依据不同的卡单重复理赔。此外大多保险公司都会对被保险人的年龄进行限制，一般被保险人的年龄限制在65岁以下，所以越早购买越好。

那么我们在购买意外卡单时需要注意哪些问题呢？具体如图6-6所示。

① 卡单投保前不记名、不挂失、不退换。

② 激活卡单时填写资料要完全、准确。

③ 一般投保后不允许退保、撤保、变更被保险人。

④ 一般不限制投保地和理赔地。

⑤ 一般需要在投保同样的时间，进行第二年的续保。

图6-6　购买意外卡单需要注意的问题

除了如图所示的购买意外卡单时需要注意的问题，一般当我们选择网上投保时，同样需要注意一些问题，具体如图6-7所示。

① 一般适合保额较少、责任明确的短期保险。

图6-7　网上投保需要注意的问题

② 缴费方式一般可以银行转账。

③ 投保人必须指定受益人，避免以后出现理赔纠纷。

④ 网上购买，没有一对一的保险代理人。

⑤ 可在各大保险公司官网去进行同类比较。

图 6-7　网上投保需要注意的问题（续）

如同购买车险，我们会关心是否能快速理赔，对于意外险，同样要了解快速理赔，那么首先，我们就需要了解理赔资料以及理赔的重点。

一般意外事故理赔的费用包括意外伤害的治疗费用和治疗费用以外的相关费用两大类，前者包括住院费、手术费、药费、床位费等，而后者包括交通费、误工费、食宿费等。如果被保险人在意外事故中身亡，就是意外身亡保险金。

当我们了解了理赔的内容，那么接下来就是对理赔资料的准备，而理赔资料一般会存在两大类，一是医疗类证明，二是身故类证明。

而现在交通事故频发，意外理赔较多，各种医疗类证明需要较多，一般需要准备的资料如图 6-8 所示。

保单文件

一般需要准备保单的正本及副本，但现在大多保险公司对于复印件也会承认。

被保险人身份证明

理赔时，受益人需要准备能证明被保险人的身份证件，如身份证。

委托办理身份证明

一般当被保险人意外住院，就需要委托他人代为办理理赔，代理人就需要身份证明。

事故证明

一般需要到出事地点的交警部门去出具相关的意外事故证明。

医院证明

如医院的诊断证明、住院收据发票原件、住院费用清单明细。

图 6-8　住院理赔需要准备的资料

理赔调查授权书

在理赔之前，保险公司对于事故调查还需要获得理赔调查授权书。

受益人身份证明

在理赔时，保险公司会要求被指定的受益人，提供与被保险人的关系证明，如夫妻。

图 6-8　住院理赔需要准备的资料（续）

当意外来临，除了如上的住院理赔，一般还会存在一种身故理赔，那么身故理赔的理赔资料又与以上列出的资料有何不同呢？

除了如上的医院证明不需要外，其余如保单文件、被保险人身份证明、受益人身份证明、委托办理身份证明等都相同。

此外还需要准备死亡证明（必须由一定的权威部门出具）；火化证明（特殊情况未火化的需要提供相关证明）。交警部门的意外事故证明、勘察报告、验尸报告等；户口注销证明（一般在被保险人户口所在地的户籍管理部门领取）。

6.2.2　女性健康别忽视

对于现在的年轻人来说，无论男女，由于工作、应酬、加班，往往作息不规律，同时长期缺乏锻炼，大多处于一种亚健康的状态，对于女人来说，天生的抵抗力就较差，而如果长期在亚健康的摧残下，女人这朵花就将日渐枯萎。

所以，作为女人就更应该注重自身的健康。争做一朵娇艳的花。那么保险对于这朵花的爱护，就体现在属于女人的各种专有保险上，如各种精美的服装、化妆品、鞋子等专为女性打造的一类保险。

一般来说可以分为四大类特殊期保险、专用型保险、呵护型保险、储蓄型保险，具体如图 6-9 所示。

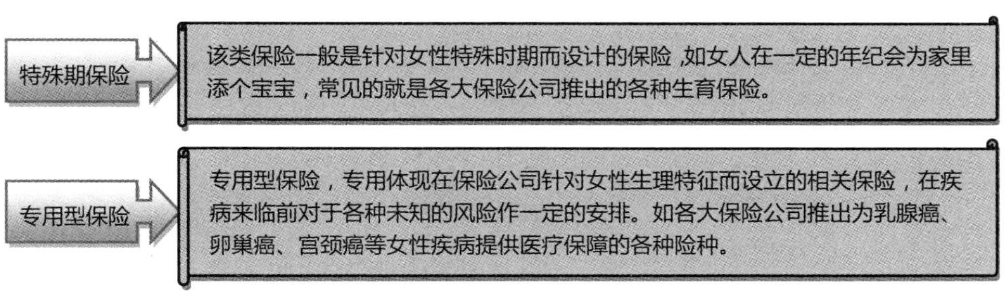

图 6-9　专属女人的四大类保险

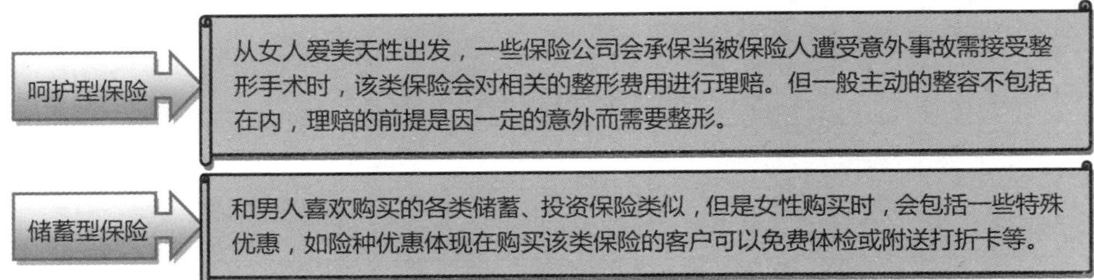

图 6-9　专属女人的四大类保险（续）

如上女性关心的四大类保险，相对来说，特殊时期保险和专用型保险都可以归结为女性健康保险，那么对于该类健康保险我们该如何购买？购买多少？保费如何给付？购买需要注意哪些问题？

下面我们将对这些问题给予答案。首先，我们来看如何规划购买。

相对来说，我们可以根据女性处于人生的不同阶段面临的不同健康风险来选择购买不同的健康保险。

我们从女性是否单身、已婚未育、准备怀宝宝、准妈妈、已婚已育五大阶段来考虑需要购买的保险，具体如图 6-10 所示。

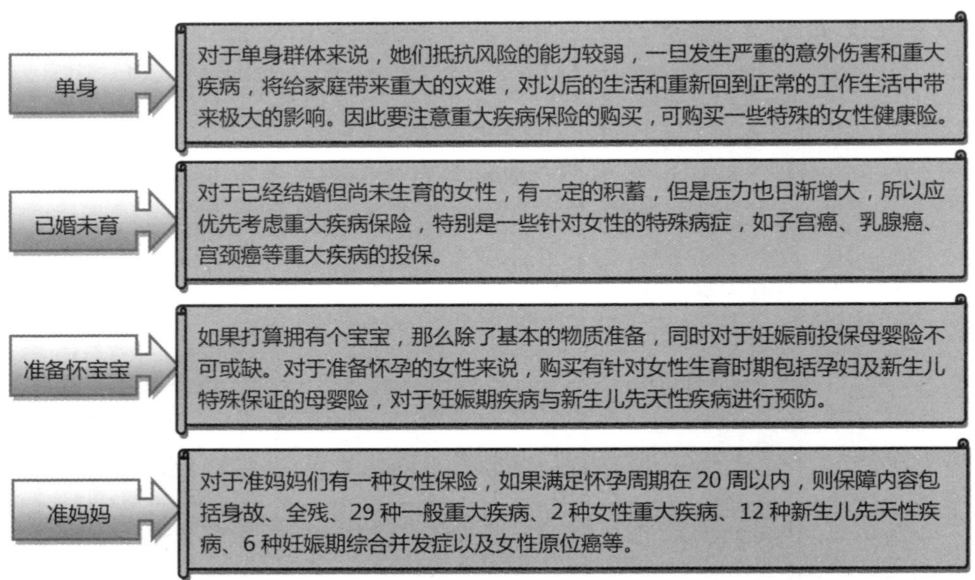

图 6-10　女性如何根据人生的不同阶段购买保险

对于已婚已育的女性来说，随着年龄的增长，身体更是在不停地衰弱，那么购买各种重大疾病保险便成了必要，此时可以购买周期较长、险种比较齐全的重疾险。

图 6-10　女性如何根据人生的不同阶段购买保险（续）

当我们对如何购买保险有了一定规划后，那么接下来就需要付出行动了，相对来说，重疾险相对于其他险种，在投保前的健康要求更甚，所以当你向保险公司投保，可能存在被拒保的可能。

重大疾病的承保主要是在规定的险种里投保，如实告知、不带病投保等审核通过，就会承保。

对于女人来说，除了女性特有的一些保险，其中还要对于一些其他常见的重大疾病保险进行投保，不同的保险公司承保的重大疾病不同，但是总体上都会包含 25 类重大疾病，具体如下图 6-11 所示。

1　全残——多肢体缺失或失去功能。

2　永久性功能障碍的脑损伤。

3　永久性瘫痪。

4　永久性的功能障碍——脑中风。

5　完全丧失语言能力。

6　双目失明——承保的年龄也可协商。

7　双耳失聪——承担的年龄期限双方可协商。

8　心力衰竭——原发性肺动脉高压。

9　自主生活能力完全丧失的运动神经元病。

10　完全丧失自主生活能力的帕金森病。

11　完全丧失自我生活能力的阿尔茨海默病。

12　可治疗的良性脑肿瘤。

图 6-11　常见的 25 类重大疾病

13 恶性肿瘤，但是不包括一些早期性的恶性肿瘤。

14 急性心肌梗塞。

15 烧伤度为Ⅲ。

16 非酗酒、滥用引起的深度昏迷。

17 非药物引起的慢性肝功能衰竭。

18 急性重症肝炎。

19 严重的再生障碍性贫血。

20 脑炎、脑膜炎后遗症。

21 开胸、开腹的主动脉手术。

22 开胸治疗的冠状动脉搭桥术。

23 开胸的心脏瓣膜手术。

24 异地移植手术，如重大器官、造血干细胞等。

25 需通过手术治疗的慢性肾功能衰竭尿毒症。

图 6-11　常见的 25 类重大疾病（续）

当我们了解了相关险种，就可以有针对性地重点购买，同时在购买时，我们需要注意一定的问题，具体如图 6-12 所示。

投保的保额：一般重疾险的保额可确定在 10~20 万元，但是需要投保人每隔 3~5 年调整一下保额。保额与年龄成正比。

选择的保险公司：如同购买养老、理财、意外等保险，如果购买重疾险，投保前需要考虑保险公司的理赔服务及代理人是否专业。

险种选择：根据生理特点选择，女性可针对一些偏重女性的疾病险投保，如子宫癌、乳腺癌、宫颈癌等，同时还可以加上如上 25 类疾病中的几类投保。

图 6-12　投保重疾险时需要注意的问题

保费：相对来说，购买份额的多少，一般需要根据自身的经济实力来选择，目前市场中主险为重大疾病保险的保费相对较高。

保险条款：投保人在投保签字前需要仔细阅读保险条款，哪些疾病能理赔，哪些会免除，看好再签字。

投保年龄：相对来说，一般 45 岁以上的女性是不适合购买重疾险的，因为年龄与保费成正比，年龄越大，所交保费和保额差不多，甚至会超出保额。

图 6-12　投保重疾险时需要注意的问题（续）

保险公司对保险金会如何给付呢？相对来说，保险公司一般会通过直接给付、报销、津贴 3 种方式给付保险金。

直接给付指保险金额确定，一旦确诊，保险公司就按保险合同规定一次性给付保险金。而报销一般指保险公司按照被保险人实际支出的各项医疗费用，按照一定的比例进行报销。而津贴则一般指保险公司按照被保险人住院的实际天数来补贴，如一些保险中的住院医疗补贴。

6.2.3　为私有财产投保

在日常生活中我们不仅可以为我们的身体、疾病、养老进行投保，我们的项链、银行卡等私有财产也可以进行投保，而该类保险可以归类为家庭的财产保险。

我们的家庭财产包括两大部分，固定资产和流动资产，在个人家庭或者企业财产中，占据最大比例的就是固定资产，如我们的房屋。流动资产一般指我们手里大大小小的股票、证券、基金、存款等，相对于固定资产流动性较强。

无论是对固定资产进行投保还是对流动资产进行投保，一般我们可以从两大方面进行考虑，一是保额的计算，二是如何理赔。

首先对于固定资产保险金额的确定，一般可通过图 6-13 所示的 4 种方法。

如果涉及的固定资产的价值较大，一般可由一些评估机构的公估价或评估后的市场价来确定。

保险双方在协商下，在原值的基础上附加一定的数额，使它接近于重置价。即按账面原值加成数来确定保险金额。

图 6-13　固定资产保额计算方式

按重新购买或者重新建造所需要支付的全部费用计算，即按重置重建价来确定保险金额。

按原值投保，如某房屋按照原先的购买价格 352 万元投保。

图 6-13 固定资产保额计算方式（续）

如上图所示，固定资产保额的确定可以分为多种形式，当投资者投保的时候要具体问题具体分析。一般在个人家庭或者企业财产中，占据最大比例的就是固定资产，所以固定资产保额的确定相当重要。

当保额已经确定，那么接下来就是理赔，那么固定资产该如何去理赔呢？

首先我们需要确认清楚固定资产的损失是全部损失还是部分损失，因为不同情形，理赔计算不同。

首先是当固定资产发生全部损失时，理赔计算一般可以分为两种情形，具体如图 6-14 所示。

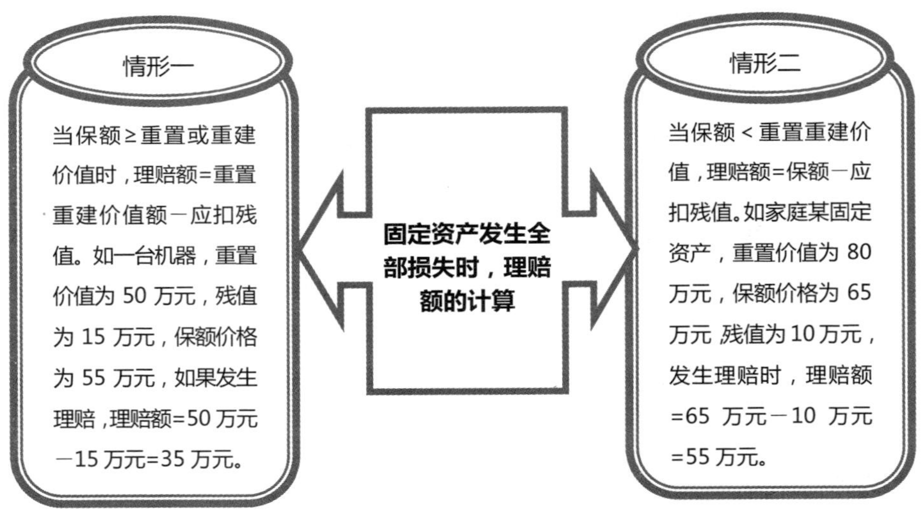

图 6-14 固定资产全部损失后理赔额的计算

如果家庭的固定资产发生部分损失时，又将与上图所示的情形有何区别呢？一般当固定资产发生部分损失时，理赔额的计算可分为三大方式。具体如图 6-15 所示。

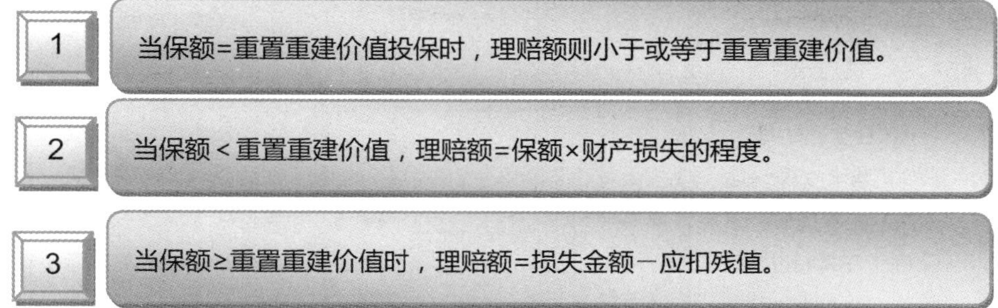

图 6-15　固定资产部分损失后理赔额的计算

当固定资产发生部分损失后，保险公司在确定理赔额时，会根据消费者的投保金额来确定，不同的情形确定的理赔额不同。

固定资产的保额以及理赔方式已经确定，那么流动资产的保额以及理赔方式是否又与它相同呢？

我们知道，流动资产的一个明显特点是流动性较快，因此资产的价值也随着市场在不断的变动，那么流动资产的保额该如何计算呢？如图 6-16 所示，一般可以分为三大方式。

1　对于已经摊销或不列入账面的财产，一般可由投保人与保险公司双方协商，可按财产的实际价值计算保额。

2　按流动资产最近 12 个月的平均账目余额来确定相关保额。

3　按流动资产最近账目余额确定保额。

图 6-16　流动资产保额的计算

当保额已经确定，那么接下来就该计算相关的理赔额，根据不同的保额计算方式可以确定不同的理赔额。

当流动资产的保额按照最近账面余额投保时，理赔额计算如图 6-17 所示，一般可以分为两种情形。

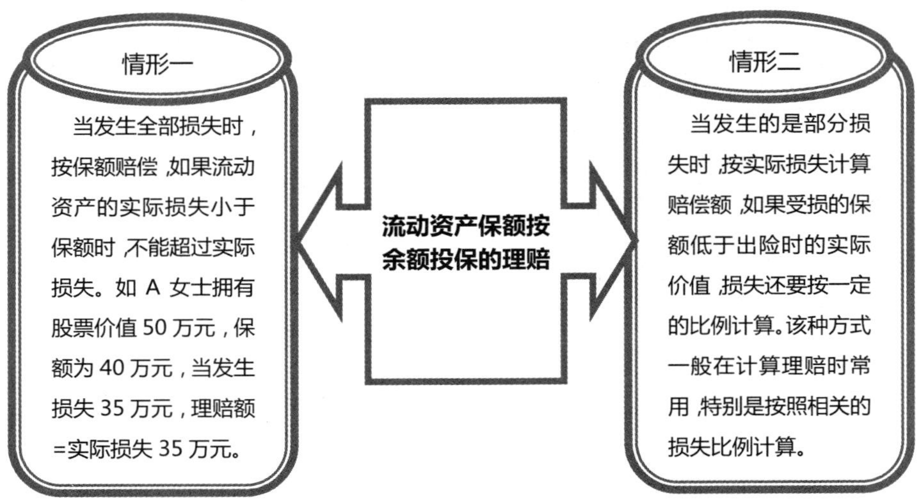

图6-17　流动资产理赔

当流动资产的保额按照已经摊销或不列入账面计算时，理赔额计算如图6-18所示。

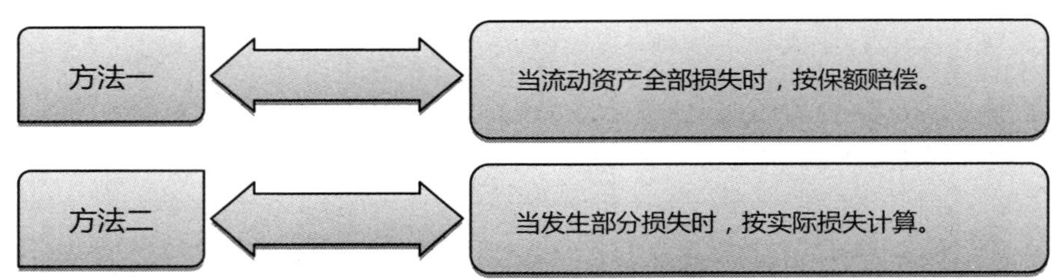

图6-18　理赔额计算一

当流动资产的保额按最近12个月的平均账面余额计算时，理赔额计算如图6-19所示。

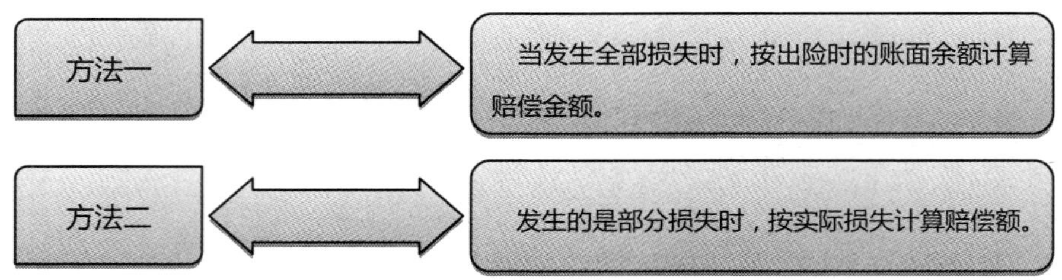

图6-19　理赔额计算二

除了如上的固定财产和流动财产，在实际生活中，我们常常还需要计算到家庭财产保险，而它的理赔计算相对复杂，下面我们简单举例说明如下。

伍女士投保了一份普通家庭财产保险，保额为 10 万元，房屋及室内装潢保额为 5 万元，在保险期内，发生保险事故，房屋及室内装潢部分损失为 1.5 万元，残值 5 000 元，出险时房屋及室内装潢价值为 10 万元，经过定损理赔，保险公司赔付李女士 1 万元。

那么，如上的赔偿额是如何计算出来的呢？一般家庭财产保险的赔偿采取第一危险赔偿方式，简单说就是在保险金额内，损失多少赔付多少。

在上例中房屋及室内装潢的保险金额为 5 万元，保险重置价值为 10 万元，损失金额为 1.5 万元，按第一危险赔偿方式，赔款=损失金额－残值=15 000－500=10 000 元。

6.2.4　顶梁柱绝不可倒

据统计，现在大多的孩子都有属于自己的保险，但是父母们为自己投保的却较少，其实父母才是孩子的最大支柱，而非保险。作为一个家庭的顶梁柱，父母是孩子最大的依靠，一个家庭如果要投保，首先排在第一位的不是孩子、不是年老的父母，而是家里的顶梁柱。

一般来说，一个家庭的重心，都在于家里的男人，那么对于家里的男人，作为妻子该如何为他们购买合适的保险呢？相对来说，对于家里的顶梁柱们，一般最好考虑两大最基本的保险：意外险和重大疾病险。

作为家里的顶梁柱，上有父母，下有妻子儿女，更是一个家庭的经济支柱，无论是意外还是重疾我们都无法控制，既然无法控制，我们能做的便是当有一天意外来临，不因失去家庭的经济支柱而给家庭带来巨大的压力，我们无法控制风险却可以将风险带来的损失降到最低。

那么，对于男人们的意外险该如何去考虑呢？一般可根据家庭的实际情况进行投保，如家庭的年收入。具体购买哪种险种，可咨询各大保险公司的官网平台，进行综合比较购买。如图 6-20 所示为登录中国人寿保险官网。

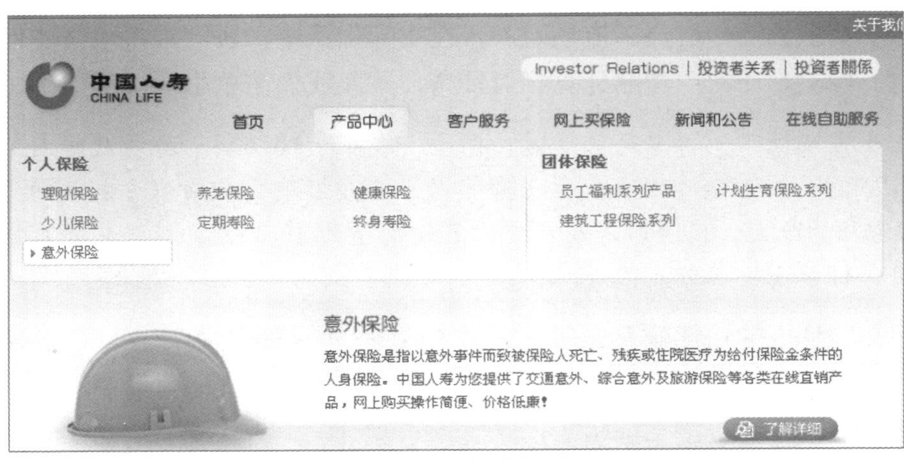

图 6-20　查看官网

此时，我们可以看到意外险排在所有险种的首位，同时我们还可以在图 6-21 中看到出现的意外险种，如综合性的意外保险和私家车意外保险，如果投资者想要了解更多的信息，可以单击“了解详细”超链接。

图 6-21　了解详细

在打开的页面中，首先是简单的详情介绍，如图 6-22 所示，紧接着是投保范围、保障内容、投保须知等信息，如图 6-23 所示。

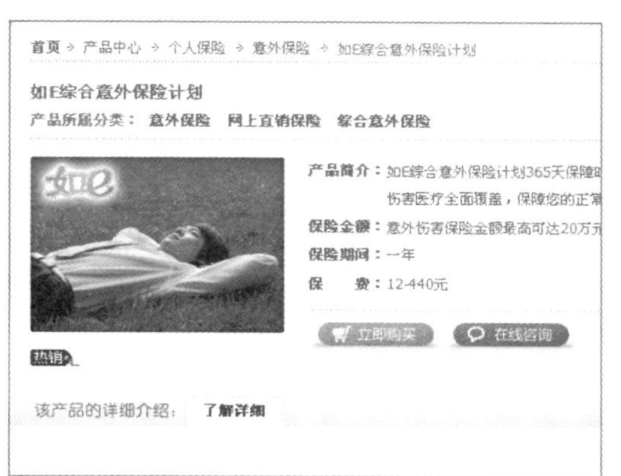

图 6-22 详情介绍

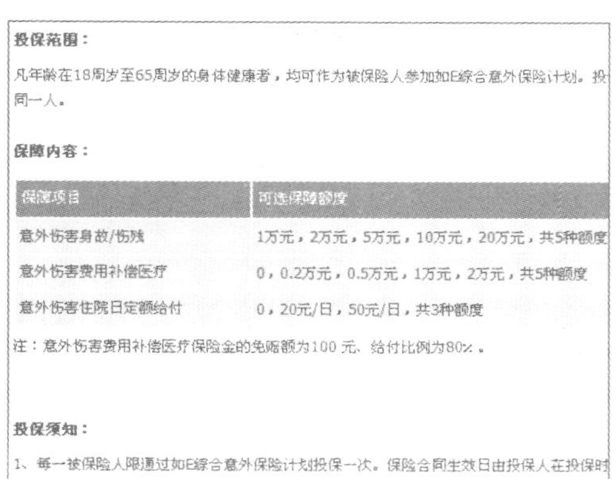

投保范围：

凡年龄在18周岁至65周岁的身体健康者，均可作为被保险人参加如E综合意外保险计划。投同一人。

保障内容：

保障项目	可选保障额度
意外伤害身故/伤残	1万元，2万元，5万元，10万元，20万元，共5种额度
意外伤害费用补偿医疗	0，0.2万元，0.5万元，1万元，2万元，共5种额度
意外伤害住院日定额给付	0，20元/日，50元/日，共3种额度

注：意外伤害费用补偿医疗保险金的免赔额为100元，给付比例为80%。

投保须知：

1、每一被保险人限通过如E综合意外保险计划投保一次。保险合同生效日由投保人在投保时保当日的次日，且不能晚于投保当日之后15日。保险合同生效后方能享受保险保障。

图 6-23 投保信息

6.2.5 保卫妻子的婚姻险

对于女人来说，选择一个人，心甘情愿退居幕后，为他洗衣做羹汤，无论他贫穷还是富有，都不离不弃，这是因为爱情。

可是婚姻的路，不是那么好走的，即使两个人曾爱得轰轰烈烈、海誓山盟，谁也不能保证，在某个路口，谁会离开谁。

总的概率来说，分开对于女人来说，大多痛苦纠结，不能潇洒的放下，甚至重新开始，因为她们曾渴望那叫做永恒的东西，她们都渴望拥有一个永不背叛的情人，可是，这个情人会在吗？

有，当然有，这个情人便是意外来临时的一份安慰——意外险，属于女人特有的关爱——与女性身体相关的各种女人险，单身妈妈的陪伴——教育险，养老无忧——养老险。

对于各种险，可简单说明如图 6-24 所示。

如果夫妻一方经常出差，可以考虑各种交通工具的综合意外险，包括对火车、飞机、轮船等意外承保，当然如果夫妻还喜欢经常旅游的，可以购买旅游意外险。

对于专属于女人的保险，一般来说可以分为四大类，如特殊期保险、专用型保险、呵护型保险、储蓄型保险。

图 6-24 妻子所需要的保险

无论是能一辈子偕老，还是各自分开，如果孩子跟着妈妈，那么作为单身妈妈们，就要保证孩子的健康成长，其中孩子的教育尤为重要，而教育险就是针对孩子教育的保险。

如果你身边的这个情人不能陪你到老，那么就找一个新的情人，只要你不离，它必不弃，它将陪你慢慢到老，并保证你老有所依。

图 6-24　妻子所需要的保险（续）

作为男人，如果你真的爱她，那么就要有一颗爱她到老的心，但是容颜易老，人心易变，如果有一天你突然离去或者心不由己，那么在离去之前，请确保在你离开后，她的生活不变，所以如果是真爱，就为她准备这四份礼物，让他在离开你之后，生活能有所保障。

6.2.6　为闺女买份婚嫁险

孩子是父母最心爱的宝贝，我们恨不得将全世界最好的东西放到她的面前，从一声啼哭来到这个世界，从蹒跚学语到能跑跑跳跳。

我们和她一起成长，我们看着她从一个小女孩慢慢长成一个大姑娘，这一路上，虽然有跌跌撞撞，但是终于，终于有一天，有一个男人，来到你的家门，牵着她的手，告诉你，他要带走你们的宝贝，你们宝贝的人生从此他来负责。

再多的不舍，看着宝贝坚定的眼神，反对终也没有说出口，于是你们只能拿出那份为宝贝准备了很久的嫁妆——婚嫁险，确保宝贝至少不会饿着。

然而，这份婚嫁险是如何来的呢？我们来看一个例子。

章太太给 6 岁的女儿购买了某保险公司的教育险，每年按期缴纳保费 8 000 元，年缴 10 年，那么可以给孩子领取的教育金如图 6-25 所示。

① 在女儿 12 ~ 14 岁时，每年可以领取初中教育金 2 000 元。

② 在女儿 15 ~ 17 岁时，每年可以领取高中教育金 5 000 元。

图 6-25　领取教育金的过程

③ 在女儿 18～21 岁时，每年可以领取大学教育金 10 000 元。

④ 在女儿 25 岁，可以领取创业金或婚嫁金 50 000 元。

图 6-25 领取教育金的过程（续）

如上例所说的教育险，当女儿在 25 岁时，可以领取婚嫁金 5 万元，而前面我们所说的为孩子购买的婚嫁险就是一种教育险。在孩子年龄较小时购买，可作为一种教育金领取。如上例所示，在大学时，每年领取 1 万元，而当孩子创业或出嫁时，可一次性领取作为创业金或者婚嫁金。

当然如上例所示的一般家庭都会选择购买，对于一些经济较宽松的家庭来说，一般还可以给孩子购买分红险，不仅做为一种婚嫁金，而且还可以给女儿做为一种养老保险，不仅考虑女儿的婚姻而且还将女儿的养老问题都考虑在内，那么对于该类保险，该如何购买呢？看如下例子。

唐女士为孩子购买了一份分红险，年缴保费 2.4 万元，年缴 10 年，保额 10 万，那么可为孩子做的保障如下。具体如图 6-26 所示。

每年可领取的分红不确定，以公司的实际经营状况为准，一般公司会将盈利的 70%让利给客户，而且每年复利计息。

每 3 年为孩子领取 1.2 万元生存金，可领取至终身。

孩子在 18 岁前身故，保险公司返还保费加年增长率 2.5%。

如第一年身故可领取 2.5 万元、第五年 13 万元、第十年 27.7 万元、在 18 岁后身故将给付 30 万元身故保险金。

图 6-26 分红保险的领取

如上例所示，而唐女士给孩子购买的是人寿险里的分红险，给孩子保障至终身，每年固定领取一部分分红。如每 3 年为孩子领取 1.2 万元生存金，可领取至终身，那么就相当于每年可领取 4 000 元。

同时它不仅作为一种分红险，还作为一种人寿保险，如孩子出意外在 18 岁前身故，第一年身故可领取 2.5 万元、第五年 13 万元、第十年 27.7 万元，在

18 岁后身故将给付 30 万元身故保险金，但我们希望这些用不到孩子身上，至少在孩子们没有老去之前。

我们不求大富大贵，求的是孩子的健康平安，所以当我们在为孩子准备婚嫁金时，首先应考虑的是孩子的意外和健康的保证，特别是针对各种少儿疾病的保险，只有保证孩子的健康成长，我们才能看见孩子们成家立业，从而送出为孩子们准备的婚嫁金。

至于孩子的婚嫁险该如何买，前面几小节我们已经提到，和大人的类似，这里不再详细讲解。

6.3 老有所依不靠男人

很多女人或许告诉过自己，这一生，选择了这个男人，那么这一辈子便是愿意与他携手，便是将自己的未来全部交到他的手上。

以他为天以他为地，为他生儿育女，为他照顾父母，眼看自己一天天老去，孩子慢慢长大，我们不得不考虑一个问题，我们是否能老有所养？老有所依？

靠自己的孩子？但是孩子们都有那么多忙不完的事儿，而且现在的孩子，身上那么沉重的担子，需要赡养的老人日渐增长，最怕的便是有心无力。

靠你身边的这个男人？能靠得住？靠得稳？

有人说过，希望越大失望往往也会越大，靠别人始终不如靠自己，当有依靠时，可以依靠，当没有依靠时，我们也能好好地活下去，做到病有所医，老有所养，前提是你有一个对你不离不弃的情人——养老保险。

6.3.1 社保是主打

一般我们所说的养老保险，就是社保，但是养老保险却不仅仅是社保，还有各种保险公司针对养老的各种保险，如年金保险，所以真正的养老保险可以分为两大部分，一是社保，二是商业养老保险。

首先，我们先来认识我们常常念叨的养老保险中的社保。社保也可以简称

为社会保险，一般指国家为丧失劳动能力、暂时失去劳动岗位、因健康原因造成损失的人口提供收入补偿的一种社会保险。

一般社会保险由政府强制购买，强制某一群体将其收入的一部分作为社会保险税（费）形成社会保险基金，在满足一定条件的情况下，被保险人可从中获得固定的收入或损失的补偿。社会保险一般包括养老社会保险、医疗社会保险、失业保险、工伤保险、生育保险等。

如某企业员工在工作中受伤，需要回家休息调理两个月，而因公司为其购买了社保，那么国家将对其在养伤期间的损失提供一定的补偿，这就是我们常见的工伤赔偿。

而对于社保的缴纳一般分为两种情况，一是单位为员工购买，另外一种是个体人员参保。不同的类别需要缴纳的保费不同，而保费缴纳的基础却是社保基数，对于社保基数我们需要注意以下几点。具体如图 6-27 所示。

定义：职工在一个社保年度的社会保险缴费基数，是按上年 1~12 月申报个人所得税的工资、薪金税项的月平均额来进行确定。

最低限制：国家对社保险基数进行最低限制规定，如最低不能低于上年度全市职工月平均工资的 60%。

企业限制：私营企业职工、个体工商户雇工和非本市城镇户口职工不得低于 50%，私营企业法人、股东、个体工商户业主不得低于 100%。

最高限制：最高不能高于上年度全市职工月平均工资 300%。

基数变更：一般在一年内，中途不会做变更。而在每年的 4~6 月，用人单位会根据相关规定，申报本单位职工新一年度的社会保险缴费基数。

图 6-27 社保基数的相关注意点

除了如上的几点要注意外，在实际工作中，单位与员工的哪些开支需要计入社保基数呢？且看图 6-28 所示。

① 对于业务承包公司，其承包收入中的 60%应纳入缴费基数。

② 单位通过税后利润提成或分红的办法支付给职工个人的工资。

图 6-28 计入社保基数的开支

③ 实行底薪制的职工，如销售人员，根据经营业绩提成取得的收入。

④ 单位以现金或银行存款的形式支付给职工的各种补贴，如交通、住宿。

图 6-28 计入社保基数的开支（续）

不同的城市，社保基数的计算起点也存在一定的差别，而且同一城市的社保基数还要根据是否是当地的户口，缴费比例会存在一点差别，如以深户和非深户为例，具体如表 6-1 所示。

表 6-1 深圳户口保险缴费基数

项目	计算比例
养老保险缴纳基数	1 808≤个人工资≤5218×3
医疗保险缴纳基数	5 218×60%≤个人工资≤5218×3
失业保险缴纳基数	1 808×2%（单位缴纳）+1 808×1%（个人缴纳），共 54.24 元
工伤保险缴纳基数	用人单位直接支付给本单位全部职工的劳动报酬总额
住房公积金缴纳基数	以个人工资为缴纳基准，最低 1 808 元，最高 5 218×5 元

如果是非深圳户口，社保的基数计算存在一定的差别，具体如表 6-2 所示。

表 6-2 非深圳户口保险缴费基数

项目	计算比例
养老保险缴纳基数	1 808≤个人工资≤5 218×3
医疗保险缴纳基数	住院医疗为 5 218 元；无合作医疗
失业保险缴纳基数	1 808×2%（单位缴纳）+1 808×1%（个人缴纳），共 54.24 元
工伤保险缴纳基数	1 808≤个人工资≤5 218×3
住房公积金缴纳基数	以个人工资为缴纳基准，最低 1 808 元，最高 5 218×5 元

如上表所示，对于深圳户口和非深圳户口计算社保基数，一般只在医疗和工伤方面存在差别，如深户的医疗保险缴纳基数为：5 218×60%≤个人工资≤5 218×3，而非深户的医疗保险的社保基数却为：医疗保险缴纳基数，住院医疗为 5 218 元，无合作医疗。

而对于深户的工伤保险，工伤保险缴纳基数为用人单位直接支付给本单位全部职工的劳动报酬总额，而非深户的工伤保险缴纳基数却是：1808≤个人工资≤5218×3，因此，是否为本地户口也是决定最终社保基数的一个重要原因。

当我们已经了解了社保的基数，那么接下来就是根据社保基数所确定的不同险种的缴费比例，因为社保基数不同，那么深户和非深户对于养老社会保险、医疗社会保险、失业保险、工伤保险、生育保险最终的缴费比例也不同。深圳户口保险缴费比例具体如表 6-3 所示。

表 6-3　深圳户口保险缴费比例

项目	计算比例
养老保险缴纳比例	单位缴纳 14%，个人缴纳 8%，共计：22%，如果单位按照最低的缴费比例，那么最低缴费，单位为：1 808×14%=253.12 元，个人为：1 808×8%=144.64 元
医疗保险缴纳比例	单位缴纳比例 6.2%（基本一档）+0.5%（生育保险），个人缴纳 2%（基本一档），共计为 8.7%。同时最低缴费，单位缴纳费用=3 130.8×（6.2%+0.5%）=209.7636 元，个人缴纳费用=3 130.8×2%=62.616 元
失业保险缴纳基数	1 808×2%（单位缴纳）+1 808×1%（个人缴纳），共 54.24 元
工伤保险缴纳基数	工伤保险一般存在几个基准比例：0.4%、0.8%、1.2%。而最后的确定却是按照实行浮动费率后的实际缴费费率计算
住房公积金缴纳基数	10%~40%之间，单位和个人各承担一半

而对于非深圳的户口则存在与如上不同的计算方式，具体如表 6-4 所示。

表 6-4　非深圳户口保险缴费比例

项目	计算比例
养老保险缴纳比例	单位缴纳 13%，个人缴纳 8%，共计：21%，如果单位按照最低的缴费比例，那么最低缴费为：单位缴纳费用=1808×13%=235.04 元，个人缴纳费用=1808×8%=144.64 元
医疗保险缴纳比例	一般可分为三档，作为一档，单位缴纳比例 6.2%+0.5%（生育保险），个人缴纳 2%（基本一档），共计 8.7%；作为二档，单位缴纳比例 0.6%+0.2%（住院医疗+生育保险），个人缴纳 0.2%（住院医疗），共计 1%；作为三档，单位缴纳 0.45%+个人缴纳 0.1%

续表

项目	计算比例
失业保险缴纳基数	1 808×2%（单位缴纳）+1 808×1%（个人缴纳），共 54.24 元
工伤保险缴纳基数	工伤保险一般存在几个基准比例：0.4%，0.8%，1.2% 。而最后的确定却是按照实行浮动费率后的实际缴费费率计算
住房公积金缴纳基数	10%~40%之间，单位和个人各承担一半

如上表所示深户和非深户社保缴费的比例，存在的最大的不同点在于医疗保险，其他几乎一样。对于深户医疗保险的缴纳基本以一档来计算，如单位缴纳比例 6.2%（基本一档）+0.5%（生育保险），个人缴纳 2%（基本一档），共计为：8.7%。同时最低缴费为：单位缴纳费用=3 130.8×（6.2%+0.5%）=209.7636 元，个人缴纳费用=3 130.8×2%=62.616 元。

而非深户一般可分为三档，具体如下。

- **一档：**单位缴纳比例 6.2%+0.5%（生育保险），个人缴纳 2%（基本一档），共计 8.7%，最低缴费：单位缴纳费用=3 130.8 ×（6.2%+0.5%）=209.7637 元，个人缴纳费用=3 130.8 × 2%=62.616 元。
- **二档：**单位缴纳比例 0.6%+0.2%（住院医疗+生育保险），个人缴纳 0.2%（住院医疗），共计 1%，单位缴纳费用=5 218 × 0.8%=41.744 元，个人缴纳费用=5 218 × 0.2%=10.436 元。
- **三档：**单位缴纳 0.45%+个人缴纳 0.1%，单位缴纳费用=缴费基数 × 0.45%=22.13 元/月，个人缴纳费用=缴费基数 × 0.1%=4.92 元/月。

对于社保，一般作为养老保险的必备，但根据不同的阶段，会出现不同的理赔，如当家庭需要考虑养育一个孩子时，那么可以考虑申请生育保险的补贴。

生育保险，是国家对孩子和女性的一种爱护，指在职职工生育期间，为女职工提供生育津贴、产假、医疗服务等，以帮助她们恢复劳动能力，重返自己的工作岗位。

但申请生育保险金首先需要满足一定的条件，如女职工生育享受产假；享受计划生育手术休假；法律、法规规定的其他情形等。而享受的生育假期则根据不同的情形会有不同的规定。具体如图 6-29 所示。

① 正常产假 90 天，其中包括产前检查的 15 天。

② 独生子女假增加 35 天。

③ 晚育假增加 15 天。

④ 剖腹产、Ⅲ度会阴破裂增加 30 天；吸引产、钳产、臀位产增加 15 天。

图 6-29　产假天数

当然对于一些特殊情况也会存在一个特殊规定，如对于流产假，假如怀孕天数为 X 天，当 X＜2 个月，享受假期 15 天；当 X＜4 个月，享受假期 30 天；当 4 个月≤X＜7 个月，享受假期 42 天；当 X≥7 个月，并且死胎、死产和早产不成活的享受假期 75 天。

此外如果是多胞胎，那么享有的生育假则每多生育一个婴儿增加 15 天。

而对于生育保险金，一般包括两方面的内容，生育医疗费用和生育保险金，而生育医疗费用一般包括检查费、接生费、手术费、住院费和药费等，这些都可以申请生育保险基金支付，但是超过规定的部分则自行负担。

对于生育保险金的多少，一般需要根据时间计算，具体如图 6-30 所示。

① 如按照规定的正常生育时间，一般按照 3 个月（90 天）计发。

② 如果是晚婚晚育，则一般按 3.5 个月（105 天）计发。

③ 如果正常生育并已领取《独子证》的按 4.17 个月（125 天）计发。

④ 如果晚婚晚育并已领取《独子证》的按 4.67 个月（140 天）计发。

图 6-30　生育金计算天数

除了按上图所示的天数计算，一般生育保险金的计算还需要用到一个公式，生育保险金=生育津贴+医疗补助金津贴，而计算的基数则是单位职工月平均工资，并且如果生育津贴高于本人产假工资标准的，用人单位不得克扣；生育津贴低于本人产假工资标准的，差额部分由用人单位补足。举例说明如下。

例 1：如张女士每月的生育津贴为 6 500 元，而用人单位当月的平均工资为 5 500 元，则由生育保险基金统一支付给单位后，超过平均工资的 1 000 元，用人单位不能克扣。

例 2：李女士每月的生育津贴为 6 000 元，而用人单位当月的平均工资为 7 500 元，则其中的 1 500 元差额需要用人单位补足。

对于生育津贴，在 2012 年进行了调整，从 2012 年起，生育保险将对生育和计划生育手术的部分医疗费用支付项目和定额标准进行调整，医疗待遇水平将在原有基础上增长 20%左右，预计增加基金支出 2 500 万元左右。

而对于已经参加生育保险的职工，在 2012 年 1 月 1 日前已经生育或计划生育享受产假的，但申报生育津贴的时间是在 2012 年 1 月 1 日之后，则需要按照新计发办法来计算生育津贴。

对于社保，我们简单介绍到此，接下来我们需要对于社保的另一辅助保险——商业养老保险，进行简单的认识。

6.3.2 年金保险来辅助

年金保险，它一般指的是由被保险人和保险约定期限，在约定的期限以一定的年度周期给付给被保险人保险金的保险。但是它是以被保险人生存为条件的，如果被保险人死亡，则会停止支付。

那么年金保险与社保又存在哪些不同呢？具体如图 6-31 所示。

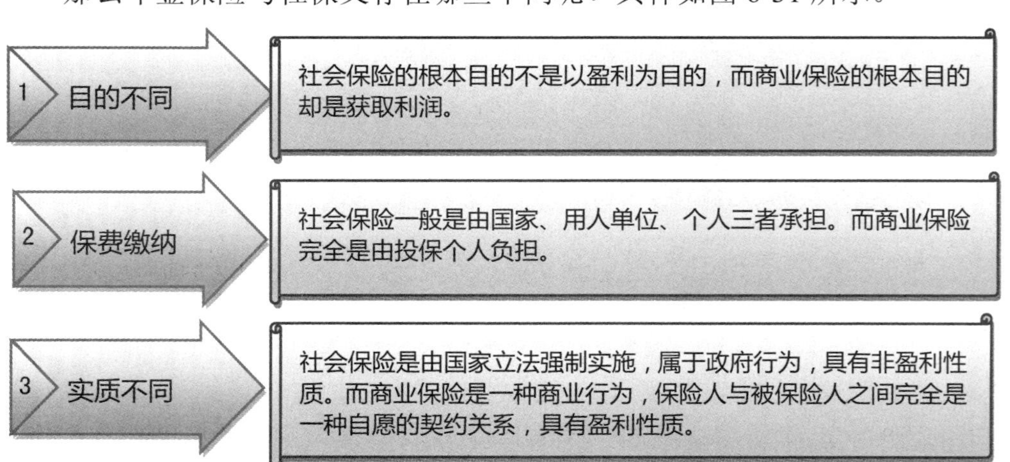

图 6-31　社保与年金保险的比较

对于社会保险来说，政府对社会承担最终的责任。而商业保险则主要由各大保险人承担责任，政府主要对其进行监督。

图 6-31 社保与年金保险的比较（续）

在领取年金之前一定要缴清保费，一般保险公司是不允许在缴费的同时领取年金的，年金保险在某种程度上和社保很像。现在社会上的各大年金保险很多，总体来说，可以将年金保险分为四大类，个人年金、联合年金、终身年金、最低保证年金，具体如图 6-32 所示。

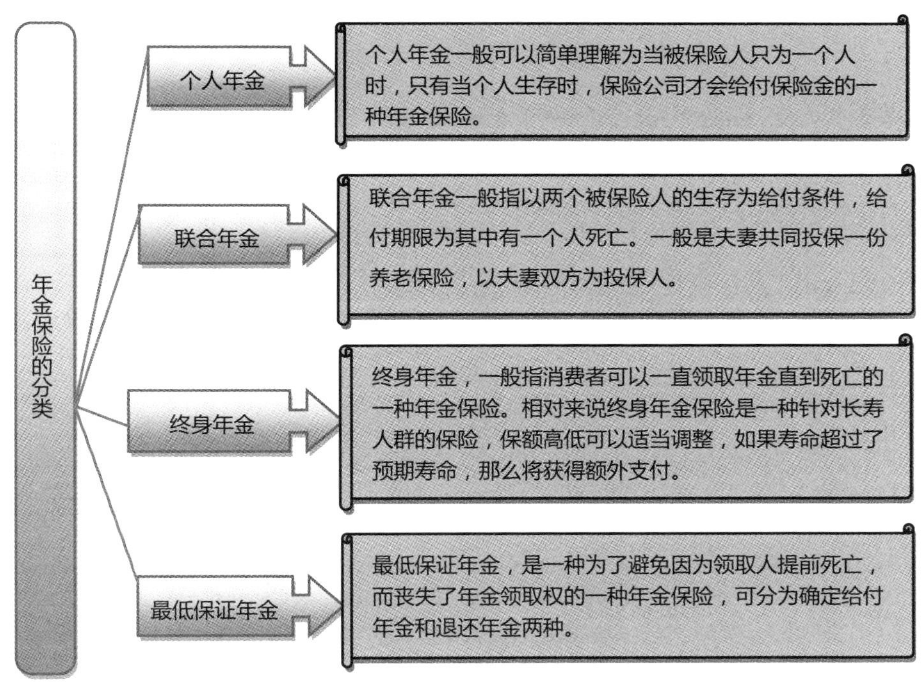

图 6-32 年金保险的分类

当我们选择上图所示的年金保险时，需要注意三大点，具体如图 6-33 所示。

年金的领取时间

对于保险市场上各大保险公司的年金保险产品，一般年金的领取时间会在投保人 50 岁、55 岁、60 岁、65 岁等几个阶段，但也存在一些边缴边领取的年金产品，而这类产品因为缺乏货币的时间价值，导致产品的现金价值较低，此时对于购买者来说不益，可不作考虑。

图 6-33 选择年金保险时的三大注意

年金的领取金额

对注重养老生活品质的人来说，要注意购买时选择一些每年年金领取较多的年金险，不同于社保，一些年金保险或有 10 年或 20 年的保证领取期限，避免如社保一样因为自身寿命过短而损失养老金。

年金的领取方式

现在保险市场关于年金的领取方式一般存在定时、定额、一次性领取，定时，一般是指到 60 岁或每年固定领取多少年金的方式，而定额则是如每隔 5 年或 10 年固定领取多少的年金领取方式，而一次性领取则是规定时间，一次性领取完所有年金的方式。但大多人选择固定领取。

图 6-33　选择年金保险时的三大注意（续）

在我们对年金保险具有了一定了解的基础上，接下来我们需要对具体的产品进行选择。年金保险一般都会包括四大部分，生存金、养老金、红利、最终领取金等，举例如下。

李女士，30 岁，年收入在 15 万元以上，为了在年老能保证如现在一样高品质的生活，于是在社保外给自己补充了商业养老保险一份，年缴保费 9.34 万元，保额 10 万元，缴费期限 3 年，总计缴费 28.02 万元，保障期限为终身，无须体检。则她享有的权利如表 6-5 所示。

表 6-5　购买年金保险后享有的权利

项目	权利
生存金	在 60 岁前，每两年返还 1 万元生存金，如果不领取，则可在 60 岁时一次性领取 23 万元，用来祝寿或旅游
养老金	60~70 岁，每年领取 6 000 元，70~80 岁，每年领取 7 000 元，80~90 岁，每年领取 8 000 元，90 岁以上，每年领取 9 000 元至死亡
红利	具体的红利以公司的实际经营为准，一般以市场的中档红利为准，累计红利约为 81 万元
最终领取（90）	如果李女士的寿命停止在 90 岁，则总投入为：28.02 万元，总收入为：23 万元+6 万元+7 万元+8 万元+0.9 万元+81 万元=125.9 万元

一般如上例所示的年金保险，适合中高收入家庭，缴费期限短，除了养老金和红例外还有一笔生存金的领取，而且不需要体检。

Part 07

谁说女人不懂金融投资

不要说女子不如男，不要说女子只能退居幕后为他人洗衣做羹汤，新时代的女性，同样可以与男子并驾齐驱，股票、债券、基金不再是男人的玩具，女人同样可以信手拈来。

- ✧ 简单认识股票
- ✧ 走进股市
- ✧ 尽可能安全的炒股
- ✧ 期货究竟是什么
- ✧ 玩转期货市场
- ✧ 警惕期货风险

7.1 求稳的女人买基金

对于市场上的理财产品，不外乎是债券、基金、股票、期货、保险、贵金属等。任何一种投资理财都存在一定的风险，所谓风险和利益是成正比的，相对来说，一般风险越高，相对来说回报也越高。

作为女性，大多会选择相对稳定的投资，如债券或基金，而作为年轻的上班族女性，更多地会选择基金。

那么市场对于基金的定位如何？基金有哪些种类？如何买到合适的基金？这些都是在我们接触基金时需要考虑的问题。

7.1.1 如何选择妥当的基金

基金一般可以从广义和狭义两方面来理解，广义基金一般指为了某种目的而设立的具有一定数量的资金，包括常见的公积金、保险基金、退休基金等，而狭义的基金则一般指证券投资基金，如股票基金、债券基金、货币基金。

对于证券投资基金，我们可以通过图 7-1 所示简单理解如下。

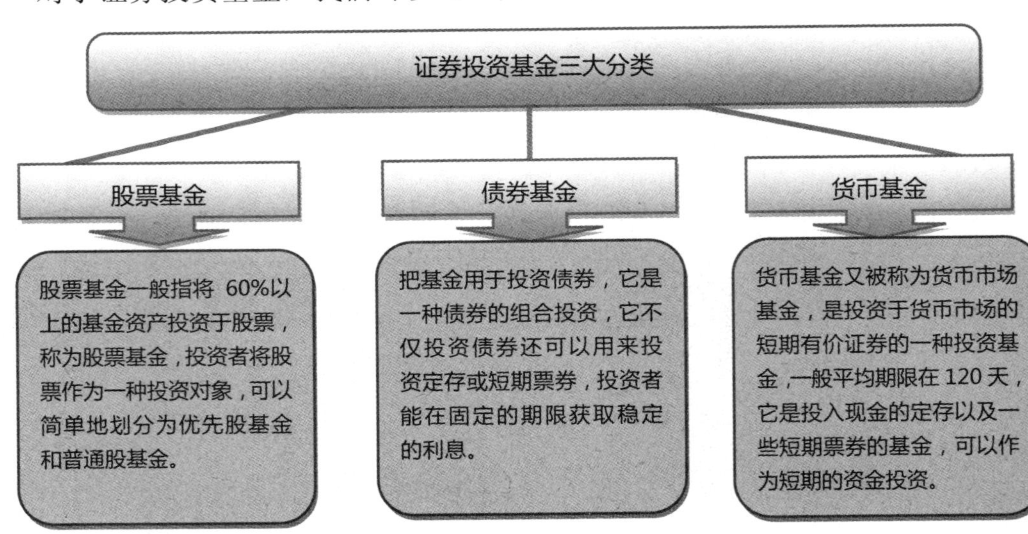

图 7-1 证券投资基金三大分类

对于三大类基金，各具特色，但作为女性投资者，一般比较偏好低风险的基金，该如何去选择呢？当我们决定购买时，可以从哪些方面去考虑呢？具体如图 7-2 所示。

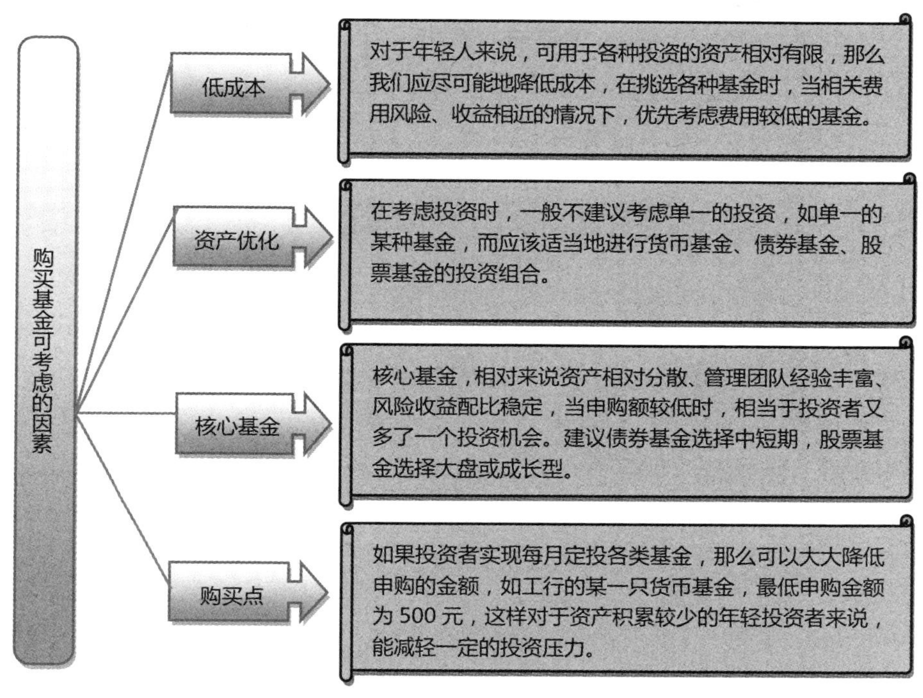

图 7-2　购买基金可考虑的因素

当我们对相关的基金有了一定的了解后，接下来就可以在基金超市挑选适合我们的产品。

7.1.2　基金的认购、申购和赎回

当我们在基金市场进行基金买卖时，一般有三大认识必不可少，这三大认识便是基金的认购、申购、赎回，那么我们该如何去理解这三大认识呢？

首先是基金的认购，一般指在开放式基金募集期间投资者申请购买基金的一种行为。如 A 基金正处于募集期，李先生出资 10 万元购买 A 基金，那么李先生的这种行为就是对基金进行认购。

其中值得注意的是，基金的认购一般需要以书面委托或其他经过认可的方式进行。而在基金募集期间，投资者可进行多次认购，但已申请的认购不能撤单。募集期间，投资者在 T 日的认购申请，T+2 日投资者可在销售商处查询初

步确认结果，如李先生在 11 月 17 日进行认购申请，那么在 11 月 19 日可查询自己的初步确认结果。

其次是基金的申购，它一般指在基金已经过了封闭期，进入开放期后，投资者对于基金进行申请购买的一种行为，同样需要书面形式进行申购，但与认购不同的是，当日的申购申请可以在 15:00 以前撤销。而对于结果的查询与认购相同。

最后是对于基金的赎回，一般可简单理解为投资者以申请当日的基金单位资产净值为基础，卖出所持有的基金份额叫做基金的赎回，而投资者当日的赎回申请可以在 15:00 以前撤销。投资人的赎回申请成功以后，基金管理人通常将在 T+7 日内支付赎回款项。

其中，在基金的认购、申购、赎回中，需要对于相关的金额进行计算，如认购费、申购费、赎回费。认购费一般指在认购基金时所缴纳的费用；申购费一般指在申购基金时所缴纳的费用；赎回费一般指在赎回基金时所缴纳的相关费用，而这三大费用的计算都需要一定的公式，具体如图 7-3 所示。

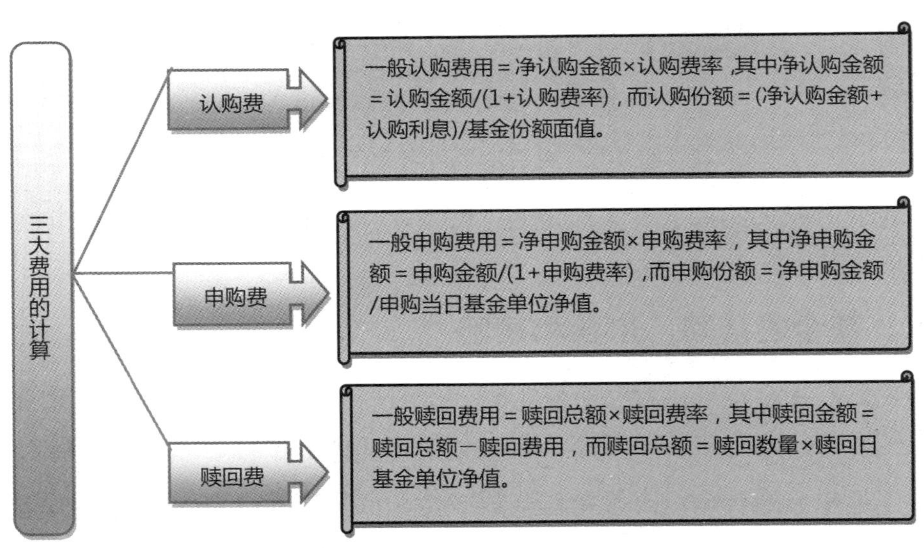

图 7-3　基金三大费用的计算

除了如上对于费用的计算，我们对于买卖基金的收益该如何计算呢？简单举例说明，如果李女士用 10 000 元购买了 A 基金，她在基金赎回后所得的资金总额加上她持有基金时所获得的红利收入再减去 10 000 元本金，就是她获得的收益。

无论我们对基金进行认购、申购还是赎回，首先，我们都需要开立一个基金账户，那么基金账户该如何开立呢？一般有两大方式可供选择，一是在一些基金网站进行在线开户，二是到银行进行开户。

投资者可根据自身情况，进行开户的选择，下面我们对于两者的开户过程简单介绍如下。

首先选择在线开户，那么我们就需要选择一家基金公司，如选择华夏基金公司。登录华夏基金公司官网首页，单击“免费开户”按钮，如图 7-4 所示。

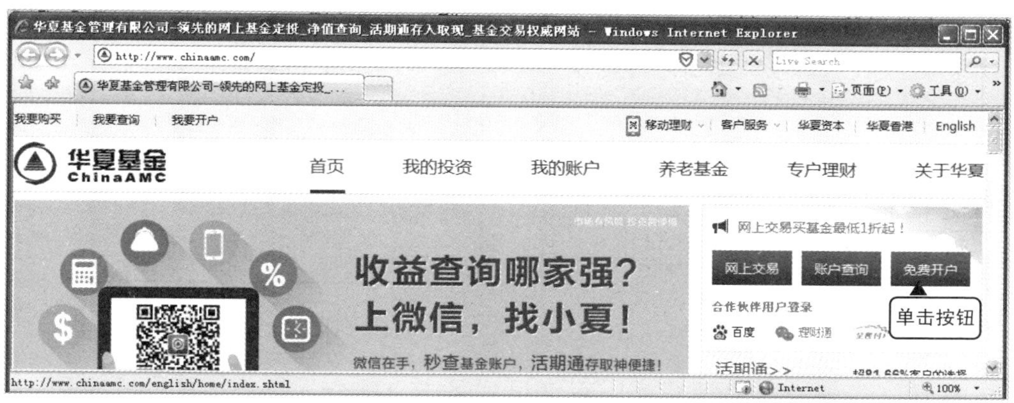

图 7-4　登录基金公司首页

在打开的页面中，我们需要对开户的银行进行选择，例如选择中国工商银行作为开户的银行，这里直接选中该银行名称左侧的单选按钮即可，如图 7-5 所示。当然投资者可以根据自己的情况进行选择。

图 7-5　选择开户银行

在打开的页面中输入姓名、证件类型、证件号码、银行卡号码等信息进行身份验证，如图 7-6 所示。输入完成后单击“确认”按钮，在打开的页面中填写受益者的详细信息，如图 7-7 所示。

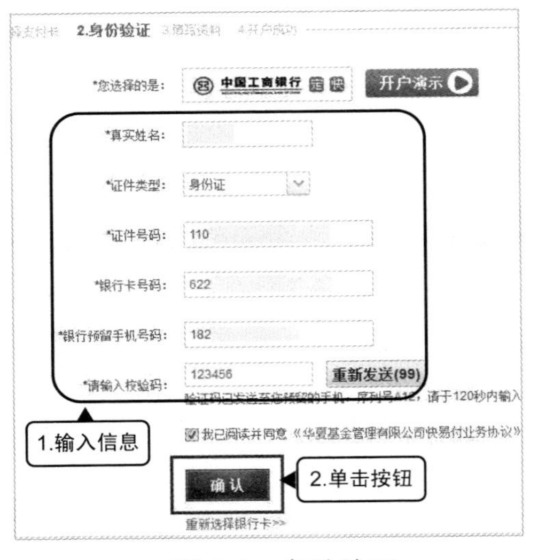

图 7-6　身份验证

图 7-7　信息填写

在填写资料页面中填写完所有信息后单击“提交”按钮，如图 7-8 所示。在打开的页面中，系统将自动提示投资者开户成功，并可立即登录网上进行交易，如图 7-9 所示。

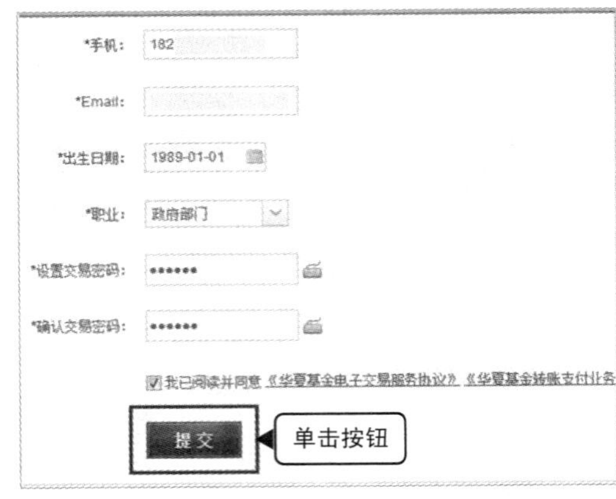

图 7-8　确认开户

图 7-9　开户成功

当我们已经开完户以后，那么接下来就可以通过开通的账户进行基金的认购、申购、赎回。

在图 7-9 中单击“立即登录网上交易”按钮后，将进入图 7-10 所示的页面，

需要投资者输入投资者的证件类型、证件号码、交易密码，输入完成以后单击“登录”按钮。

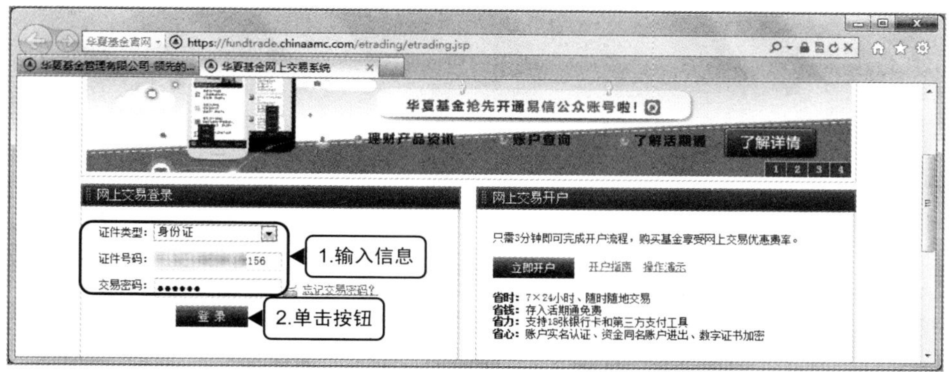

图 7-10　账号登录

此时将进入交易系统的首页，在基金交易按钮下将出现基金的购买、转换、赎回、撤单、修改分红方式等。同时投资者可在右边的窗口中选择自己需要购买的基金，如这里选择基金代码为 003003、名称为华夏现金增利货币 A 的货币性基金，直接单击该基金名称右侧的“申购”超链接，如图 7-11 所示。

在打开的页面中需要我们对银行卡、付款银行、支付方式、付款金额等进行选择，完成后单击“下一步”按钮，如图 7-12 所示。

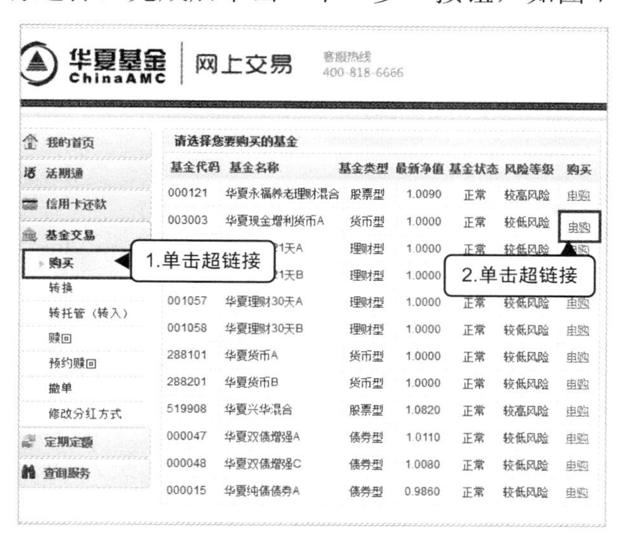

图 7-11　选择基金

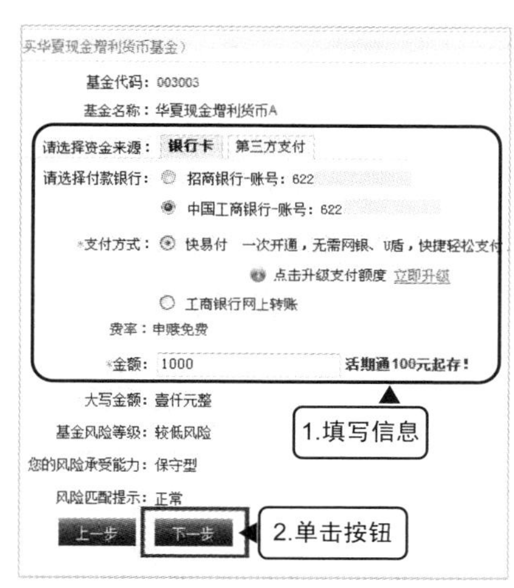

图 7-12　信息确认

在打开的页面中即可查看到申购基金的相关信息，确认基金名称、支付方式、支付账号、付款金额等相关信息无误后，单击“下一步”按钮，紧接着系统将自动提示需要我们输入相关的交易密码，输入完成以后单击“确定”按钮，如图 7-13 所示。

在打开的页面中，系统再次提示我们购买的基金名称、支付方式、支付账号、金额、申请单号、下单时间、交易日等信息，同时在页面下方还将提示银行卡的活期余额，如图 7-14 所示。

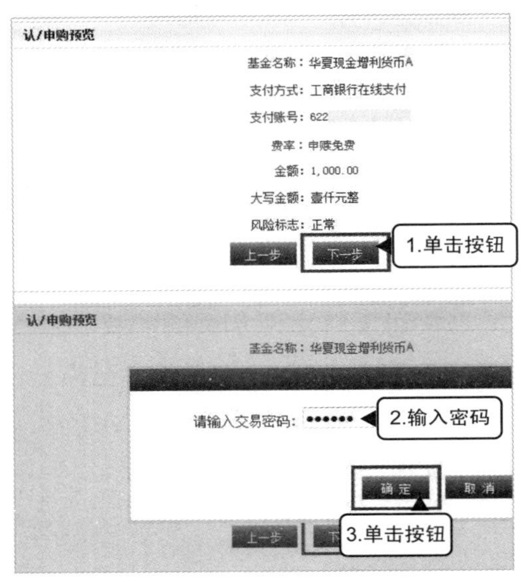

图 7-13　确认信息

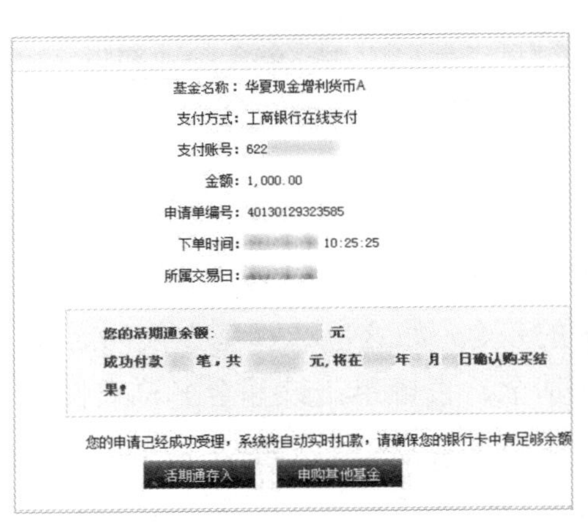

图 7-14　交易完成

此时完成了基金的申购。基金的认购、赎回也与此大同小异，在这里我们不再做详细讲解。

7.1.3　搞懂基金定投来赚钱

作为年轻人，在基金理财时，我们通常会碰到一个词语——基金定投，那么定投基金到底是什么意思呢？

投资者可选的基金投资方式有两种，单笔投资和定期定额。由于基金“定额定投”起点低、方式简单，所以它也被称为“小额投资计划”或“懒人理财”。

而这种懒人理财就是我们所说的定投基金，定投基金是定期定额投资基金的简称，是指在固定的时间，以固定的金额投资到指定的开放式基金中，类似于银行的零存整取。

对于现在的年轻人来说，大都有使用网银的习惯，因此当他们选择购买基

金时，可以考虑通过网银来进行基金定投，下面我们简单地以工商银行的网银基金定投为例，简单说明如下。

1. 登录工商银行网上银行

首先，我们需要登录工商银行的首页，如图 7-15 所示，并在“个人业务”超链接下单击“基金”超链接，从而进行下一步的操作。

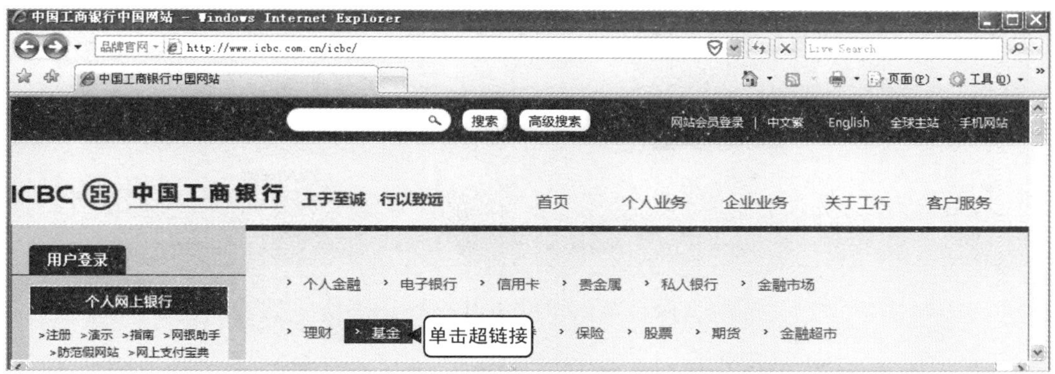

图 7-15　登录工行首页

在打开的页面中，我们需要对于个人的网上银行进行登录，单击“个人网上银行登录”按钮，如图 7-16 所示。

在打开的页面中输入银行卡账号以及登录密码，如图 7-17 所示，完成后单击“登录”按钮。

图 7-16　登录个人网银

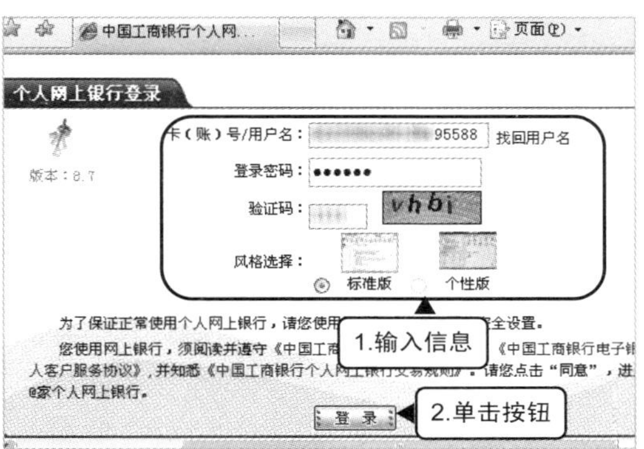

图 7-17　输入账号

2. 基金定投

成功登录工商银行个人网上银行后，在页面中单击“网上基金”超链接，将出现图 7-18 所示的基金定投窗口。在该窗口中将展示一些基本的基金信息，如基金代码为 519001 和 041001 的基金，以及两类基金的币种、发行价、发行日期、发行规模等。

图 7-18　单击“网上基金”超链接

在页面左侧的“网上基金”栏目下方单击“基金定投”超链接，并在展开的栏目中单击“设置基金定投”超链接，此时在该页面的右边将出现图 7-19 所示的窗口，在其中可以设置选择基金公司、产品种类、产品类型等，选择完成以后单击“查询”按钮。

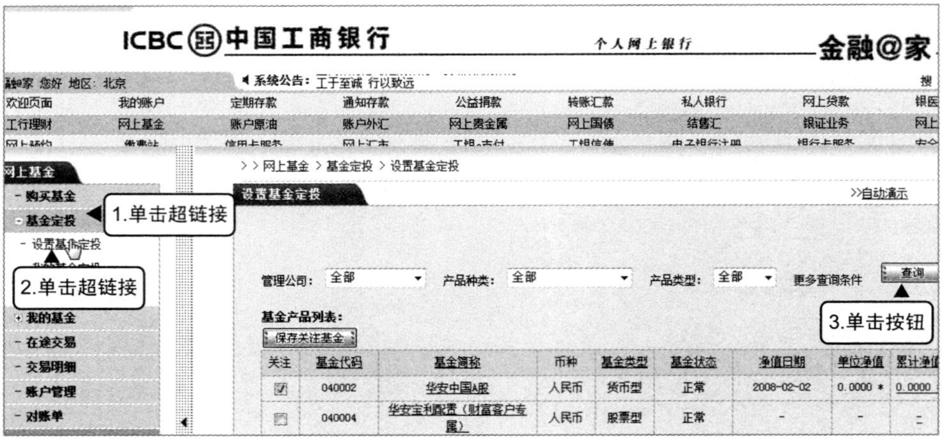

图 7-19　单击“设置基金定投”超链接

在图 7-20 所示的页面中，选择管理公司为“富通基金公司”、产品种类为“开放式基金产品”、产品类型为“货币型”，将出现如下所示的查询结果，如

华安中国 A 股，在初步了解该信息后，单击该基金对应的“定投”超链接，如图 7-21 所示的。

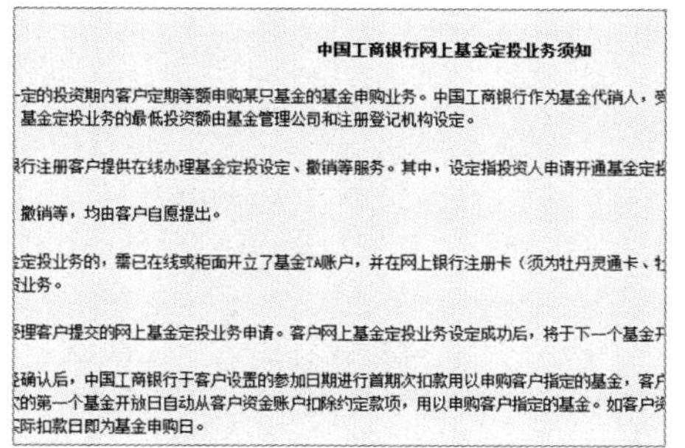

图 7-20　产品选择

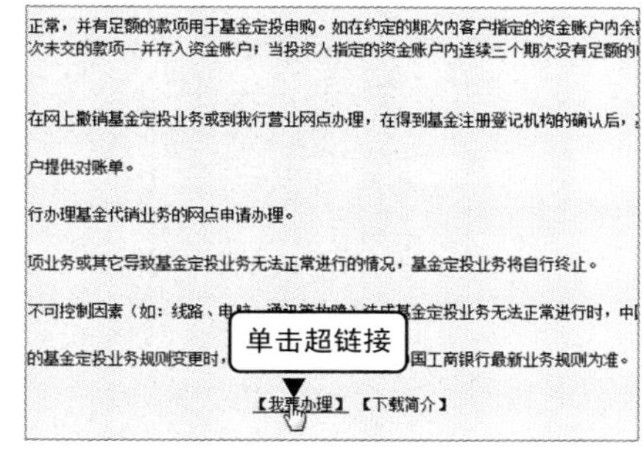

图 7-21　定投基金

此时将出现“中国工商银行网上基金定投业务须知”页面，如图 7-22 和 7-23 所示，当投资者进行了解后，在图 7-23 所示的页面单击“我要办理”超链接，进行下一步基金定投的操作。

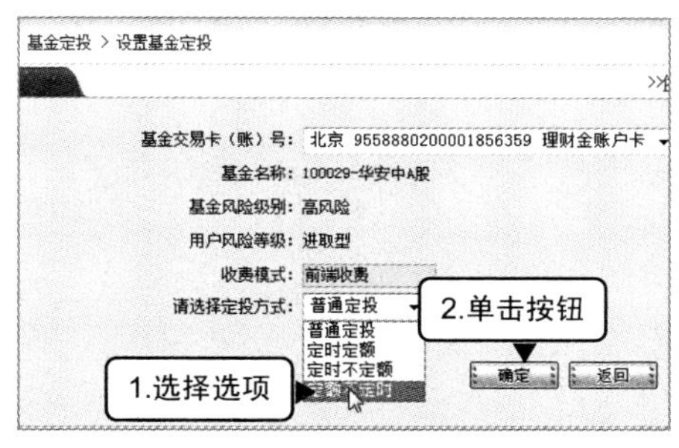

图 7-22　定投业务须知内容

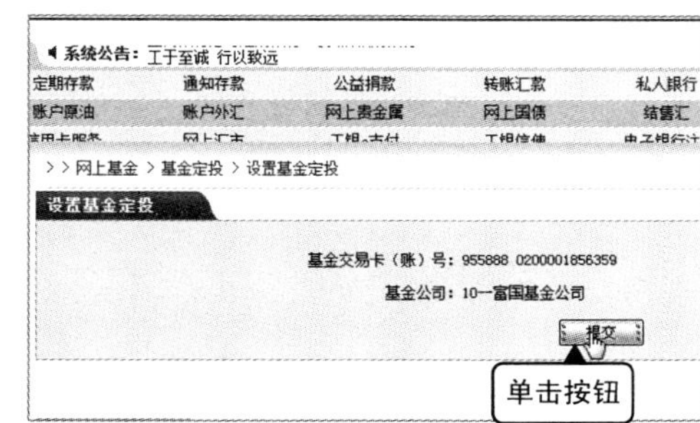

图 7-23　单击“我要办理”超链接

在打开的页面中出现账户的基本信息，此时投资者可以选择定投的方式，可任意选择一种定投方式，单击“确定”按钮，如图 7-24 所示。在打开的图 7-25 所示的页面中单击“提交”按钮进入下一步操作。

图 7-24　选择定投方式

图 7-25　单击“提交”按钮

在打开的页面中可查看到账户的基本信息，直接单击“确定”按钮，如图 7-26 所示。

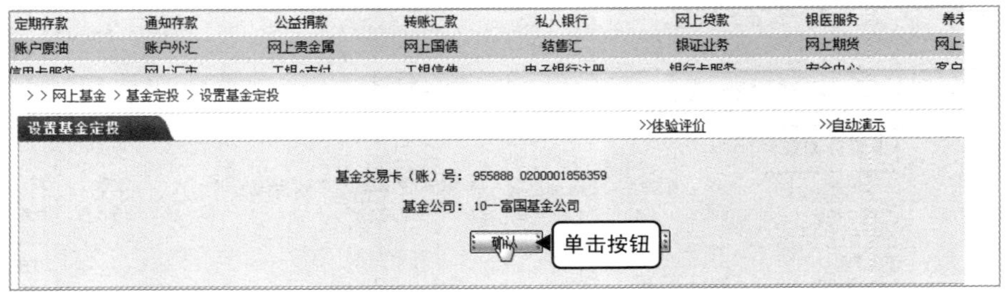

图 7-26　单击“确认”按钮

在打开的页面中设置定投的分红方式、开始日期等，单击“确认”按钮，如图 7-27 所示。此时将进入图 7-28 所示的页面，当确认信息无误后，单击“确认”按钮。

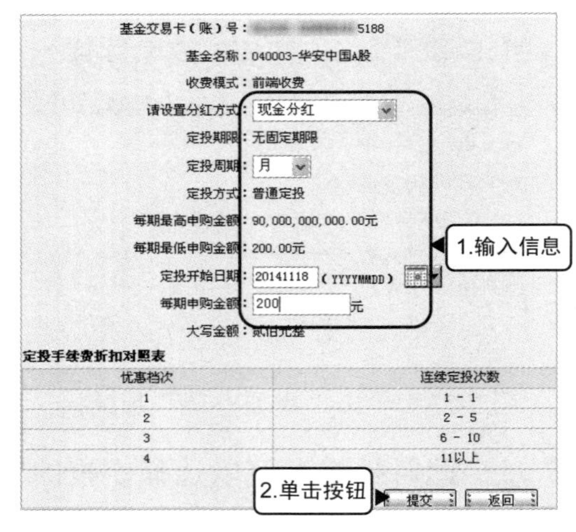

图 7-27　设置定投详细信息

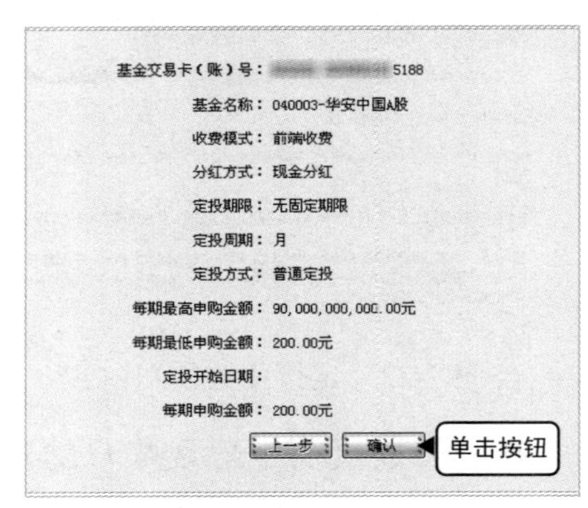

图 7-28　确认投资

在打开的页面中，系统将提示基金定投成功，投资者单击“完成”按钮，如图 7-29 所示，稍后页面自动回到基金设置的首页。

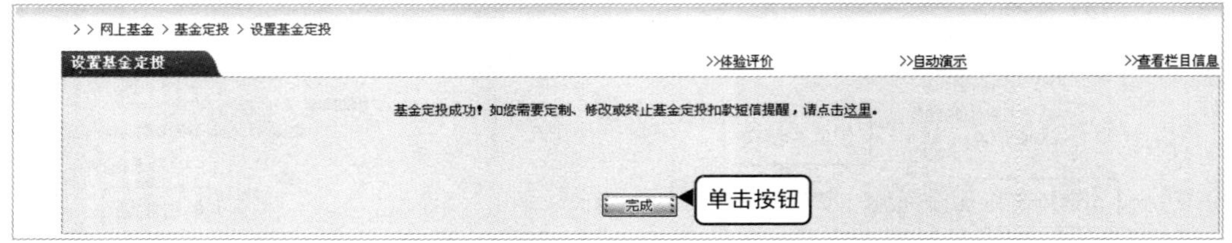

图 7-29　基金定投成功

7.1.4　低风险基金中的猫腻

对于都市中的年轻白领或者家庭主妇们来说，当她们选择购买基金作为一种理财方式时，一般都会选择低风险的基金，而大多时候她们会选择通过购买货币基金的方式投资手里的现金。

她们不是专业的理财者，更不像男人那样对于理财有自己独特的体会，她们只能算理财的小白，那么对于这些小白们，有没有可借鉴的规范呢？能不能告诉她们一些低风险基金中的猫腻呢？

首先，我们需要来认识什么是货币基金，具体如图 7-30 所示。

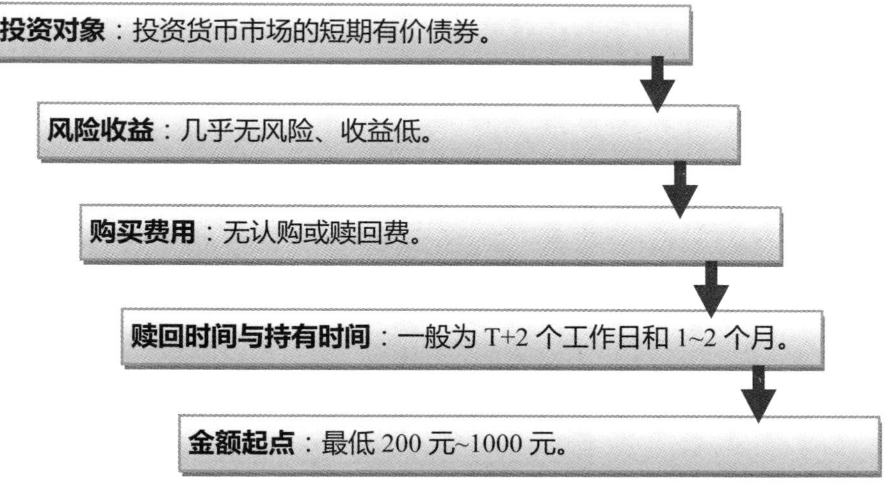

图 7-30　简单认识货币基金

对于基金小白们来说，当选择货币基金时，要注意以下几点猫腻。

- **选短不选长**：相对来说货币基金比较适合用来规划投资者的短期、活期、闲置的资金，而对于中长期的资金，可以选择购买债券、股票型资金。
- **买前不买后**：一般投资者在购买前可通过各种方式查询到几类货币基金的收益率排名情况，一般建议投资者选择收益率排在靠前位置的基金会比较好。
- **选择转化率高的基金**：基金的转换率较高意味着基金的变现能力较好，比较适合短期投资者。而且一般基金公司在投资者进行基金转换时会有手续费优惠。

- **选择增值服务的基金**：现在各种理财产品或理财平台都提供各种增值服务，如提供给投资者在直销平台选择定期定额赎回，同时还可以将货币基金定期定额转化为股票或债券基金。
- **选择已经完仓的基金**：相对于新建仓的基金，它的手续费会较高，在短期内收益也会较低，而此时选择完仓的货币基金将更有利于投资。
- **选择"T+0"基金**：指的是基金赎回的日子，一般为"T+1"或"T+2"个工作日，而对于变现要求高的投资者可选"T+0"产品。

对于如上的几点投资技巧，投资者可根据自身的情况调整，除了如上几点外，投资者在选择时还可以从以下几点缺口入手。如购买的规模大小、发行的时间长短、货币基金的等级高低、赎回时间选择等方面，具体如图 7-31 所示。

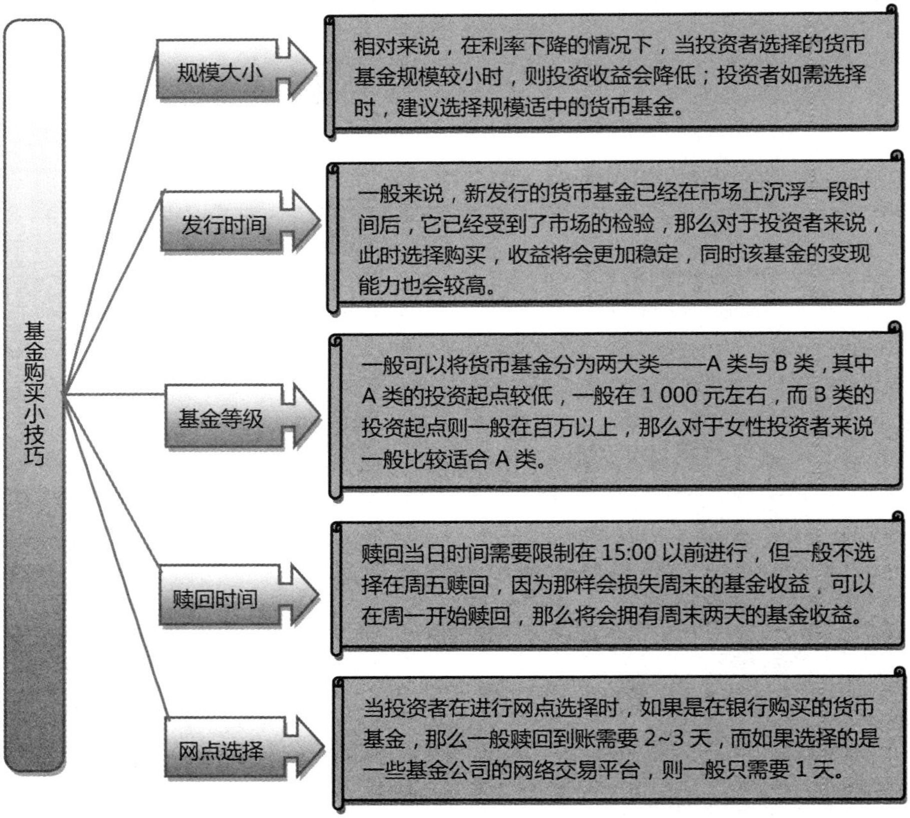

基金购买小技巧

规模大小
相对来说，在利率下降的情况下，当投资者选择的货币基金规模较小时，则投资收益会降低；投资者如需选择时，建议选择规模适中的货币基金。

发行时间
一般来说，新发行的货币基金已经在市场上沉浮一段时间后，它已经受到了市场的检验，那么对于投资者来说，此时选择购买，收益将会更加稳定，同时该基金的变现能力也会较高。

基金等级
一般可以将货币基金分为两大类——A 类与 B 类，其中 A 类的投资起点较低，一般在 1 000 元左右，而 B 类的投资起点则一般在百万以上，那么对于女性投资者来说一般比较适合 A 类。

赎回时间
赎回当日时间需要限制在 15:00 以前进行，但一般不选择在周五赎回，因为那样会损失周末的基金收益，可以在周一开始赎回，那么将会拥有周末两天的基金收益。

网点选择
当投资者在进行网点选择时，如果是在银行购买的货币基金，那么一般赎回到账需要 2~3 天，而如果选择的是一些基金公司的网络交易平台，则一般只需要 1 天。

图 7-31　基金购买小技巧

除上述几点外，一般投资者在选择货币基金时，还可以实行组合投资。在最初的时候，投资者可以购买一些低风险的货币基金作为种子基金，再将每月的收益投资于一些中高风险的增利基金中，通过将收益再投资的方式获得更高的收益。

7.2 积极的女人学炒股

也许多数人会认为炒股是男人的专利，但是，在这样的年代，还有什么事是可以区分男女的吗？

如今有一些女人，她们敢于冒险，在事业上追求成功，她们集感性与理性与一生，她们对于自己的选择负责到底，这样的女人，她们适合炒股。

因为她们积极地面对人生的挫折与磨难，但是人生只有态度是不够的，还得有行动，炒股也一样。那么要炒股就要掌握一定的方法。

7.2.1 简单认识股票

股票如同我们手里的大白菜，在我们购买之前，首先得认识在市场上有哪几类大白菜，怎么区分不同的大白菜？每种价格怎么样？怎么买？股票与此不同的是，大白菜买回家以后一般不能再转卖给他人，而股票可以，甚至卖价可以高出买价很多。

在买卖股票之前，首先我们要对股票有一定的基础认识，毕竟买卖股票是一件高风险的事儿。一般我们可以从股票的定义、种类、专业术语、开户流程几大方面去认识。

首先是股票的定义，我们要认识到股票的本质。股票是一种有价的证券，是我们常见的一些股份有限公司为了筹集资金，公开或私下向投资者们发行的一种凭证。

当我们通过拥有某公司的股票，那么就已经成为该公司的股东，可以在固定的日期参与公司分红，但同时我们也将承担公司经营中发生的风险。

我们一旦买进某只股票，那么就不得以任何方式要求股票发行人退还股本，但我们可以选择在证券市场进行卖出或转让。

对于股票的种类，一般根据不同的标准可以划分为不同的种类，具体如图 7-32 所示。

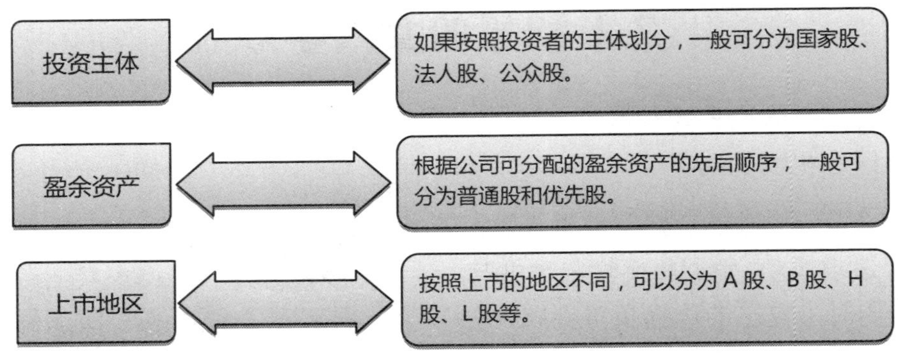

图 7-32　股票的分类

除此外，股票还可根据成交量、收益高低、经营状况等来划分，具体如图 7-33 所示。

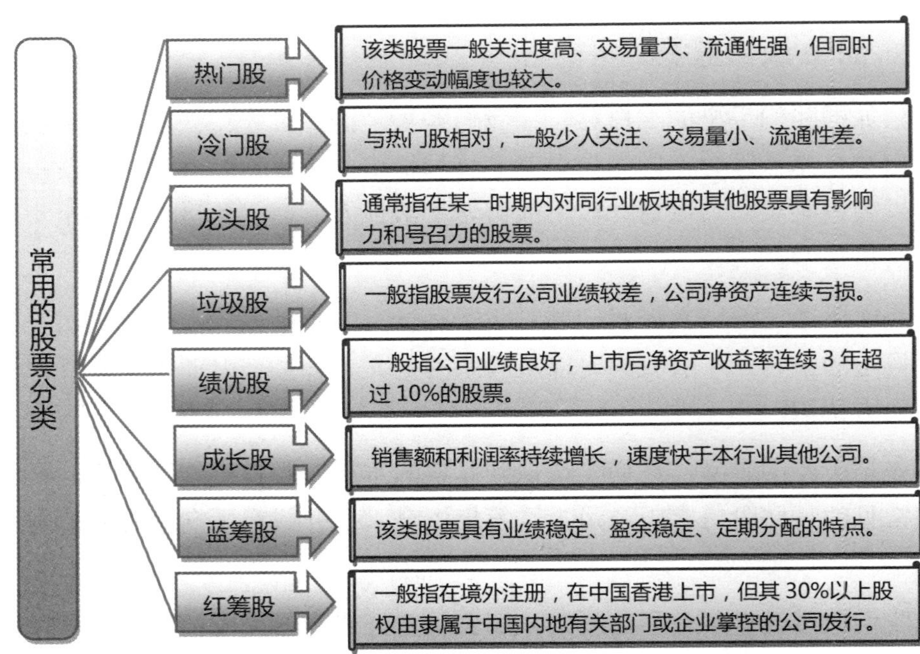

图 7-33　股票的常见分类

当我们对股票的种类有了一定了解之后，接下来我们需要对专业术语进行一定的了解。对于这些专业术语，一般在股票交易时我们都会用到，具体如表 7-1 所示。

表 7-1　常用的关于股市的相关术语

术语	定义
牛市	指市场行情普遍上涨并延续较长时间的大升市，也称多头市场
熊市	市场行情普遍看淡且持续时间相对较长的大跌市，也称空头市场
多头	投资者预计股价将会上涨，从而低价买进股票，待股价上涨到某一价位时卖出，从中赚取差价。其表现为一连串的大涨小跌
空头	投资者预测股价将会下跌，从而将现有股票卖出，等股价跌到某一价位时再买进，从中赚取差价，其表现为一连串的大跌小涨
行情停滞	指股价不涨也不跌，投资者持观望态度而不出手的现象
主力	有很强的经济实力，可通过股票买卖来影响两个股市行情的投资力量
套牢	有多头套牢和空头套牢两种。多头套牢是指买入股票后，股价一直下跌，不亏本卖出而是持有股票等待股价上涨的情况；空头套牢是指预测股价将下跌而将股票卖出，结果股价却是一路上涨的情况
散户	资金少，从事少量股票买卖的投资者
大户	资金实力雄厚、股票买卖量大且有丰富实践经验的投资者
机构	依法从事股票交易的法人，如证券公司、保险公司等
庄家	资金实力雄厚，持有某只股票 10%～30%左右的股权，通过控制股票走势和股价变化而获取利润的投资者
建仓	投资者预测股价将上涨而买进股票
囤仓	大量买入股票而不急于卖出
黑马	在一定时间内，股票的价格上涨一倍或几倍的股票
白马	股票的价格有上涨趋势，且上升空间很大的股票
涨跌	每个交易日的收盘价与前一交易日的收盘价相比来决定股票的涨跌，高于前一交易日收盘价为涨，用“+”表示，反之为跌，用“－”表示
轻仓	在计划投资资金和已投资资金中，已投资资金占比重较轻（大部分为现金）

续表

术语	定义
倒仓	庄家自身或庄家与庄家之间进行股票的转移
补仓	以新的价格买入已有的某只股票，以增加股票所占比例，可降低平均成本
重仓	在计划投资资金和已投资资金中，已投资资金占比重较重（大部分为股票）
满仓	将所有计划投资资金全部买为股票，已无现金
半仓	将计划投资资金的50%买成股票，留下50%现金备用
平仓	指买进原卖出的股票，卖出原买进的股票，保持现金与股票所占比例不变
斩仓	又称"割肉"，指将买进的股票亏本卖出
全仓	指将所有计划资金一次性创建或平仓，没有剩余现金
铁底	指股价不可能下跌到最底线
头部	股价在上涨过程中遇到阻力而下滑时的阻力点
突破	指股价经过一段时间的盘档后，产生一种价格波动的现象
集合竞价	在每个交易日开盘之前的9:15~9:25之间，由交易主机提供有效报价的买卖委托集中起来撮合交易，以达到最大成交量的价格作为最终成交价格，同时也用做当天的开盘价
开盘价	每个交易日的开盘价通常由集合竞价产生。对于集合竞价未产生最终结果的情况，沪深两市对开盘价都有不同的规定
洗盘	指庄家大户为了减小拉升股价的阻力、降低拉升成本，利用手段将股价大幅降低，吓跑一些意志不坚定的散户并接收他们抛售股票的行为
杀跌	主力或庄家在股价下跌的过程中抛出股票，使股价继续下跌
崩盘	由于某种原因造成股票大量抛出，接货能力相当低，从而导致股价无限制地下跌，何时停止无法预测
红盘	当日收盘价高于上一交易日收盘价
全盘尽黑	当日所有股票都呈下跌状态
护盘	庄家或主力在股市低迷时期买进股票，带动中小投资者跟进买入，刺激股价上涨的一种操作手法
扫盘	指庄家或主力不计成本，将卖盘中的挂单全部吃掉的行为

当然活跃在股市的专业术语很多，上表只是做了一个简短的介绍，如果投资者希望把握更多的专业术语，除了在股市的积累外，还可以到一些股票学习网络平台进行了解。

最后，我们在股市交易前需要一个股票账户，那么我们该如何去开立这个账户呢？一般有两种选择，一是去证券交易所或各种证券公司开户，二是自己通过网络申请账户。

相对来说，第一种方式我们只需要准备好相关资料即可办理，但是需要去证券公司，而第二种不受地域限制，只要网络通畅即可，对于网上申请的操作程序，我们简单介绍如图 7-34 所示。

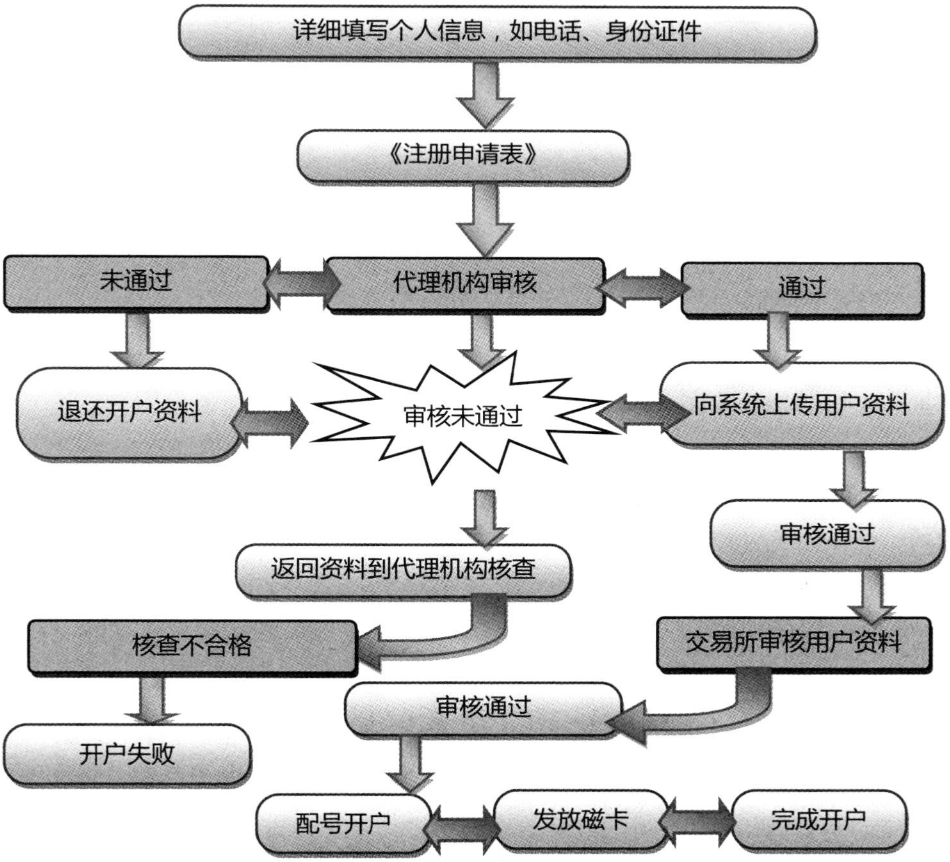

详细填写个人信息，如电话、身份证件

《注册申请表》

未通过

代理机构审核

通过

退还开户资料

审核未通过

向系统上传用户资料

审核通过

返回资料到代理机构核查

核查不合格

交易所审核用户资料

审核通过

开户失败

配号开户

发放磁卡

完成开户

图 7-34　股票开户程序

和我们在银行开立账户需要缴纳一定的费用一样，当我们开立股票账户时，也需要缴纳一定的费用。选择的交易所不同，一般需要缴纳的费用也不同，同时个人或机构开户也存在差别，具体如图 7-35 所示。

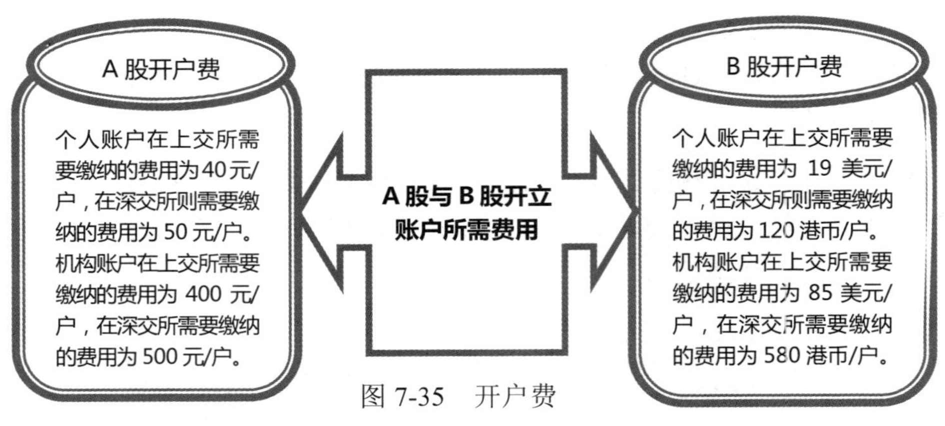

图 7-35　开户费

对股市已经有了一定的了解之后，接下来我们需要好好认识一下股市，即使不能称为股市专家，至少我们需要看懂基本的股市。

7.2.2　走进股市

看懂股市的第一步，我们需要看懂股市里的 K 线图，那么什么是 K 线图呢？K 线图也可以称为阴阳线或蜡烛线，形状类似于蜡烛，通过 K 线图，可以把股市中每月、每周、每日的变化记录下来，它是股票技术分析中常用的一种工具，具体如图 7-36 所示。

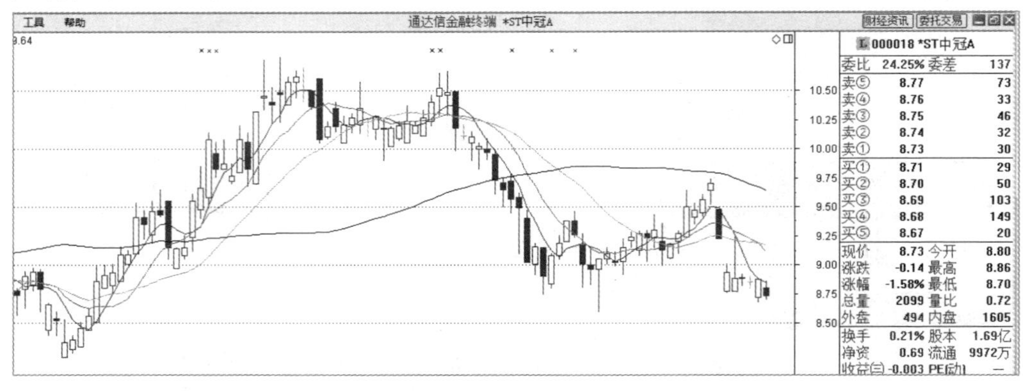

图 7-36　K 线图

如图所示，K 线图是一条由类似白蜡烛和黑蜡烛组成的一条线，有高有低，那么这些黑白蜡烛它们又代表了什么呢？且看图 7-37 的说明。

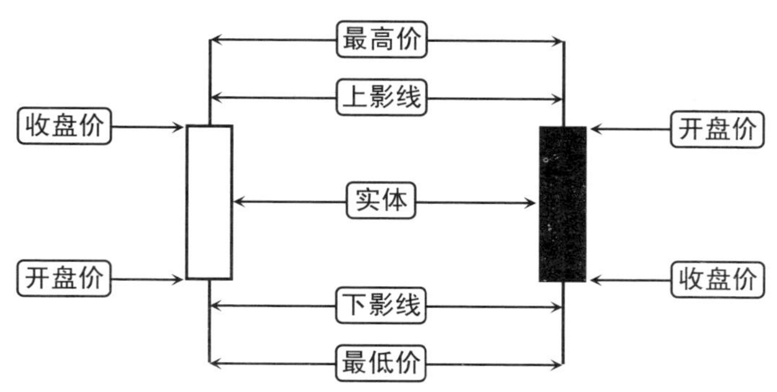

图 7-37　K 线图的组成元素

如上图所示，白色的蜡烛代表价格上涨，而黑色则代表价格的下跌。

在股市里我们经常听到牛市与熊市的说法，那么我们该如何理解牛市与熊市呢？牛市一般指市场行情普遍上涨并延续较长时间的大升市，也称多头市场。而熊市一般指市场行情普遍看淡且持续时间相对较长的大跌市，也称空头市场。简单理解就是在牛市我们可能获得高回报，而在熊市则遇上大跌价，同时存在被套牢的风险。

当股市处于牛市时，我们该如何选股呢？此时我们步步为营，需要理智，无论是买入还是卖出，此时我们需要抛开女人习惯的感性，理智分析你看重的股票或你手里已经持有的股票，简单小建议如图 7-38 所示。

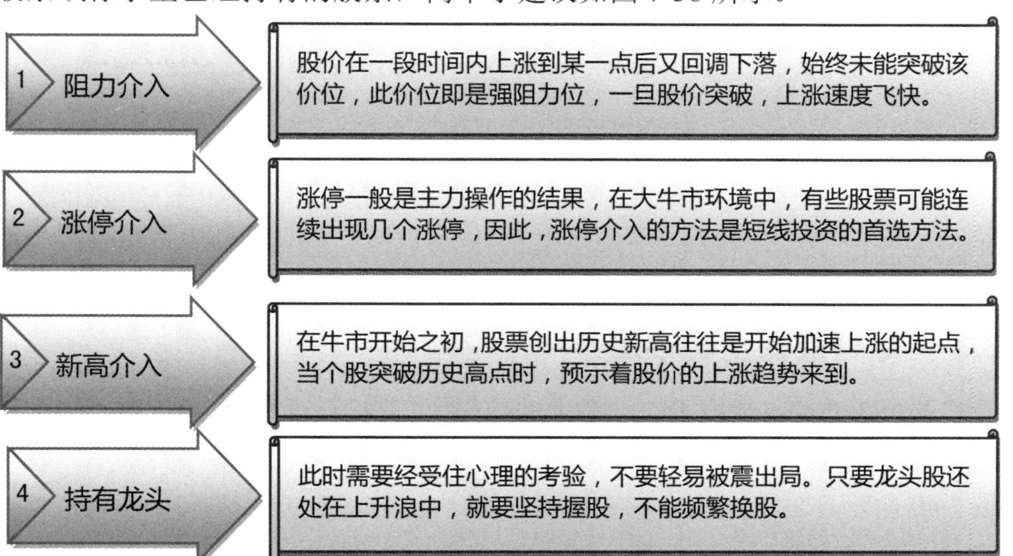

图 7-38　牛市操作小建议

牛市中绝大多数股票都在上涨，但也不排除有因为利空消息而短暂下跌的情况。一旦利空消息宣布后，开盘通常都会逆市下跌，若逢低吸入，一般都会有较好的收益。

图 7-38　牛市操作小建议（续）

与牛市相反，在熊市里，我们无论是买入还是卖出都需要更谨慎，此时一般不建议对任何的股票进行操作，如果需要操作则一般可以从如下几方面着手。如图 7-39 所示。

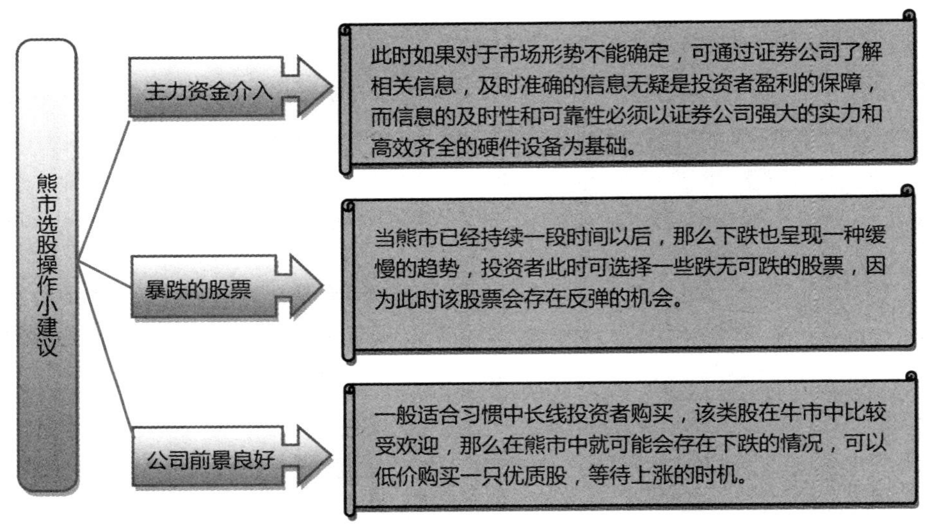

图 7-39　熊市选股操作小建议

股市如同商场，风云变幻不断，对于女性投资者来说，无论处于牛市还是熊市，买卖股票都需要谨慎，抛弃固有的感性，多一些理性，可慢慢地积累经验，不感性盲目跟进。可多向身边的男性友人或自己的老公借鉴经验。

7.2.3　尽可能安全的炒股

对于女性来说，炒股不在于多大的回报，更在于一种安全的理财，那么该怎样做到安全的炒股呢？对于如下的情况，女性朋友们，千万不要下单。具体如图 7-40 所示。

短期内暴跌过的个股

对于短期内已经连续下跌，并且还会存在下跌可能的股票，如果女士们打算投资的这部分钱不是用来打水漂，那么可以选择绕过。

小于 30%上升空间的个股

相对来说，很多投资者喜欢去搏 10%的反弹，但往往总是与反弹的时机擦肩而过，错过了时间也没有等来相应的股市白马。

大市此时没有明显优势

很多投资者会抛开大市热衷于个股，但是事实证明，最终的结果是不理想的，作为一般的非专业者，我们只能通过看盘来决定时机，而看盘的重点是先看大市。

正处于下跌状态的个股

如果投资者在下跌的股市中还在继续跟单，那么此时就具有被套牢的风险，除非企业前景良好或是企业的内部价值大于股价，值得你跟单。

在没明确自己能承受多少亏损前

当我们投身于股市时，首先我们得考虑自己能承受多大的损失，如一天流失 2 000 元，如果你还不明确自己能承受多大的损失，那么不要轻易下单。

前景存在问题的企业股票

如果 A 企业的前景较差，那么随着它的经营越来越困难，一旦我们购买该企业的股票，那么我们手里持有的股票只会越来越不值钱，这不值得下单。

企业管理存在问题

如果企业内部业绩较差、应付账款较多、面临诉讼、重组等风险，那么这样的股票我们应该远离，一旦持有则可能不停地跌跌跌。

图 7-40　不宜下单的情形

7.3 激进的女人炒期货

在理财市场有很多理财产品可供我们选择，如债券、股票、基金，他们有的盈利于现在，有的盈利于未来，而其中有一种典型的投资叫做期货，它不属于一般的女人，只适合激进型投资的女人。

7.3.1 期货究竟是什么

期货是什么？期货就是买卖双方在交易时，不是我们常见的实行一手交钱一手交货，而是双方约定在未来的一定时间进行物品的交割，而我们常见的期货市场的商品便是小麦、玉米、黄金等，但随着理财产品的不断更新，还有各类金融期货出现。

期货更多的时候是以一种合约的方式存在，它一般会包括交割时间、交易单位、交易价格、最小的变动价位、最后交易日、每日价格的最大波动限制等，具体如图 7-41 所示。

交割时间：在合约中一般会约定交货的时间，一般交割时间不能提前，也不能推后，提前或推后都需要双方协商决定。

交易单位：期货交易同样也以“手”计算，它一般是“一手”的整数倍，但是在期货中，每一手代表的商品数量因交易品种不同而不同。

交易价格：对于期货商品的交易价格，一般需要包含增值税的价格，具体可表现为开盘价、收盘价、结算价等。

最小的变动价位：一般指期货合约单位价格涨跌变动的最小值。

最后交易日：一般指在期货合约中，约定交割月份中进行交易的最后一个交易日。

每日价格最大波动限制：在合约中约定在交易日中交易的价格不能高于或低于规定的涨跌幅度。

图 7-41　期货合约包括的因素

具体我们还要从某个交易品种来理解，下面我们就以中国金融期货交易品种中的沪深300指数期货合约为例，说明如表7-2所示。

表7-2 沪深300指数期货合约

交易品种	沪深300指数（IF）
合约乘数	300元/点
报价单位	指数点
最小变动单位	0.2点
每日价格波动限制	不超过上一个交易日结算价±10%
最低交易保证金	合约价值的12%
合约月份	当月、下月及随后两个季月
交易时间	周一至周五上午9:15~11:30，下午1:00~3:15
最后交易日	合约到期月份的第三个周五
最后交割日	最后交易日
交割品级	以最后交易日的指数为标准
交割地点	无
交割方式	现金交割
上市交易所	中国金融期货交易所

如同股票一样，在期货买卖市场，同样存在一些专业术语，下面我们简单介绍如表7-3所示。

表7-3 关于期货的一些专业术语

术语	定义
保证金	是指期货交易者按照规定的标准，交纳一定的资金，用于保证到期的结算
套利	在某市场买进现货或期货商品，同时在另一个市场卖出相同或类似的商品，一般通过在两个交易产生的价差获利
利多、利空	导致市场行情上升的新闻或导致市场行情跌落的新闻

续表

术语	定义
开仓	开始买入或卖出期货合约的交易行为称为“开仓”
平仓	指期货交易者买入或者卖出与其所持期货合约的品种、数量、交割月份相同但交易方向相反的期货合约，最终实现一种平衡
仓单	指交割仓库开出并经期货交易所认定的标准化的一种提货凭证
成交量	是指某一期货合约在当日交易期间所有的成交合约的双方的数量
持仓量	尚未经相反的期货或期权合约相对冲，也未进行实货交割或履行期权合约的某种商品期货或期权合约的数量
交易量	在某一时间内买进或卖出的商品期货合约的数量，交易量一般指每一交易日成交的合约数量
成交价	指某一期货合约最新的一笔交易定价
最新价	当天某商品当前的最新成交价
结算价	当天某商品所有成交合约的一种加权平均价
开盘、收盘价	当天某商品的第一笔成交价与当天最后一笔成交价
买价、卖价	某商品当前最高申报买入价与最低申报卖出价
最高、最低价	当天某商品最高成交价与最低成交价
最后交易日	合约停止买卖的最后截止日，一旦过了这个期限的未平仓合约，则必须进行实物交割
金融期货	指以金融工具作为标的物的期货合约，期货比拟合约的标的物不是传统的商品，而是证券、汇率、利率等

7.3.2　玩转期货市场

当我们已经明白期货是什么，期货的一些交易品种，期货的一些专业术语，那么接下来我们就可以去期货市场逛一逛，如果可以就玩转这个市场吧!

首先，我们需要持有一个期货买卖的入场券，这个入场券便是期货账户，那么我们该如何开立一个期货账户呢？简单介绍如图 7-42 所示。

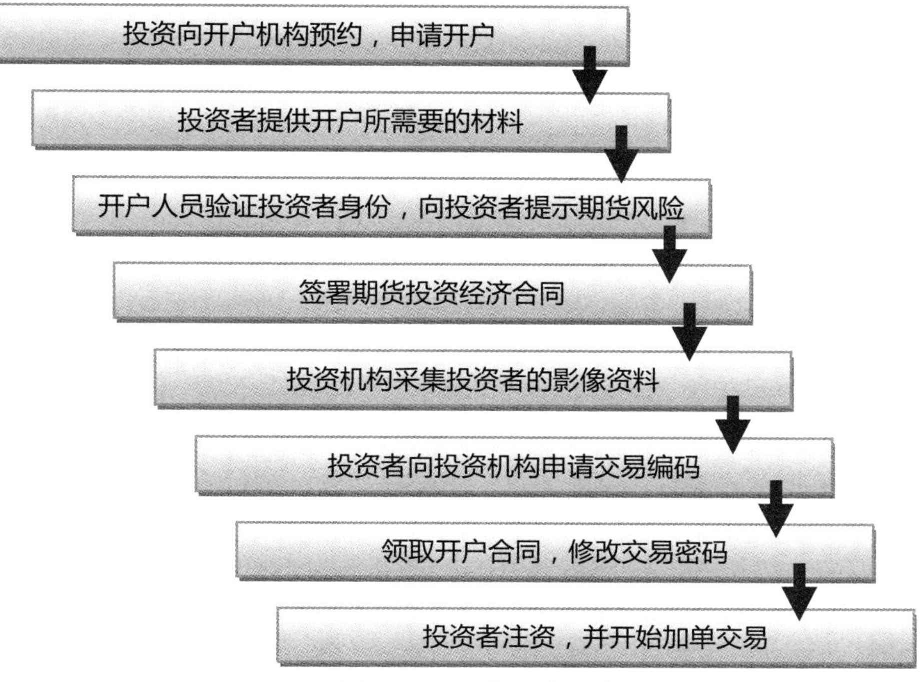

图 7-42 期货开户程序

如上图所示，开户完成，其中在开户中我们注意准备一定的资料，准备的资料因个人和法人而存在不同，具体如图 7-43 所示。

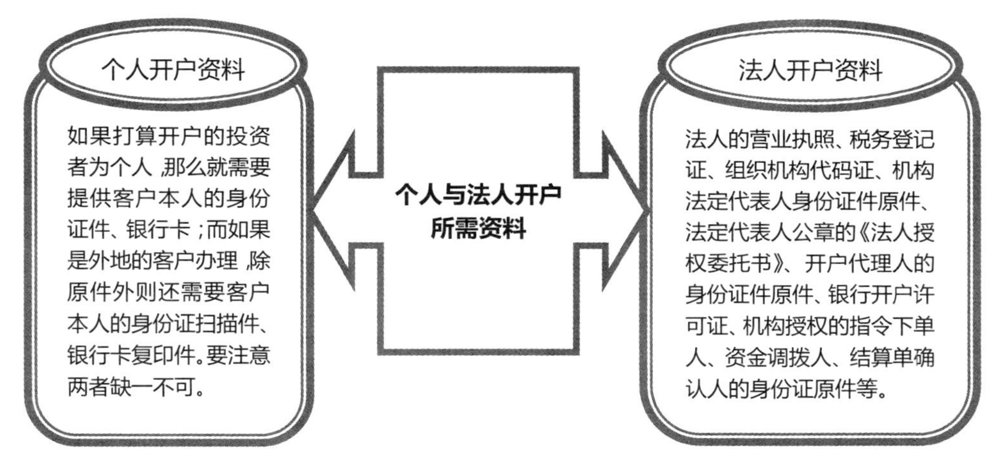

图 7-43 资料准备

同时，开户时我们需要提供个人的数码照片，一般需要满足 500 万以上的像素以及上身尺寸占整个身体比例的 60%才能通过审核。

此外，当我们开户完成以后，只要在我们新开的账户上有足额的保证金，那么我们就可以将我们看重的期货商品丢进购物篮中了。

当我们在期货开户时，为了买卖的顺利进行，一般我们都需要寻找一家高质的期货公司进行开户，那么我们该从哪些方面去判别市场上这些期货公司是否高质呢？

一般我们可以从公司的规模与实力、服务、市场信息准确度、团队及经纪人、公司收费等方面去了解。具体如图 7-44 所示。

公司的规模与实力：一般我国信誉较好的期货公司都是资金实力雄厚、前景较好的一些大公司。

公司的服务：对于理财产品来说，快速、便捷的服务更易被接受，而如果公司能为客户提供先进、优质的服务，那么必是一家优质公司。

市场信息准确度：一个公司是否优秀，看看它对市场的敏感度就知道，而一个优质的期货公司将会对市场的变化有较强的敏感度，能对出现的变化快速做出决策。

管理团队及经纪人：一般一个理财公司大多具有一个优秀的团队，能在线指导，能为客户介绍各种有利的交易机会，而其中的经纪人都具有较高的理财素质。

公司收费：对于公司的收费，如开户或者手续佣金，我们都希望能做到公平透明，而高质的期货公司具有公平透明的交易佣金制度。

图 7-44　选择优质的期货公司可参考的条件

当我们选择了公司并开户完成以后，那么接下来我们就可以分析一些市场行情，查看相关的信息。

对于现在的都市白领来说，平时工作都比较繁忙，即使是全职妈妈，那么在家里的时间也比较多，那么如同淘宝购物一样，我们也可以通过一些网络平台进行期货的买卖交易。

首先我们需要登录一些专业性的财经网站，如我国最大的财经网站——和讯网，如图 7-45 所示。此时我们可以在该页面单击“期货”超链接，对期货的相关信息进行一定的了解。

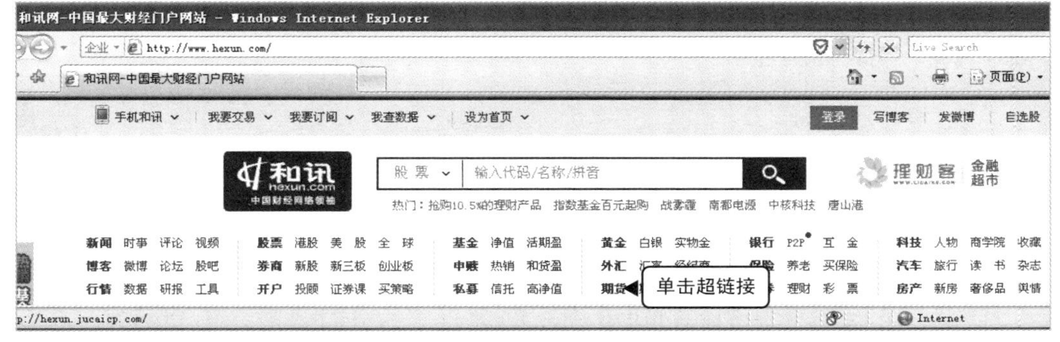

图 7-45　登录和讯网

此时我们将进入图 7-46 所示的页面中，此页面为期货的详情页面，主要包括期货的新闻、期货分析、期货互动、期货培训、期货工具，单击“期货行情”超链接，进入下一步操作。

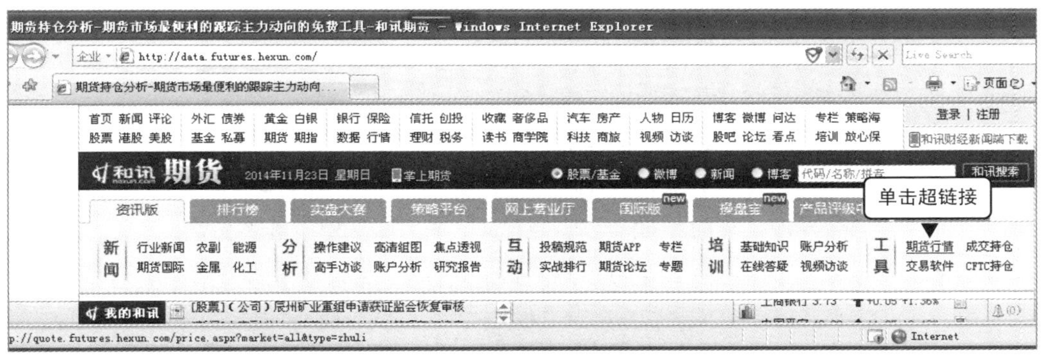

图 7-46　单击“期货行情”超链接

在打开的页面中将出现期货行情、大连商品、郑州商品等期货详情信息，我们可以在最右边选择性地对相关品种的详情进行查询，查询内容包括合约的最新价、涨跌情况、买卖价格等。如果要查看具体的某份合约的详细情况，直接单击合约名称即可，如图 7-47 所示。

期货行情　大连商品　郑州商品　上海期货　中国金融期货　走势查询　品种　请先选品种

名称	最新价	涨跌	买价	买量	卖价	卖量	成交量	今开盘	昨结算	最高价	最低价	持仓量	增仓	数据	K线	资讯
IF1411	2566	29.4	2565.8	86	2566	646	75443	2540	2536.6	2566.2	2530.4	2242	0			
IF1412	[illegible]	[illegible]	2602.6	2	2602.8	62	1073295	2552	2545.4	2604.6	2538.4	174844	0			
IF1503	[illegible]	[illegible]	2624.4	1	2625.2	17	25439	2574.6	2567.4	2626.8	2562	20016	0			
IF1506	2630	58.2	2629.6	3	2630	9	5533	2576.8	2571.8	2631.6	2566.4	6900	0			
TF1412	96.274	0.208	96.274	3	96.288	1	341	95.918	96.066	96.296	95.604	447	0			
TF1503	96.83	0.268	96.818	2	96.838	7	14546	96.54	96.562	96.914	96.25	19263	0			
TF1506	97.224	0.252	97.208	1	97.23	1	158	96.8	96.972	97.288	96.69	995	0			

单击超链接

图 7-47　查询具体的期货行情

在打开的页面中即可查询到该份合约更多的详细信息，如图 7-48 所示。

图 7-48　查看某份合约具体的期货行情

同时，在该页面我们还可以看到该期货商品的分时线图，由交易时间、最新价、成交量、成交额构成，如图 7-49 所示。同时我们还可以看到关于该交易品种的基本资料，如图 7-50 所示。

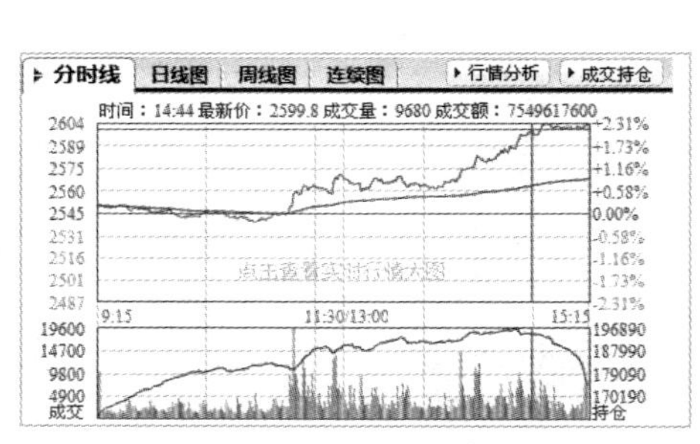

图 7-49　分时线图

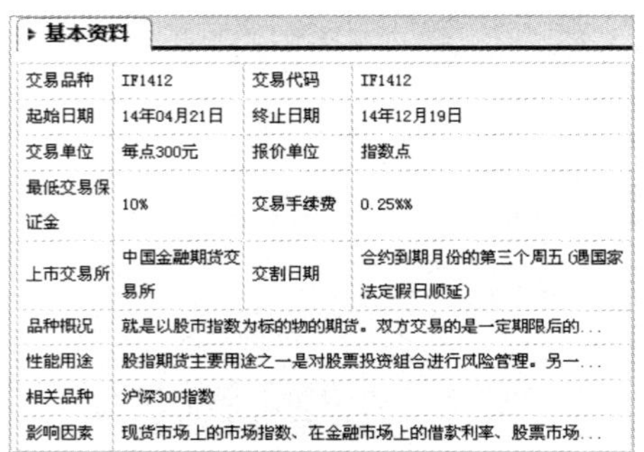

基本资料

交易品种	IF1412	交易代码	IF1412
起始日期	14年04月21日	终止日期	14年12月19日
交易单位	每点300元	报价单位	指数点
最低交易保证金	10%	交易手续费	0.25‰
上市交易所	中国金融期货交易所	交割日期	合约到期月份的第三个周五（遇国家法定假日顺延）
品种概况	就是以股市指数为标的物的期货。双方交易的是一定期限后的...		
性能用途	股指期货主要用途之一是对股票投资组合进行风险管理。另一...		
相关品种	沪深300指数		
影响因素	现货市场上的市场指数、在金融市场上的借款利率、股票市场...		

图 7-50　基本资料

同时，我们还将看到关于该交易品种的成交持仓分析，如图 7-51 所示。

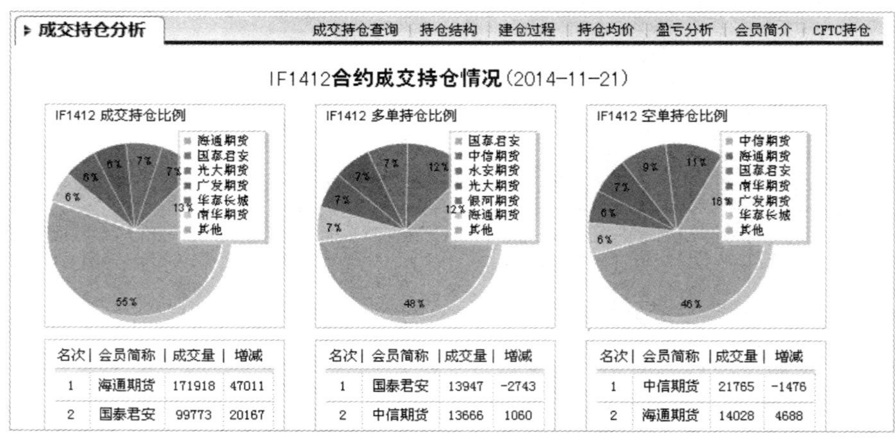

图 7-51　成交持仓分析

7.3.3　警惕期货风险

任何的投资都有风险，期货也一样，我们不能做到完全的避免风险，但是我们可以尽量将风险降到最低，或者对相关的风险做好后备的措施，那么对于期货，我们该如何去降低风险呢？

首先，我们需要了解期货都有哪些风险，正所谓知己知彼才能百战百胜。对于期货的风险，我们将简单介绍如图 7-52 所示。

市场风险

市场风险相对来说就是期货市场的价格波动，这种风险是无法避免的，只能通过合理的分析进行预判。

交割风险

根据期货的合约，到期的期货都必须进行实物交割，新入市的投资者应尽量不要将手中的合约持有至邻近交割，避免被“强制平仓”。

强行平仓风险

如果市场的期货交易价格波动较大，而且投资者账户的保证金不能按时进行补充，那么投资者就可能面临被强行平仓的风险。

委托风险

对于期货交易，投资者一般会委托期货经纪人或期货公司进行交易，此时最大的风险就是是否能选对期货经纪人及期货公司。

流动性风险

流动性风险主要体现投资者对于手中的期货商品是否能实现迅速、及时、方便的成交，如果不能就将存在一定的风险。

图 7-52　期货风险

除了如上所示的期货风险，作为一名女性投资者若进军期货市场，我们就该明白，有些事情该做，有些事却是不能做的，不然将带来较大的风险，那么在期货市场，有什么是我们不能做的呢？详情见图 7-53 所示。

主观主义

轻易地以自己的投资经验以及投资技术去分析市场、估测市场行情，并且在一定的程度上与客观市场相脱离，此时将对市场信息做出错误的估计。

不分析投资失败的原因

人失败不可怕，最怕的是你不知道自己失败在哪里，作为一个理性投资者，在每一次投资失利的背后，她都将去分析原因，从而不断地总结并积累相关经验。

盲目跟风

投资期货不是买一件衣服、一双鞋子、一个皮包，他人的建议只能是建议，作为新手进入市场，对于一些不熟悉的品种，不要盲目地跟风、追涨杀跌。

羊群效应

羊群效应也称为从众效应，投资者自己没有深入分析市场，跟随大众选择，那么可能在主力控盘诱骗散户时，市场出现假突破，此时将被套牢。

坚持不该坚持的

女士们大多执着，在期货市场难免会由于自己对市场的分析不够准确，以至于到最后亏损，并且对于该错单还坚持拥有，直到最后损失不断扩大，被迫斩仓。

轻易下单

任何的投资都鉴于一个平和的心态，切忌过于浮躁，不过早或逆势时介入市场，先观望，看清形势，再下单，以免出现反复亏损现象。

图 7-53　女性投资期货不建议做的几件事

相对来说，对于女性投资者，一般不建议投资期货，除非投资者具有一定的经验或者较强的学习能力，或者敢于承担损失，并且敢于承认失败。

Part 08

潮女必知的网上理财

在淘宝一族疯狂崛起的今天，挂在很多潮女嘴边的一句话便是“我也是马云背后的女人”，这充分说明了网购的狂热，在这股热潮中，聪明的女人却发现了其中的理财机会。

- ✧ 网上办定期存款
- ✧ 网上银行买保险
- ✧ 好快省的余额宝
- ✧ 理财宝、活期宝、零钱宝
- ✧ 支付宝VS财付通
- ✧ 银联在线支付
- ✧ 电子支票、电子汇款
- ✧ 简单认识网上贷款
- ✧ 网上贷款的机构
- ✧ 网上贷款申请程序

8.1 足不出户逛银行

常常网购的人都会使用支付宝，常用支付宝就不会不知道网银，看到心仪的鞋子、衣服，我们就说买买买，用网银，用支付宝，但是潮女们，知道网银怎么定义吗？知道各大银行的网银中又都有哪些理财产品吗？

开户、对账、查询、销户，如果你还去银行你就 OUT 了，在办公室或家里，一键就能搞定的事情，还用那么折腾？

去银行排队买保险、买基金、买债券你更 OUT 了，1 个小时排队的事情，现在 1 分钟就能搞定，只要你懂它——网银。

网银又可以称为网络银行或在线银行，是银行的一种网络存在形式，几乎所有的银行都拥有自己的网上银行，它是银行柜台在网络的延伸，不受时间、地点和空间的限制。

8.1.1 网上办定期存款

各大银行的网络银行就是一个理财的大超市，在这里投资者可以挑选到适合家庭的产品，有保险、基金、债券等，这里先来看看如何在网上银行办理定期存款业务。

首先，我们需要选择一家银行，这里以工商银行为例，如图 8-1 和 8-2 所示，单击“个人网上银行登录”按钮，输入账户、密码和验证码后单击“登录”按钮。

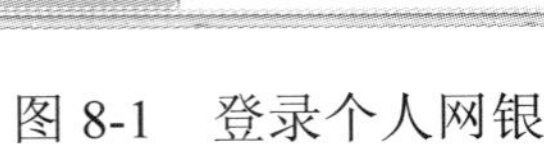

图 8-1　登录个人网银

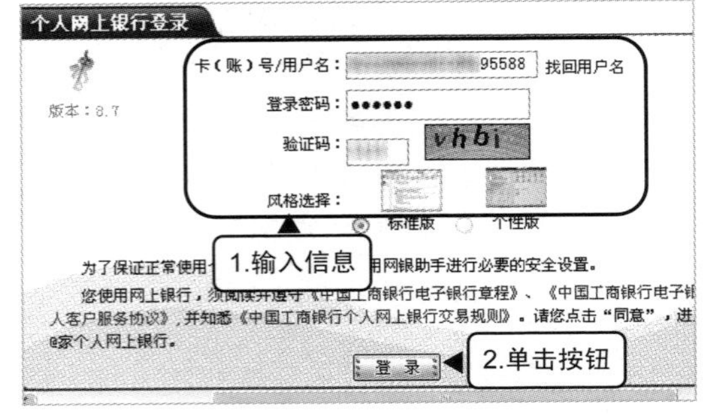

图 8-2　输入账号

在打开的页面中将看到网银超市中的各种产品，如网上贵金属、网上国债、定期存款等，如图 8-3 所示。单击“定期存款”超链接，不需柜台排号，一键即可搞定存款。

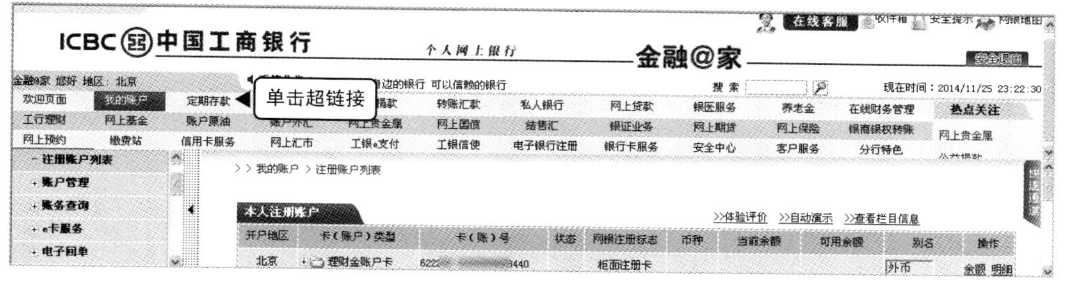

图 8-3　单击“定期存款”超链接

此时我们将进入图 8-4 所示的页面，我们需要选择储蓄的种类、币种，选择完成后，单击“查询”按钮，在出现的查询结果中单击“存入”超链接。

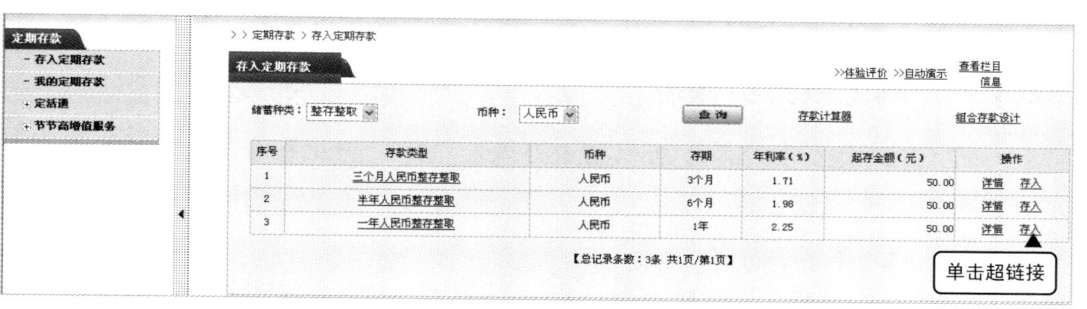

图 8-4　单击“存入”超链接

紧接着我们需要输入存入的金额，输入完成以后单击“提交”按钮，如图 8-5 所示，紧接着我们需要对于输入的相关信息进行确认，如图 8-6 所示。

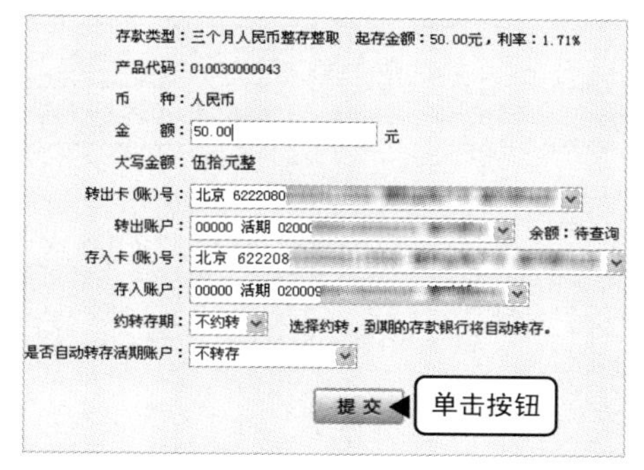

图 8-5　输入存入金额

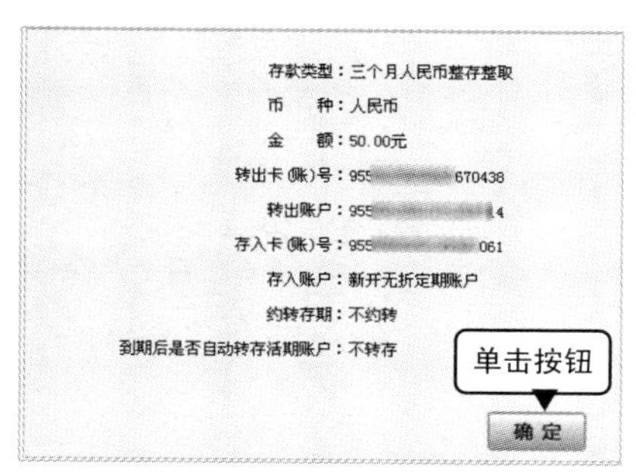

图 8-6　确认信息

紧接着系统将提示我们存入定期存款操作成功，如图 8-7 所示。

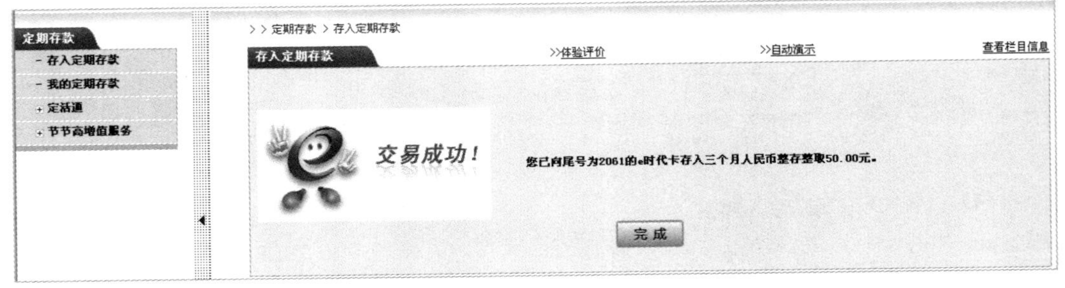

图 8-7　存款完成

此时，我们就通过网银完成了定期存款的业务，并可以在该页面中查询账户中所有存款信息。通过这样的简单操作，足不出户就完成了将银行卡的活期余额转为定期存款的操作，避免了女性外出的不安全因素。

8.1.2　网上银行买保险

对于网上银行我们除了可以用于办理一些传统的业务外，还可以通过网上银行购买各种理财产品，如保险、基金、债券等，接下来我们将简单地对通过网上银行购买保险进行介绍。

我们需要先登录自己的网银，登录成功后，在导航条中单击“网上保险”超链接，此时将出现网上保险的各项相关内容，投资者可以输入相关条件选择相应的保险，如图 8-8 所示。

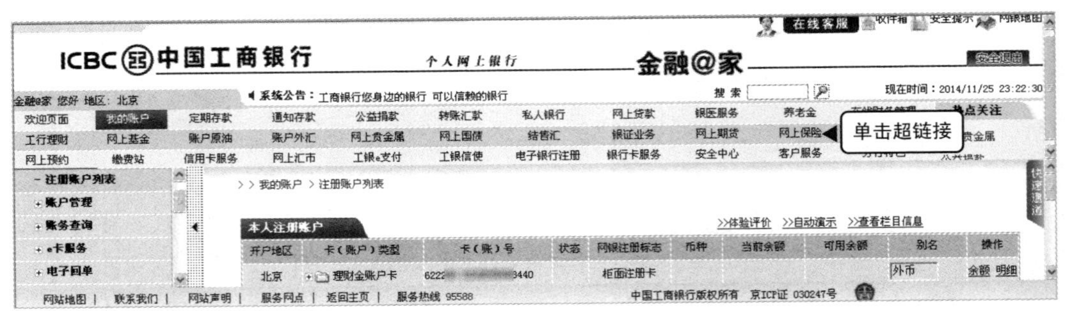

图 8-8　单击“网上保险”超链接

紧接着我们需要对保险的具体事项进行选择，如险种名称、险种类型、保险公司名称等，单击“查询”按钮，此时在该页面的下方将出现查询到的相关险种，单击“投保”超链接，开始保险购买流程，如图 8-9 所示。

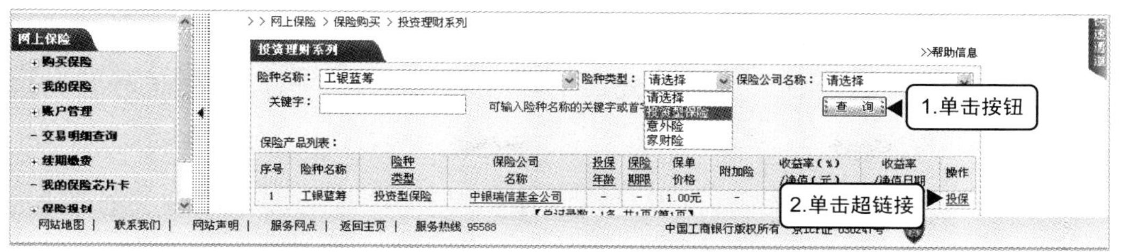

图 8-9　选择投保条件

紧接着我们就需要对于购买险种的相关信息进行填写，如图 8-10 所示。同时我们还需要对交易的金额、购买推荐人、营销代码等信息进行填写，输入完成以后单击“确认”按钮，如图 8-11 所示。

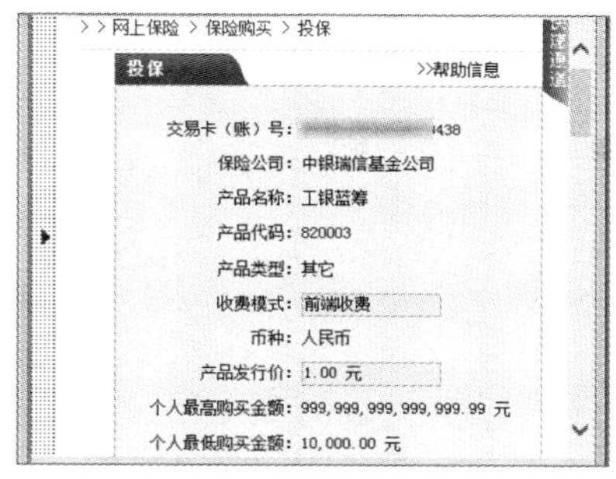

图 8-10　系统显示的信息

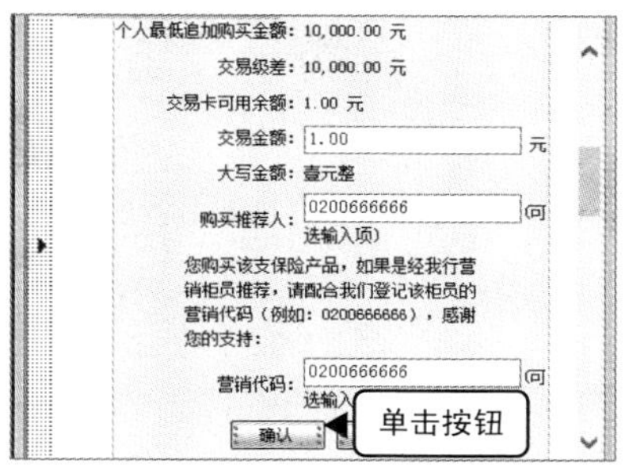

图 8-11　输入相关信息

下面我们需要对自己的投保信息进行确认，如图 8-12 所示，当确认无误后，可以单击“确认”按钮，此时系统将自动进入图 8-13 所示的页面，系统将提示购买成功。

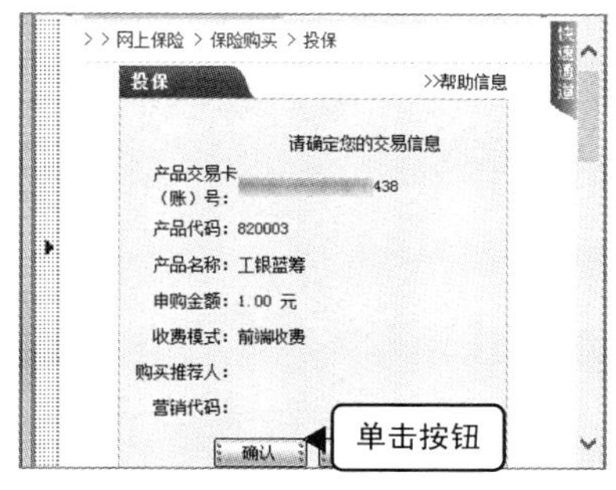

图 8-12　确认投保信息

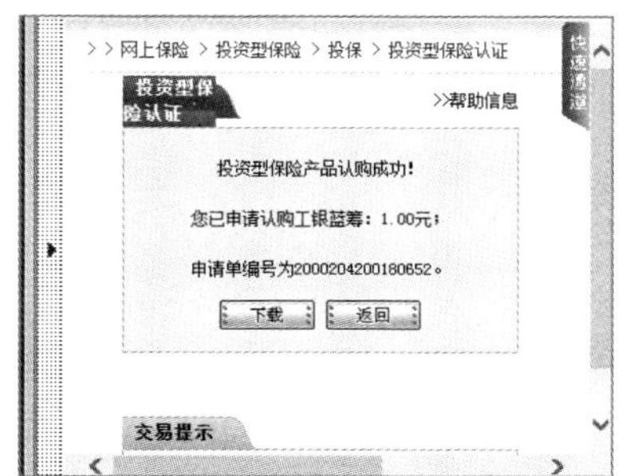

图 8-13　投保成功

8.2 利用网络来理财

对于现在全民的网络化，不仅生活购物可以在网上进行，各种理财产品也都可在网上购买。相对来说网络理财具有一定的优势，如时间成本、时间、效率、服务等。网络理财最大的便捷在于通过各大网络平台，获得相应的投资信息。

对于一些中高级理财者，一般可以通过各种网络平台来实现全球性的理财，如投资外汇、黄金、期货等，特别是外汇，可以实现在全球市场进行 24 小时的投资。

而对于一些初级的投资者，特别是对于一些单身女子或家庭主妇们，一般可以选择比较简单的理财工具，如余额宝、理财宝、活期宝、零钱宝等。那么对于这些简单的理财工具，我们该如何去操作呢？

8.2.1 好快省的余额宝

余额宝是 2013 年 6 月 13 日由阿里巴巴集团旗下的支付宝所推出的一种理财业务，它与我们购物常用的支付宝存在一定的差别，是对支付宝余额的一种合理循环利用。

余额宝作为一种存款业务，与存款一样拥有利息，但它的收益率会高于同期的银行存款利率。实质上余额宝是支付宝推出的一项余额增值服务，其实质是一种随时可变现的货币型基金，当投资者通过任意渠道转入资金到余额宝后，经过确认即可按日享受变化的收益，如图 8-14 和图 8-15 所示。

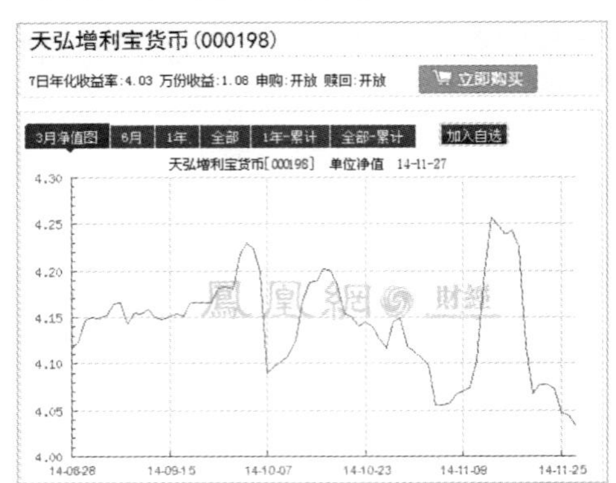

图 8-14 余额宝 K 线图

最新简况 更多

基金名称	天弘增利宝货币市场基金
投资风格	投资类型
投资方向	1、现金；2、通知存款；3、短期融资券；4、1年以内（含1年）的银行定期存款、大额存单；5、期限在1年以内（含1年）的债券回购等
投资理念	本基金将遵循安全性和流动性优先原则，通过对宏观经济、政策环境、市场状况和资金供求地深入分析，在严格控制风险的前提下，主动构建及调整投资组合，力争获取超额收益。

7日年化收益率 更多

本年	4.425754%	最近一周	0.075909%
最近一月	0.342641%	最近三月	1.027700%
最近半年	2.109531%	最近一年	5.016190%
最近两年	----	设立以来	7.434860%

图 8-15 最新简况

当我们已经对余额宝的信息有了一定的了解之后，那么接下来就可以进行相应的操作了。

当我们已经登录了支付宝账户，进入支付宝页面以后，在余额宝栏目下，

单击“转入”按钮，如图 8-16 所示，此时投资者将进入图 8-17 所示的页面，输入转入金额并选择转入方式后单击“下一步”按钮，进入下一步操作。

图 8-16　余额转入余额宝

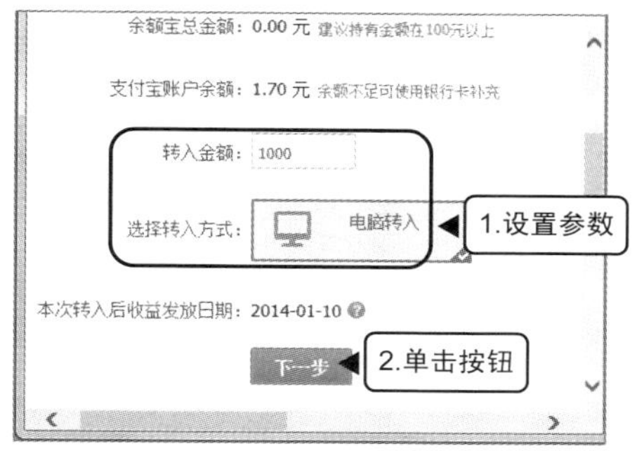

图 8-17　选择转入方式

如果支付宝的余额不足，可选择相应的储蓄卡，转入预设的金额，如图 8-18 所示，紧接着我们将进入图 8-19 所示的页面，输入支付宝支付密码，完成后单击“确认付款”按钮，如图 8-20 所示。

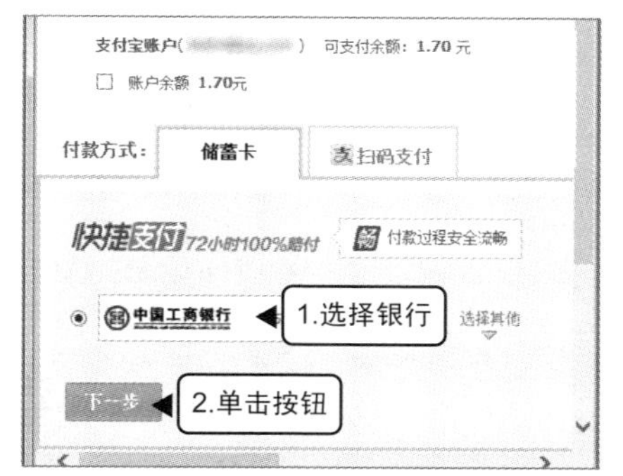

图 8-18　选择银行卡

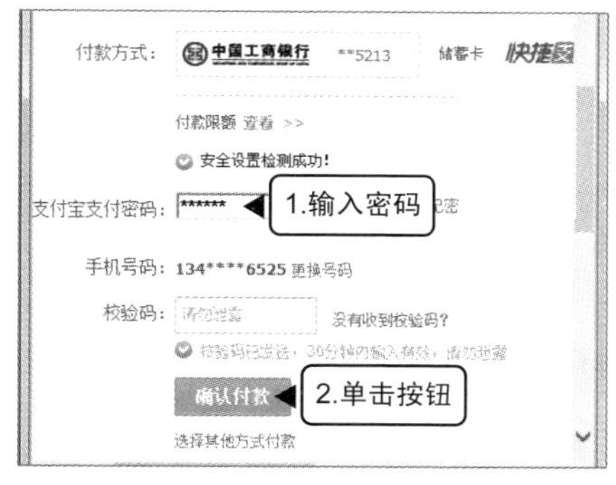

图 8-19　付款确认

当转入完成以后，投资者可以返回到个人支付宝的首页，进行余额宝的余额查询。余额宝一般最适合喜欢购物的潮女们，特别是喜欢淘宝购物的女人们。

8.2.2　理财宝、活期宝、零钱宝

理财宝是中信实业银行面向社会推行的一种多功能借记卡业务，它集取款、转账、消费、投资理财于一体，于 1999 年正式面市，它更是国家工商行政管理局认可的注册商标。

相对于余额宝而言，理财宝的特色在于账户里的“理财套餐”，它是中信银行开发的一种复合式智能理财账户，它包含一个活期存款账户和若干定期存款

子账户，该理财套餐账户，通过先进的计算机技术，根据我们使用的资金规律，为用户提出多种存款组合供用户选择。

理财宝具有图 8-20 所示的三大基本特色。

理财宝的三大特色

提款不影响收益

当“理财套餐”账户的活期存款子账户余额超过 1 000 元时，系统将按照持卡人事先选择的“理财套餐”（如三个月、六个月、一年、两年、三年、五年的各存款期存款的组合方案，根据你的账户资金使用规律，选择 20%三个月、20%六个月、60%一年的套餐方案），并将超过 500 元的部分自动分配到各存期的定期存款子账户中，最大限度地提高储户的存款收益。

巧支取，利息损失最小

假设您有 1 万元备用，并在 3 月 1 日选择了中信理财宝的 20%三个月、20%六个月、60%一年的套餐，那么系统将在活期账户中保留 500 元，其余 9 500 元将按套餐比例自动转为各存期的定期存款，即 1 900 元的三个月定期存款、1 900 元的六个月定期存款、5 700 元的一年定期存款。如果在 4 月 1 日需支取 5 000 元时，系统会首先帮您提取活期账户的 500 元，再自动从定期子账户中选择一笔提前支取 4 500 元。

智能透支，零损失

理财宝“理财套餐”账户下的活期子账户允许发生透支。这种透支的"智能"之处在于，如果您当天用款并在当天营业结束前存入，系统将不支取定期账户的余额，不会损失任何利息。如某日你需要提取 20 万元，而碰巧下午能收回货款 50 万元，但因为手中没有闲置的资金，那么你只能动用 50 万元的定期存单。此时就将损失一定的利息。

但如果你的银行卡是理财宝，那么只要您在当天把所支取的款项补足，中信理财宝的"T+0"功能可保证零损失。

图 8-20　理财宝的三大特色

作为一种理财产品，我们更关心的是它的收益，那么理财宝的收益该如何计算呢？我们可以通过下面的例子来进行简单说明。

刘女士办理了中信银行的理财宝，初步试水，存入 10 000 元，她选择了 20%三个月、20%六个月、60%一年的套餐，根据规定系统则将自动在活期子账户中保留 500 元，其余 9 500 元将按套餐比例自动转存为各存期的定期存款，那么刘女士 10 000 元本金一年的收益计算如下。

首先，计算套餐内利率不同的各部分收益。

三个月定期收益：9 500 元×20%×三个月定期年利率 2.86%≈13.59 元。

六个月定期收益：9 500 元×20%×六个月定期年利率 3.08%≈29.26 元。

一年定期收益：9 500 元×60%×一年定期年利率 3.30%≈188.10 元。

一年活期：500 元×活期年利率 0.35%≈1.75 元。

三个月定期到期转活收益：（1 900+13.59）×0.35%×0.75≈5.02 元。

六个月定期到期转活收益：（1 900+29.26）×0.35%×0.5≈3.38 元。

总计利息收入=13.59+29.26+188.10+1.75+5.02+3.38≈241.1 元。

如果是存入一般账户，作为一种活期账户，那么一年的利息收入=10 000 元×活期年利率 0.35%=35 元，用理财宝将收益提高到了 5.8 倍以上。

理财宝除了收益较高外，它也具有一般银行卡的各种功能，如到柜台办理存取款、余额查询、密码修改、办理挂失等业务，同时也可以在特定的商户处进行刷卡消费。

那么我们对于理财宝该如何管理呢？一般中信银行通过计算机系统对储户“理财套餐”账户内的活期存款子账户和定期存款子账户进行自动管理。一般包含两种情况：在每一营业日结束前，如果储户的活期账户余额不超过 1 000 元，则不做处理；如果储户的活期存款子账户余额超过 1 000 元（含 1 000 元），系统将在活期存款中将账户余额保留 500～600 元，其余资金按储户选择的“理财套餐”方案自动分配到各存期的定期存款子账户中。

而对于活期账户与定期账户的管理也存在不同，如活期存款子账户计息时间在每年 6 月 30 日，定期存款子账户则在每笔定期存款到期或提前支取时计息。定期存款利息在存款到期日营业结束后自动转入活期存款子账户中，定期存款提前支取的利息在每年 6 月 30 日从活期子账户中提取。

除此外，当理财宝账户中的定期存款账户到期后，和储蓄卡一样本金将自动续存，但续存次数最多为 99 次。

既然理财宝如此诱人，那么要如何开通理财宝业务呢？

用户可以到中信银行柜台办理中信借记卡的同时申请开通理财宝业务，可自行设定“理财套餐”账户中各存期定期存款的比例，但每种存期的比例必须为 10%的整数倍（如 20%、20%、60%），其中各种存期之和必须为 100%，否则为无效设置。

理财宝是将储户的存款转为多样式化的定期存款来提高收益，这或多或少对资金的利用会带来一些不便，这里再为大家介绍一款天天基金网推出的针对优选货币基金的一种理财工具——活期宝，如图 8-21 所示。

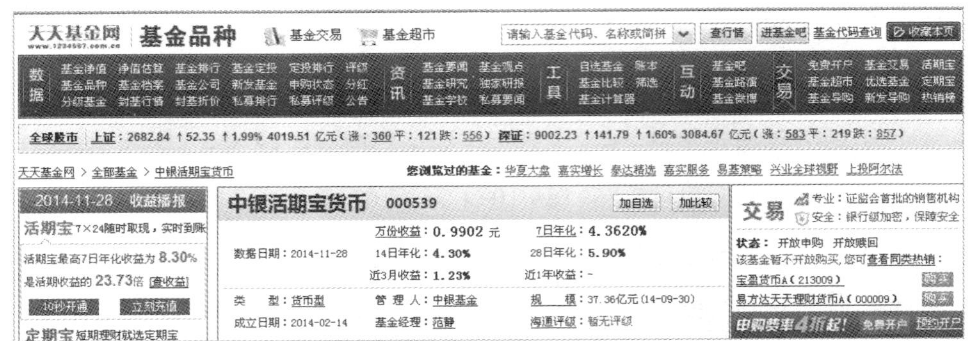

图 8-21　活期宝详情

如同理财宝一样，活期宝也具有它自己的一些理财特色，活期宝的特色一般表现在如下几点，相对而言更适合普通的女性理财。

- **跨行取款，零手续费**：我们可绑定多张银行卡，取现到账，账户任选，并且跨行取现手续费为零。
- **收益远远高于活期存款**：它一般超过货币基金的收益，远远高于活期存款并且超过 1 年期定期存款利率。
- **随时取现，实时到账**：投资者可享受 7×24 小时随时取现，并且能够实时到账。

除如上几点外，活期宝还是一种精心筛选的货币基金产品，能提供较好的投资回报。那么对于活期宝，我们该如何去管理呢？我们从开户、充值、取现、交易查询、撤单、收益计算这六大方面，简单介绍如图 8-22 所示。

开户

如同买卖其他基金需要开立基金账户一样，活期宝也需要先开立账户，一般可开通天天基金网上交易账户，开通成功后，可登录使用活期宝。

图 8-22　活期宝管理的六大方面

充值

包括充值金额、充值手续费和产品选择三大方面，活期宝每只基金首次充值最低 500 元，以后每次充值最低 100 元，充值零手续费。

取现

同一交易日单笔可快速取现最低 100 元，最高 5 万元，日累计最高 10 万元，并且推广期间免手续费。

交易查询

一般我们在交易记录里可以查询到活期宝账户的充值、取现、快速取现的全部记录、最新状态、交易详情等相关信息。

撤单

一般充值和快速取现不能撤单，充值后可于 T+2 日进行快速或普通取现；而普通取现可以在当前工作日 15:00 以前撤单。

收益计算

包括享受收益与查询收益两方面，我们可在 T+1 个工作日享受活期宝收益，而在 T+2 个工作日查询估算收益。

图 8-22　活期宝管理的六大方面（续）

在基金理财领域，除了上面介绍的理财宝和活期宝外，还有“一宝”，这“一宝”便是“零钱宝”，它是由苏宁云商、广发基金、汇添富合作推出的一种理财产品。

零钱宝于 2014 年 1 月 15 日正式上线，它的本质是将广发基金和汇添富的基金直销系统内置到易付宝中，易付宝和基金公司通过系统的对接为用户完成基金开户、基金购买等一条龙服务。

零钱宝是可提供 1 元起存、0 手续费、稳健资金收益的一种理财方式，是职业女性、家庭主妇甚至在校学生理财的首选工具。我们还可以直接使用“苏宁零钱宝”资金在苏宁易购购物支付、缴费、充话费、还信用卡，通过理财获得日常生活中的一些零钱。

与活期宝相似，零钱宝中的资金也是可以实现 7×24 提现，同样满足 T+0 提现要求。

活期宝与余额宝的最大区别在于，余额宝只代表一家基金公司的产品，而开通零钱宝的账户可任选一种基金，一旦投资者开户后，系统将默认给用户推荐当前七日年化收益率最高的基金产品。

任何投资，除了风险，我们最关心的无非是投资收益，那么零钱宝的收益是怎么计算的呢？零钱宝的收益=（零钱宝资金/10 000）×当天基金公司公布的每万份收益。

那么我们该如何查看相关收益呢？一是电话咨询相关基金公司，如广发基金：周一至周五 8:30～17:00（95105828）；汇添富基金：周一至周五 8:30～21:00（400-888-9918）。二是可直接登录苏宁易购 www.suning.com，进入易付宝账户进行相关查询，在此不做详细介绍。

当然并不是我们将资金转入到零钱宝就能看到收益，而是需要等待一段时间，具体转入时间和收益到账时间如表 8-1 所示。

表 8-1　零钱宝收益转入与显示时间

转入时间	首次收益显示时间
周一 15:00～周二 15:00	周四
周二 15:00～周三 15:00	周五
周三 15:00～周四 15:00	周六
周四 15:00～周五 15:00	下周二
周五 15:00～下周一 15:00	下周三

8.3 网络中的快捷支付

前面介绍的都是通过网络理财的手段，而在网络理财过程中，总会涉及资金的支付。对于广大女性来说，网上的资金支付总是害怕自己操作不熟悉，担心资金被盗用。在你了解了网络中的快捷支付后，这些顾虑就可以打消了。

相对来说，快捷支付是一种无须开通各大银行的网银，只需要输入卡面信

息，即可便捷、快速地完成支付的网络支付方式。

只需将您的第三方支付账户关联您的储蓄卡或者信用卡，每次付款时只需输入第三方支付账户的支付密码即可完成付款。

下面我们来简单认识一下，在网络理财中常用到的快捷支付。

快捷支付　由 支付宝 提供的快捷支付服务

开通“快捷支付（含卡通）”服务　使用遇到问题?

快捷支付（含卡通）：嘉兴银行 BANK OF JIAXING

真实姓名：

身份证号码：1 xxxxxxxxxxxxxx X

储蓄卡卡号：

8.3.1　支付宝 VS 财付通

作为快捷支付的一种，支付宝对于潮女们来说都已经相当熟悉了，下面我们来简单地介绍一下财付通。

财付通是腾讯公司在 2005 年 9 月正式推出的一种专业在线支付平台，如同支付宝注册成功可以轻松淘宝购物一样，当个人注册财付通以后，即可在拍拍网及 20 多万家购物网站轻松进行购物。

财付通支持全国各大银行的网银支付，我们可以先充值到财付通，通过财付通的余额进行支付。按照网络交易额来计算，第三方在线支付平台中，支付宝第一，财付通排名第二，占有 20%的份额。

财付通作为一种在线支付工具，在 B2C、C2C 的在线交易中，起到了信用中介的作用，同时为 CP、SP 提供了在线支付通道以及统一的计费平台，它在一定程度上保证了在线交易的资金和产品安全。随着电子商务的不断扩展，个人在线消费、企业在线交易成为更安全、更快捷的交易方式。

同为第三方在线支付平台，它与支付宝又存在哪些差别呢？下面我们简单说明如下。

一般可以从安全管理、交易金额、合作银行、适用范围、数字证书的管理、提现限制等方面来比较，具体如图 8-23 所示。

安全管理

在安全方面，两者使用的技术大致相同，传输通道加密都是通过 HTTPS 的 SLL 通道进行的，具有非常高的安全性，但是在客户端加密方面，支付宝相对财付通更好，但不足的是操作相对复杂。

交易金额

在交易额方面，财付通没有金额的限制，并且都免费，而支付宝每月免费提供 5 000 元的交易额，一旦我们淘宝购物超出限定的金额，则需要支付一定的费用。

图 8-23　支付宝和财付通的简单比较

合作银行

一般与两者合作的银行中，相对于财付通，支付宝更具有优势，如多个银行间的支付宝卡通。

适用范围

财付通一般只限于腾讯旗下的拍拍网购物，而与支付宝合作的网站却很多，如可以购买火车票、支付宝团购订单等。

数字证书的管理

对于数字证书的管理，支付宝比财付通的管理要更强大一些，但两者在证书的加密性上基本一样。

提现限制

对于提现，财付通没有严格的限制，所以相对快捷方便。而支付宝却有一定的限制，如对同一个人的不同银行卡之间不能相互提现。

图 8-23　支付宝和财付通的简单比较（续）

当我们对于支付宝和财付通都有了简单的认识之后，那么接下来我们再来认识另一种在线支付方式——银联在线支付。

8.3.2　银联在线支付

银联在线支付是中国银联为满足个人用户的网上支付而提供的一种银行卡网上交易转接清算平台，是中国首个具有金融级预授权担保交易功能、全面支持所有类型银联卡的集成化、综合性网上支付平台。

它的网上支付服务已经覆盖全球主要国家和地区，国内主要银行发行的银联卡均可使用，并且免收货币转换费，真正实现持卡人足不出户即可“轻点鼠标，网购全球”，是潮女们网上购物、网上理财的一大好帮手。

银联支付相对限制较少，即使无网银客户也能畅享网上支付服务。我们可以登录银联官网 www.chinapay.com 进行相关理财服务办理和查询，如信用卡还款、便民缴费、金融理财等，如图 8-24 所示。

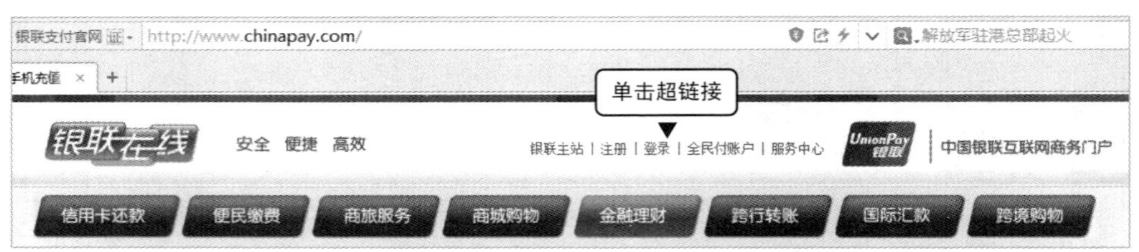

图 8-24　银联官网提供的部分功能

在上图所示的页面中单击上方的“登录”超链接，输入账户名、登录密码、验证码等，单击“登录”按钮即可登录。同时在该页面我们还可以了解银联支付的范围以及最新的动态，如图 8-25 所示。

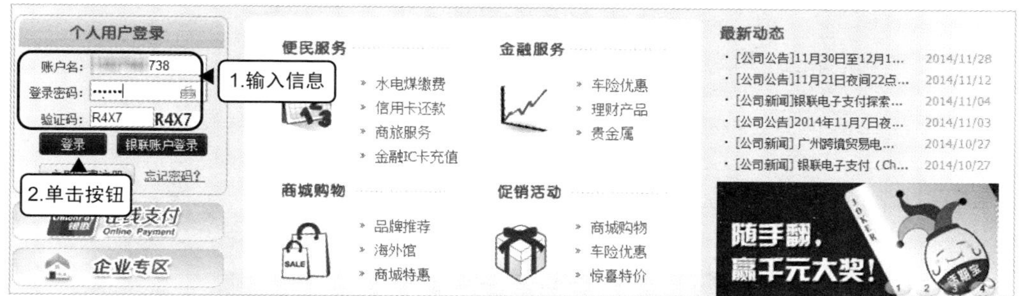

图 8-25　个人用户登录

8.3.3　电子支票、电子汇款

以前，当我们需要转账支票或进行汇款时，都需要去银行柜台办理相关业务，需要取号排队，会耗费大量时间精力。随着网络理财的不断发展，已经出现电子支票、电子汇款，在家即可轻轻松松转账、汇款，对于希望通过互联网理财的潮女们来说，这也是必须了解的一个方面。

电子支票简单来说就是纸质支票的一种电子替代物，它与纸支票一样是用于支付的一种合法方式，它使用数字签名和自动验证技术来确定其安全性和合法性，如图 8-26 所示。

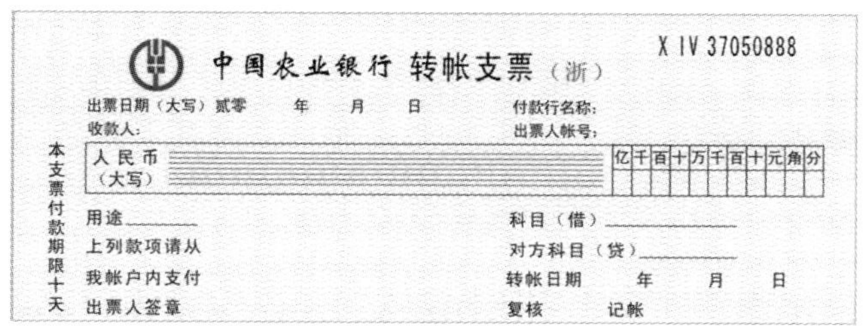

中国农业银行　转帐支票（浙）　X IV 37050888

出票日期（大写）贰零　年　月　日　　付款行名称：
收款人：　　出票人帐号：

本支票付款期限十天

人民币（大写）	亿	千	百	十	万	千	百	十	元	角	分

用途＿＿＿＿　　科目（借）＿＿＿＿
上列款项请从　　对方科目（贷）＿＿＿＿
我帐户内支付　　转帐日期　年　月　日
出票人签章　　复核　记帐

图 8-26　支票的外观

当我们理财或购物时，电子支付也可以作为一种支付方式。电子支票的外观形状与纸质的支票类似，而且填写方式也相同，支票上除了必须的收款人姓名、账号、金额和日期外，还隐含了加密信息。

一般电子支票会通过电子邮件直接发送给收款方，收款人从电子邮箱中取出电子支票，并用电子签名签署收到的真实信息，再通过电子邮件将电子支票

送到银行，把款项转入指定的账户。那么电子支票的交易程序又是怎样的呢？如图 8-27 所示。

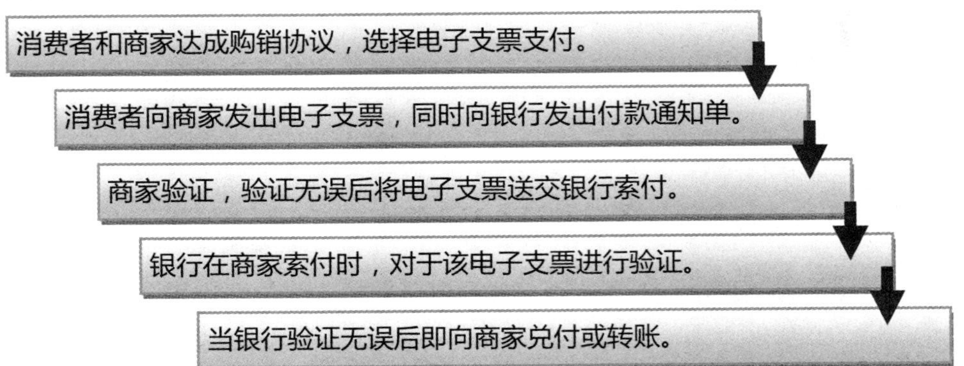

图 8-27　电子支票交易流程

在网络支付方式中，还有一种电子汇款方式，电子汇款又与电子支票存在哪些不同呢？首先，我们来看看什么是电子汇款。

电子汇款是中国邮政于 2001 年 7 月 1 日推出的一项汇款业务。它与以往的邮政汇款不同，它依托于邮政综合计算机网，采用先进的信息技术，集汇款交易处理、资金清算、会计核算等为一体的多功能快速汇款服务。

电子汇款一般根据不同的划分标准，可以分为不同的种类，如果按照计算机的处理时间划分，可简单划分为实时汇款、2 小时汇款、24 小时汇款，如图 8-28 所示。

实时汇款

一般从邮局受理我们的汇款业务开始，3～5 分钟后收款人即可领取汇款，但会在基本资费的基础上加收 10 元特急业务处理费。

2 小时汇款

从邮局受理我们的汇款业务开始，2 小时后收款人即可领取汇款，通常需要在基本资费基础上加收 5 元特急业务处理费。

24 小时汇款

从邮局受理我们的汇款业务开始，24 小时后收款人即可领取汇款，手续费按 1%的资费收取，最低 2 元，最高 50 元。

图 8-28　电子汇款的分类一

如果按照汇款信息的通知方式来划分电子汇款的类型，可分为邮局通知汇款和汇款人自行通知汇款两种，如图 8-29 所示。

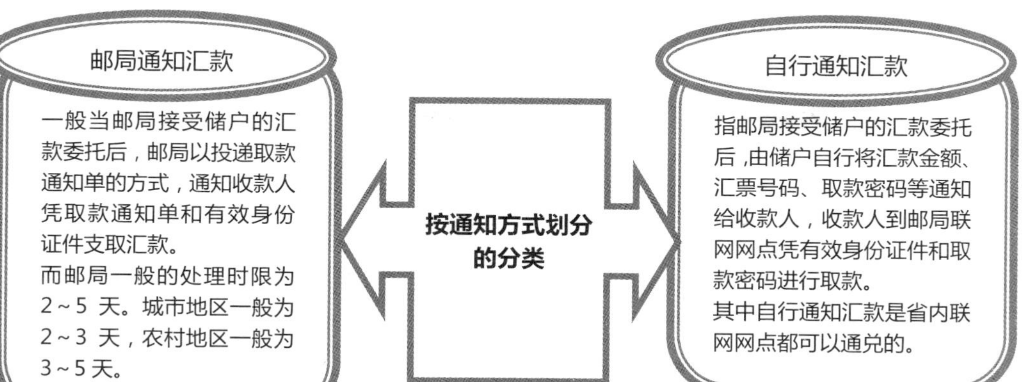

图 8-29　电子汇款的分类二

8.4 申请网上贷款

对于网上理财，我们除了购买债券、基金、保险，以及日常的消费支付，还可以用来申请网上贷款，而贷款也并不是男人的事，现在潮女们也可能为了某个心仪的商品兴起贷款的念头。

那么网上贷款有没有限制？怎么申请？利息如何计算？

8.4.1　简单认识网上贷款

网上贷款一般指借贷双方足不出户即可实现借贷目的，一般可分为 B2C 和 C2C 两种模式，简单介绍如图 8-30 所示。

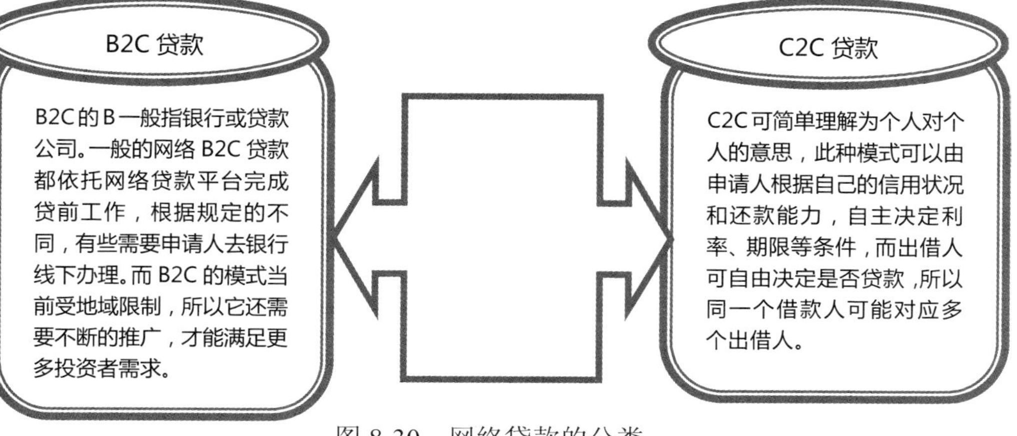

图 8-30　网络贷款的分类

在实际的应用中，一般我们会经常用到 B2C 的情况，即我们向贷款公司或者银行申请贷款，而在申请前，我们一定要注意以下几点。

- **网站背景调查**：当我们在申请时，一定要对贷款网站做一个详细的了解，所谓的“诚信集团”、“××贷款集团”、“××贷款集团公司”等，这类公司根本不可能存在，工商部门也不可能允许此类公司名称注册。
- **身份证明**：对于一些平台提供的无抵押贷款，贷款方都要求借款人提供一定的身份证明，否则一般贷款机构都将审核不通过。
- **手续费用**：对于现在市场上存在的各种贷款机构，大家一定要注意手续费的收取，对于公司要求提供的核实费、保险费、保证金等，在最终获得贷款前，大家一定要慎重给付。

在借贷前，我们需要先了解借贷申请程序，具体如图 8-31 所示。

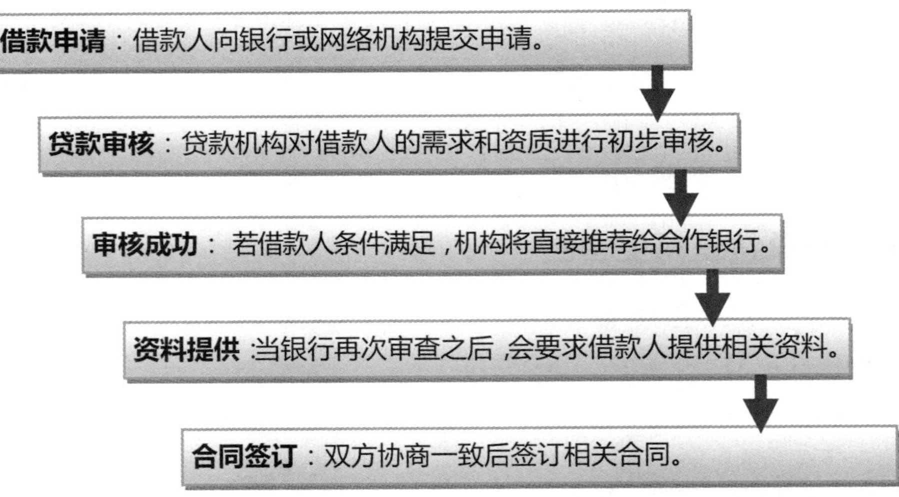

图 8-31 借贷申请程序

8.4.2 网上贷款的机构

网上的贷款机构，一般可分为两大类，一是各大银行，如我国的工行、建行、农行、中行等；二是与银行合作的各大网络平台，如上海地区拍拍贷、北京地区人人贷、天津地区汇富宝、深圳地区人人聚财、北京好贷网等。当然，对于网上的各种贷款平台的选择，女性朋友们一定要谨慎。

下面我们可以简单认识一个网络平台——好贷网，它是中国领先的企业及个人贷款平台，是为借贷人寻找贷款渠道，同时为银行及金融机构寻找匹配信贷客户的一种贷款平台，简单来说就是个人与银行的一个中介。

好贷网于 2013 年 3 月 25 日正式上线运营，公司总部在北京，同时在厦门设有公司的分支机构。

截至 2013 年底，在全国的 108 个城市已经开通了当地的在线免费贷款搜索与咨询服务，并与 5 800 余家银行、4 000 余家小贷公司、典当行及各类正规金融机构建立合作。

而它的本质在于根据个人的需求以及自身的条件，筛选金融市场上比较正规的贷款渠道，同时根据客户的贷款申请，将相应的客户资料提供到合作的银行，而银行再根据客户的条件及需求，决定是否借贷。

8.4.3　网上贷款申请程序

网上贷款相对于实地贷款来说，可选择的贷款机构更多，贷款也相对更方便，下面以好贷网贷款为例，简单介绍一下网上贷款的程序。

首先，登录好贷网，在登录页面输入姓名、贷款金额、手机号码，输入完成以后可以单击“申请贷款”按钮，如图 8-32 所示。

图 8-32　快速申请贷款

此时我们将进入图 8-33 所示的页面，我们可以输入相关的贷款信息，如贷款用途、贷款金额、贷款期限，输入完成以后可以单击“搜索一下”按钮，或者扫描二维码关注官方微信平台，如图 8-34 所示。

图 8-33　输入贷款信息

图 8-34　扫描二维码

紧接着我们将进入图 8-35 所示的页面，根据搜索结果出现筛选页面，选择需要筛选的条件。

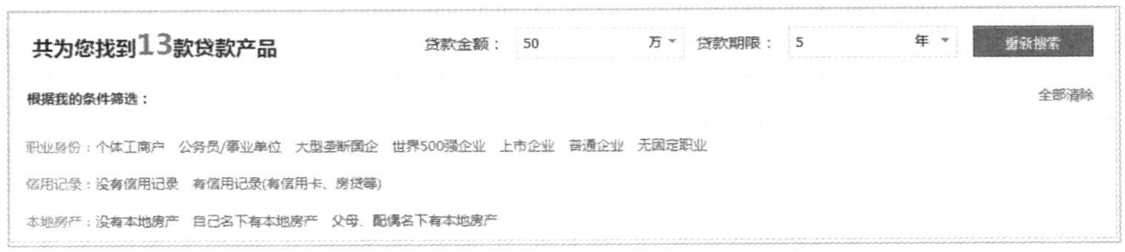

图 8-35　筛选出的信息

此外，系统还将提供合作的相关银行，如渣打银行或邮政储蓄等，并展示提供的费用及贷款金额、月供详情、贷款人要求、产品特点等，如图 8-36 所示。如果我们需要了解更多的详情信息，可以单击“查看申请”按钮，进入下一步操作。

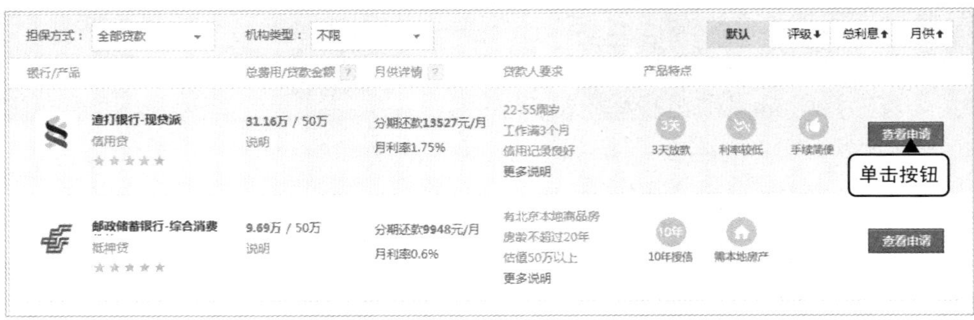

图 8-36　合作银行的信息

此时我们将进入图 8-37 所示的页面，此页面对当前选择的贷款金额、期限、额度范围、期限范围、还款方式、放款时间、费用说明等进行介绍。

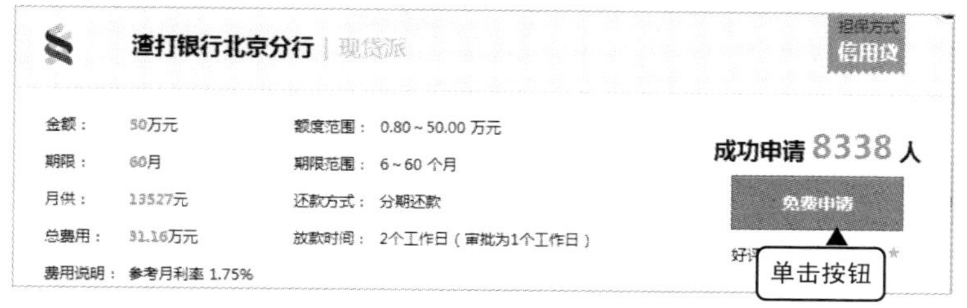

图 8-37　查看贷款的详细说明

此时将在打开的页面中显示当前贷款的申请条件、所需材料、详细说明等信息，如图 8-38 所示为申请条件的具体信息，如工作收入、工作地、年龄、负债、信用状况等。如果觉得自身条件满足，则可以单击“免费申请”按钮，进入下一步操作。

申请条件　所需材料　详细说明　客户经理

22-55周岁、工作满3个月、信用记录良好

1、月工资打卡收入在5000以上（交纳保险后最低约4300或固定时间、固定金额，固定存入方式的固定存入工资为网银转账也可）

2、工作和居住在北京

3、年龄22-55周岁

4、工作3个月以上（过试用期）

5、负债不可过高

6、信用良好、无逾期、信用不能空白（注：半年连续不间断征信记录、驾照的牡丹卡只要开通也算）

7、教师、医生、公务员、国企及事业单位可获得更高额度的批款，更简便的手续和材料以及更低的利率

温馨提示：月打卡或固定转账工资收入在5000以上、负债不超过流水60%、信用空白不做

图 8-38　申请条件

此时我们将进入图 8-39 所示的页面，需要填写相关的个人信息，如真实姓名、手机号码、手机验证码等，输入完成以后单击“下一步”操作按钮。

个人资质审核

1　2　3

真实姓名　生

手机号码　7278

手机验证码　54　获取短信验证

下一步　单击按钮

图 8-39　输入个人信息

当然除了在如上的一些网络贷款平台进行贷款申请，我们还可以在一些银行的官网直接申请，如在工行的官网进行网上贷款申请。

我们可以登录工行的网银页面，并在该页面中单击“网上贷款”超链接，如图 8-40 所示。

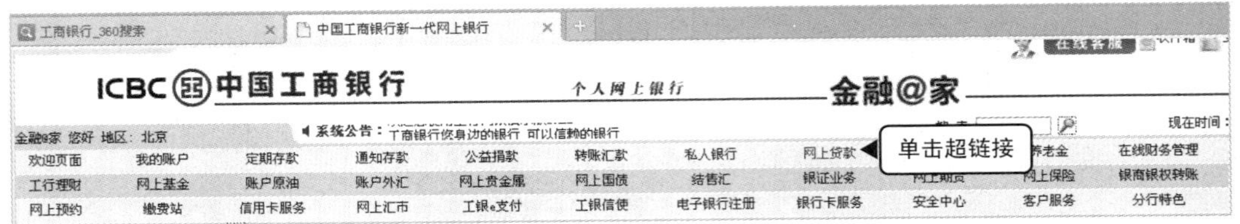

图 8-40　登录工行网银首页

此时，我们将进入产品页面，可根据自身条件选择相应的贷款类型，单击其右侧的“办理”超链接，如图 8-41 所示。

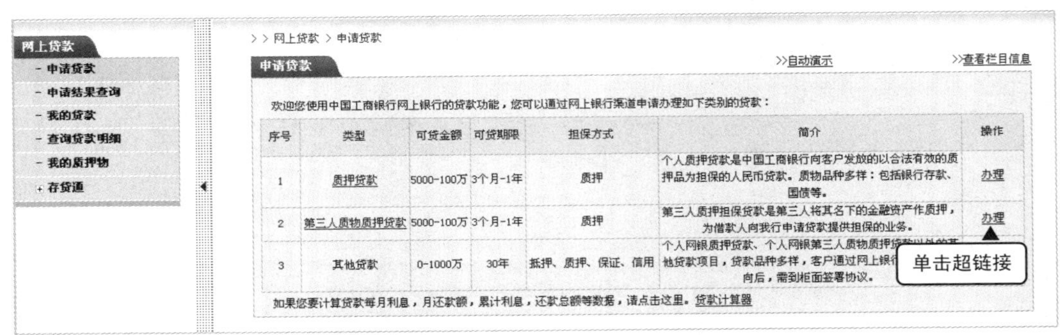

序号	类型	可贷金额	可贷期限	担保方式	简介	操作
1	质押贷款	5000-100万	3个月-1年	质押	个人质押贷款是中国工商银行向客户发放的以合法有效的质押品为担保的人民币贷款。质物品种多样：包括银行存款、国债等。	办理
2	第三人质物质押贷款	5000-100万	3个月-1年	质押	第三人质押担保贷款是第三人将其名下的金融资产作质押，为借款人向我行申请贷款提供担保的业务。	办理
3	其他贷款	0-1000万	30年	抵押、质押、保证、信用	个人网银质押贷款、个人网银第三人质物质押贷款以外的其他贷款项目，贷款品种多样，客户通过网上银行……向后，需到柜面签署协议。	

图 8-41　选择产品

此时，我们将进入图 8-42 所示的业务介绍页面，单击“已阅读并接受”按钮，进入下一步操作。

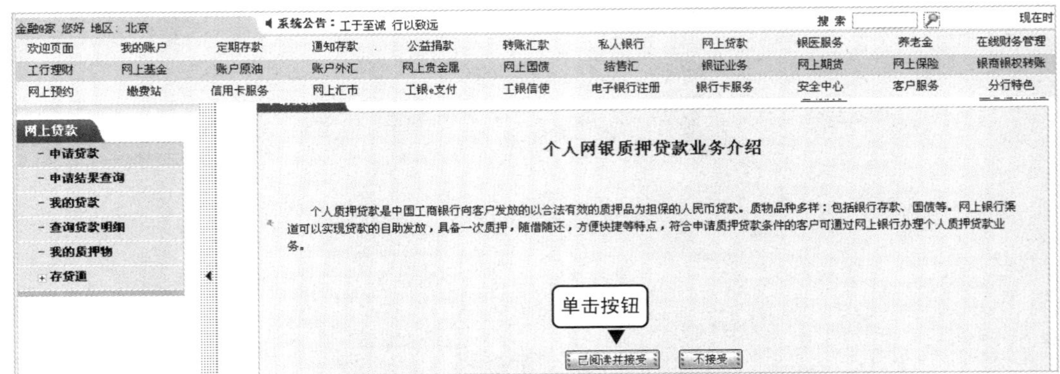

图 8-42　质押贷款业务介绍

在打开的页面中需要对贷款的银行以及相关账户进行选择，如图 8-43 和图 8-44 所示，选择完成以后，单击“下一步”按钮，进入下一步操作。

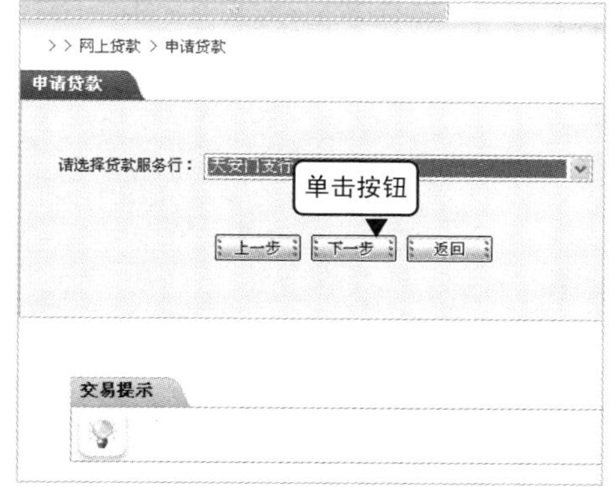

图 8-43 选择贷款支行

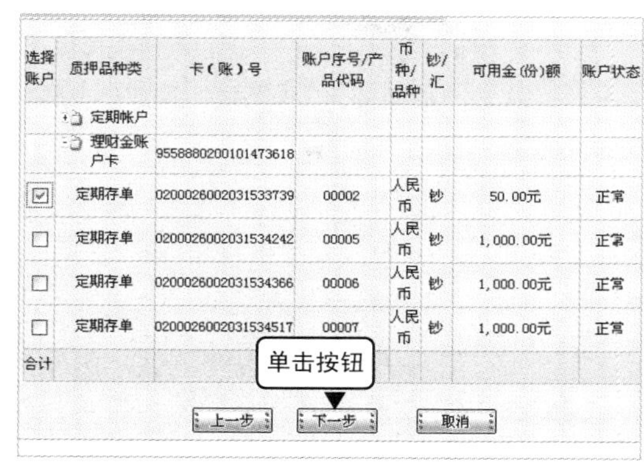

选择账户	质押品种类	卡(账)号	账户序号/产品代码	币种/品种	钞/汇	可用金(份)额	账户状态
	定期帐户						
	理财金账户卡	9558880200101473618					
☑	定期存单	0200026002031533739	00002	人民币	钞	50.00元	正常
☐	定期存单	0200026002031534242	00005	人民币	钞	1,000.00元	正常
☐	定期存单	0200026002031534366	00006	人民币	钞	1,000.00元	正常
☐	定期存单	0200026002031534517	00007	人民币	钞	1,000.00元	正常
合计							

图 8-44 选择相关账户

在打开的页面中需要对贷款的相关信息进行选择和填写，如注册账号、质押账号、手机号码等，如图 8-45 所示。

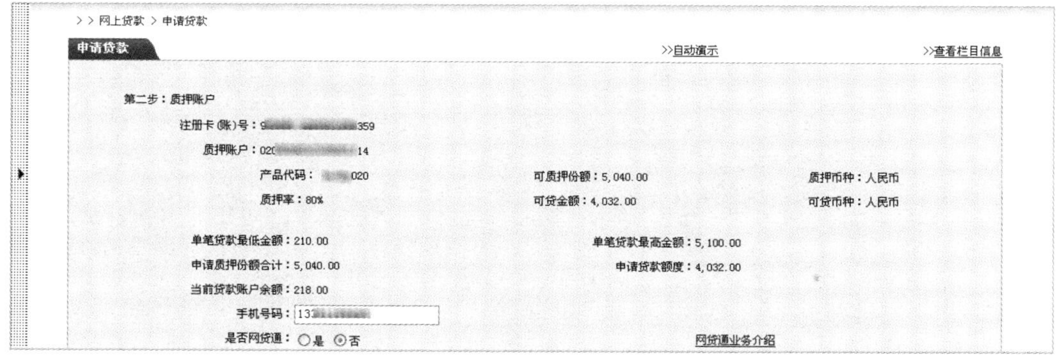

图 8-45 确认个人信息

当所有信息填写完成以后，单击“下一步”按钮，如图 8-46 所示，进入下一步操作。

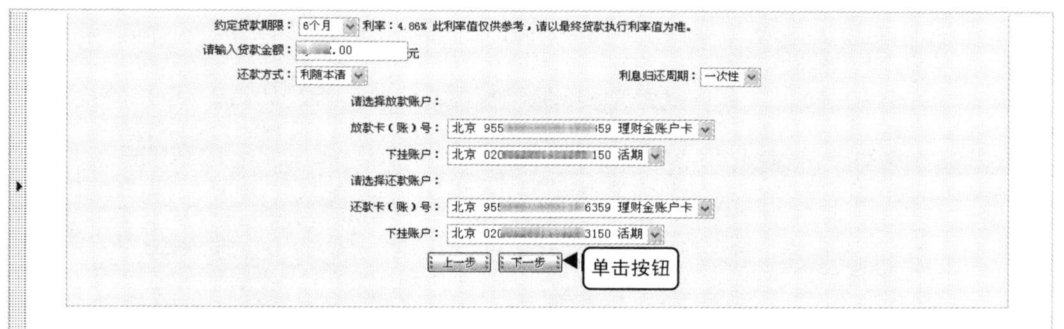

图 8-46 单击“下一步”按钮

在打开的页面中需要对贷款的相关信息进行确认，如注册账号、质押账户、还款账户等，确认完成以后单击“确认”按钮，如图 8-47 所示。

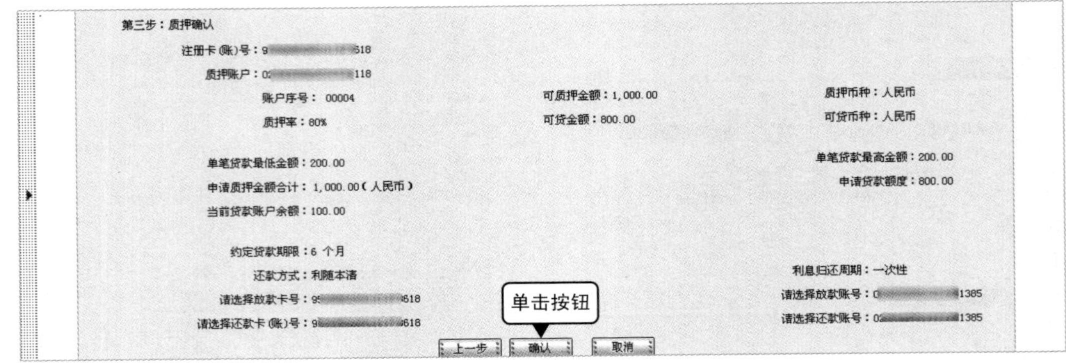

图 8-47　确认贷款信息

确认完成以后，接下来我们需要阅读该借款合同并决定是否接受，内容如图 8-48 和图 8-49 所示。阅读完成以后，单击“已阅读并接受”按钮。

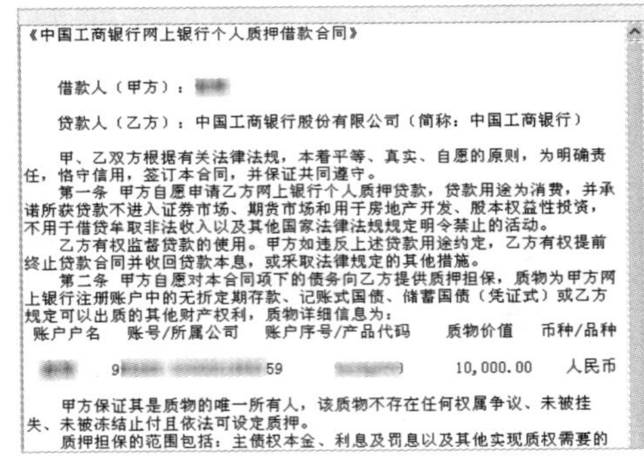

《中国工商银行网上银行个人质押借款合同》

借款人（甲方）：

贷款人（乙方）：中国工商银行股份有限公司（简称：中国工商银行）

甲、乙双方根据有关法律法规，本着平等、真实、自愿的原则，为明确责任，恪守信用，签订本合同，并保证共同遵守。

第一条　甲方自愿申请乙方网上银行个人质押贷款，贷款用途为消费，并承诺所获贷款不进入证券市场、期货市场和用于房地产开发、股本权益性投资，不用于借贷牟取非法收入以及其他国家法律法规规定明令禁止的活动。

乙方有权监督贷款的使用。甲方如违反上述贷款用途约定，乙方有权提前终止贷款合同并收回贷款本息，或采取法律规定的其他措施。

第二条　甲方自愿对本合同项下的债务向乙方提供质押担保，质物为甲方网上银行注册账户中的无折定期存款、记账式国债、储蓄国债（凭证式）或乙方规定可以出质的其他财产权利，质物详细信息为：

账户户名	账号/所属公司	账户序号/产品代码	质物价值	币种/品种
	9　59		10,000.00	人民币

甲方保证其是质物的唯一所有人，该质物不存在任何权属争议、未被挂失、未被冻结止付且依法可设定质押。

质押担保的范围包括：主债权本金、利息及罚息以及其他实现质权需要的

图 8-48　个人质押借款合同

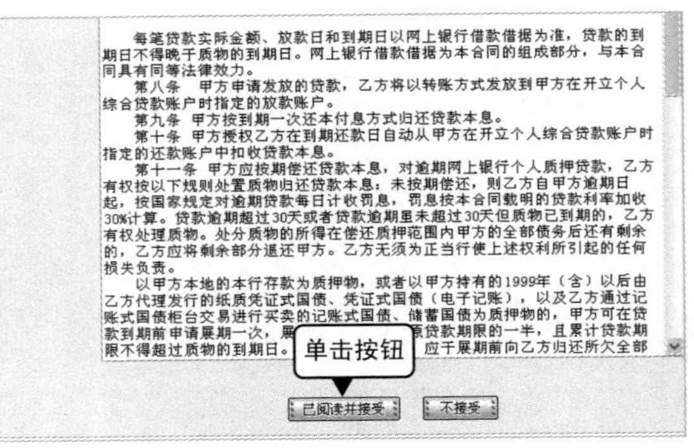

每笔贷款实际金额、放款日和到期日以网上银行借款借据为准，贷款的到期日不得晚于质物的到期日。网上银行借款借据为本合同的组成部分，与本合同具有同等法律效力。

第八条　甲方申请发放的贷款，乙方将以转账方式发放到甲方在开立个人综合贷款账户时指定的放款账户。

第九条　甲方按到期一次还本付息方式归还贷款本息。

第十条　甲方授权乙方在到期还款日自动从甲方在开立个人综合贷款账户时指定的还款账户中扣收贷款本息。

第十一条　甲方应按期偿还贷款本息，对逾期网上银行个人质押贷款，乙方有权按以下规则处置质物归还贷款本息：未按期偿还，则乙方自甲方逾期日起，按国家规定对逾期贷款每日计收罚息，罚息按本合同载明的贷款利率加收30%计算。贷款逾期超过30天或者贷款逾期虽未超过30天但质物已到期的，乙方有权处理质物。处分质物的所得在偿还质押范围内甲方的全部债务后还有剩余的，乙方应将剩余部分退还甲方。乙方无须为正当行使上述权利所引起的任何损失负责。

以甲方本地的本行存款为质押物，或者以甲方持有的1999年（含）以后由乙方代理发行的纸质凭证式国债、凭证式国债（电子记账），以及乙方通过记账式国债柜台交易进行买卖的记账式国债、储蓄国债为质押物的，甲方可在贷款到期前申请展期一次，展　原贷款期限的一半，且累计贷款期限不得超过质物的到期日。　应于展期前向乙方归还所欠全部

图 8-49　同意合同

系统会检测当前账户的安全价值，并要求输入密码，如图 8-50 所示。确认相关数字信息，如图 8-51 所示，最后，将进入图 8-52 所示的页面，单击“自助放质押品款”超链接。

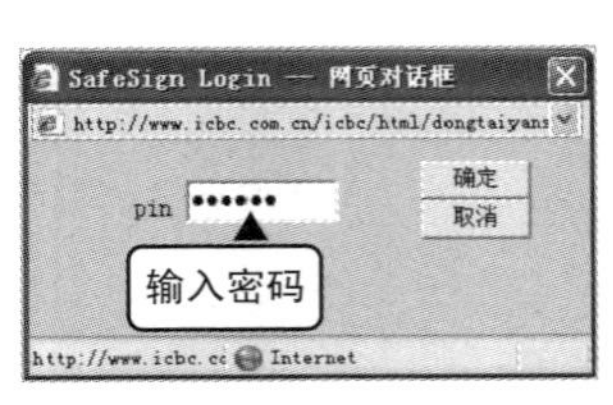

图 8-50　输入密码

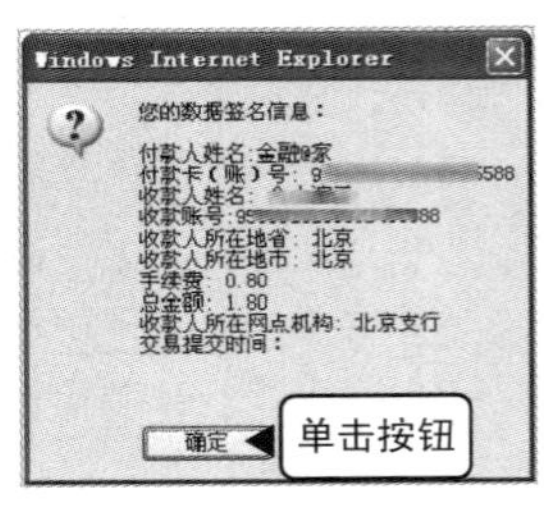

图 8-51　确认信息

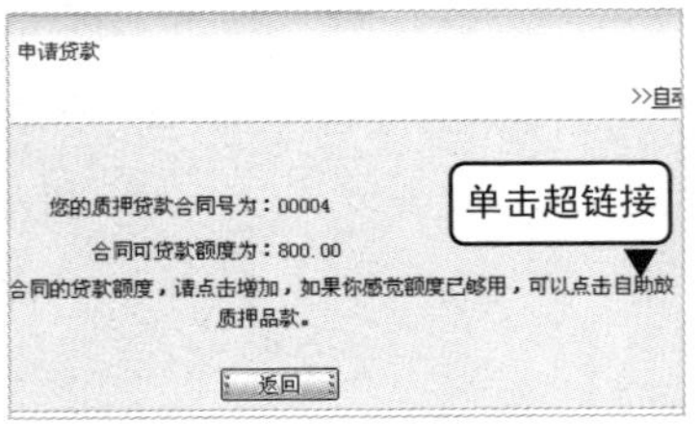

图 8-52　自助放款

此时，我们将进入图 8-53 所示的页面，出现关于该借款的详细信息，其中我们还可以对个人的相关信息进行修改。单击“我的贷款信息调整”超链接，可对贷款人的信息进行修改。

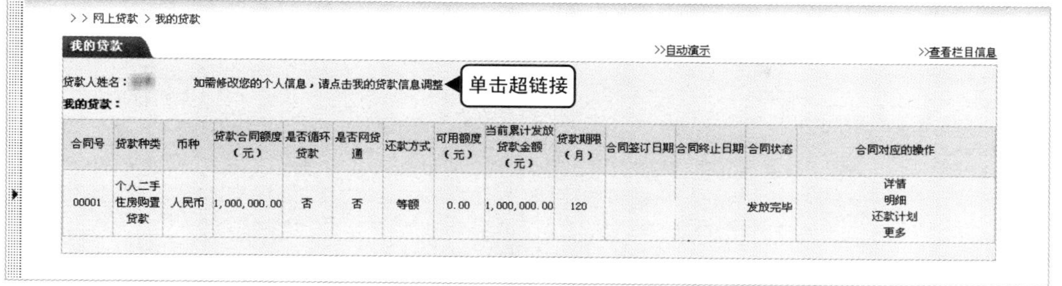

合同号	贷款种类	币种	贷款合同额度（元）	是否循环贷款	是否网贷通	还款方式	可用额度（元）	当前累计发放贷款金额（元）	贷款期限（月）	合同签订日期	合同终止日期	合同状态	合同对应的操作
00001	个人二手住房购置贷款	人民币	1,000,000.00	否	否	等额	0.00	1,000,000.00	120			发放完毕	详情 明细 还款计划 更多

图 8-53　个人贷款信息

打开图 8-54 所示的页面，其中我们可以对个人联系电话、住址、单位地址、职业等信息进行修改，修改完成以后单击“修改申请”按钮，进入下一步操作。

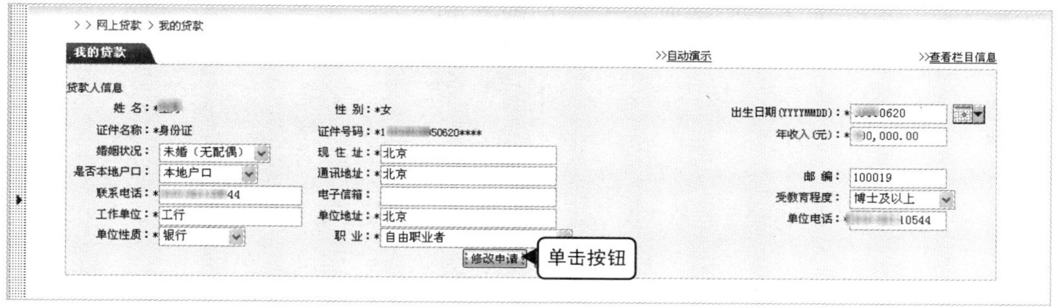

图 8-54　修改个人信息

打开图 8-55 所示的页面，对个人的详细信息进行确认，确认无误后可单击“确定”按钮。

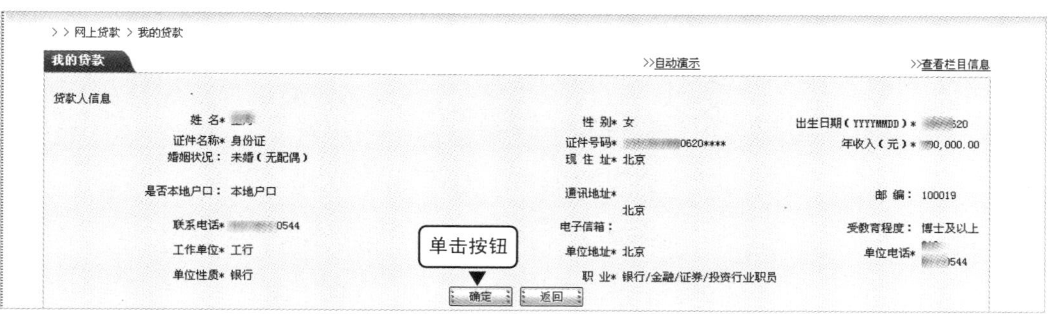

图 8-55　确认个人信息

到此就完成了借款的程序，接下来我们可以对借款是否成功以及还款的详情进行查询了。回到借款页面，单击“查询贷款明细”超链接，在出现的“我的贷款”窗口中单击“查询还款计划”超链接，如图 8-56 所示。

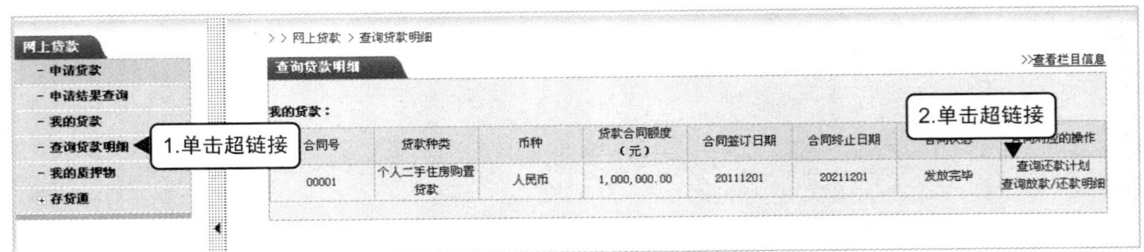

图 8-56　查询还款计划

在打开的页面中可以根据需要选择查询方式以及贷款的起止日期，并单击“查询”按钮，如图 8-57 所示。

在打开的页面中将显示该笔贷款的详细信息，包括客户姓名、贷款账号、还款日期、应还本金、应还利息等，如图 8-58 所示。

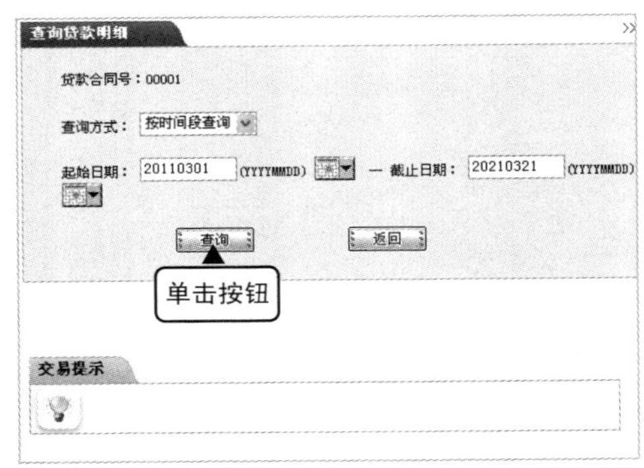

图 8-57　选择查询条件

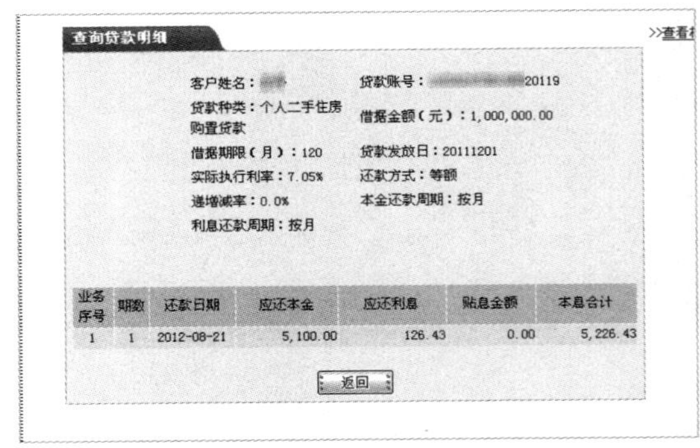

图 8-58　查询结果

此时，通过网银进行借款就完成了，当然如果投资者在申请中有任何的问题，还可以在网银页面进行人工服务咨询。

Part 09

精明妈咪的理财经

到了一定的年纪，与那个人执子之手，与子偕老，走进婚姻殿堂，少了些唯美浪漫，却多了些平淡真实，恋人会变成妻子，妻子会变成妈妈。这一路上在很多地方都需要它的陪伴——理财，而对于现在社会，精明的妈咪们，手中各有一套理财经，现在我们就去看一看这些理财经都是怎样描绘的。

9.1 宝宝穷养 OR 富养

宝宝是上天恩赐给我们最好的礼物，我们恨不得把全世界最好的东西给他，然而宝宝到底是穷养好还是富样好呢？这是一个需要理智对待的问题。

9.1.1 早教是可取的

随着宝宝一天天长大，作为妈妈们不仅担心宝宝是否能健康成长，同时更担心一个问题——早教。如果要选择早教机构对宝宝进行训练，那将是一笔不小的开支，必须要好好地计算一番。

那么对于上早教到底对宝宝有什么好处呢？具体如图 9-1 所示。

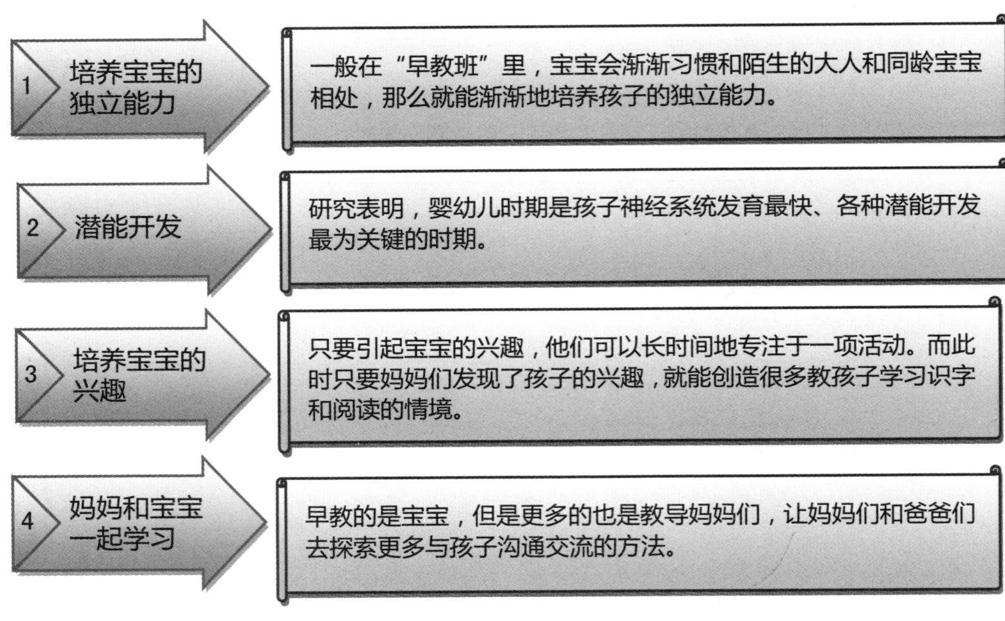

图 9-1 宝宝早教的好处

精明的妈妈们会选择性地将钱投入到孩子的早教中。可以先到预想的早教机构观察一下，看看他们的水平，如果觉得他们教的东西自己能提供，那么就没必要选择了；如果觉得他们的教育确实对宝宝有帮助，那就不能省这个钱了，毕竟孩子的未来很重要，这也算是一种投资。

9.1.2 真正有用的起跑线

对于孩子最好的教育便是家庭教育，宝宝最初的教育都是从家庭教育开始

的，宝宝最好的学习范本就是妈妈或爸爸。父母的言行可以影响孩子，同时也需要给孩子增添一些必要的玩具，从精打细算中给孩子带来快乐。

玩具不仅是为了让孩子玩耍，好的玩具也能培养宝宝的动手能力、促进智力发育，宝宝玩具可选择如图 9-2 所示的一些。

动作类玩具

无论哪个年代都离不开玩具，如拖拉车、小木椅、自行车、不倒翁等，它能锻炼宝宝的肌肉，增强感觉运动协调能力。

语言类玩具

为培养宝宝的视、听、说、写等能力而存在的如成套的立体图像、儿歌、木偶童谣。

模仿游戏类玩具

模仿是孩子的天性，大多宝宝都喜欢模仿日常生活所接触的不同人物，自动进入不同的角色，如多数宝宝都会喜欢一些小汽车模型。

建筑类玩具

最典型的莫过于搭积木，能锻炼宝宝的动手能力和想象力，可以让宝宝随心所欲地充分发挥自己的想象力构建各种模型。

第三代早教玩具

它能充分调动眼、耳、手、脑等感官系统。最具代表的第三代早教玩具是点读机，提高宝宝的学习兴趣，刺激大脑的开发，弥补宝宝知识的不足。

教育益智类玩具

该类玩具更多的被妈妈们喜欢，如套碗、套塔、套环，可以由小到大，帮助宝宝学习排序的概念。

图 9-2　早教可借助的玩具

对于宝宝来说，生活就是游戏，而宝宝就是在一天天的游戏中不断成长的。各种早教工具在成长过程中扮演着极其重要的角色，而玩具就是他们的教课书。宝宝们通过玩具去认识世界。因此，为了让宝宝们在游戏中健康成长，妈妈们

一定要合理地选择玩具，最好的玩具往往是最简单、最普通、最便宜的。

9.1.3　财商情商一把抓

妈妈们在对宝宝进行情商培养的同时，千万不要忽视另一个宝宝能力的培养，那便是财商，宝宝来到这个世界时是没有金钱概念的，他的金钱意识需要妈妈们去引导。

而在物质金钱各种诱惑的当代，很多妈妈会说："宝宝还那么小，就给他树立金钱意识、培养他的财商真的好吗？"实际上，如同妈妈们对宝宝情商的培养一样，财商意识也是妈妈们必须传递给孩子的一种价值观和人生观。

那么妈妈们该如何做才能培养小宝贝们的财商意识呢？可以从图 9-3 所示的 3 个方面入手。

一般在宝宝 3 岁以后，妈妈就可以教宝宝学着认识纸币和硬币。从认识元、角开始，并在日常生活中有意无意地灌输金钱意识，如让宝宝明白坐游戏车是需要支付钱币的，同时在宝宝熟悉元、角之后，就可以接着教他认识十元、二十元、五十元，甚至认识一百元。总之，应根据孩子对钱币的实际认识的多少来确定教学的深浅。

当宝宝已经慢慢明白购买喜欢的冰淇淋需要支付钱币以后，宝宝开始向爸爸妈妈要钱时，爸爸妈妈就要告诉宝宝："钱不是想有就有的，要节省，用完了就没有了。"爸爸妈妈还可以告诉宝宝："爸爸和妈妈每天上班辛苦，然后才能得到工资，才能有钱帮宝宝买玩具，买玩具的钱都是爸爸妈妈通过劳动赚来的。"由此，宝宝就能明白妈妈钱包的钱都是从哪里来的了。

当宝宝已经明白了钱是爸爸妈妈辛勤劳动换来的，就会萌生出一种想帮爸爸妈妈省钱的念头。所以当看到爸爸妈妈帮自己交学费的时候就会好奇"为什么要给学校交钱呢?"这时候，爸爸妈妈可以告诉宝宝："因为你在学校时老师会给你们上课，老师也在付出劳动呀，而爸爸妈妈支付的学费就是老师劳动赢得的工资"，在这种思想的教育下，宝宝就能明白妈妈的钱都流去哪了。

图 9-3　培养宝宝理财能力的 3 个方面

9.1.4　特长的成本与收益

没有一个妈妈不希望自己的宝宝不是德、智、体、美全面发展的，于是在正常的上课之余，妈妈们会积极地给宝宝报各种特长培训班。可是妈妈们，你

们的成本与收益成正比了吗？你为宝宝的特长从理解的角度算过吗？

不让宝宝输在起跑线上，敲开各种培训班的大门，妈妈们的出发点是好的，但无论是从经济上，还是从最终的效果上，都应该考虑一下孩子的感受，让孩子也对他自己的爱好特长有发言权。

对于孩子的特长，既不能把父母的兴趣强加到孩子的身上，也不能盲目地跟随周围人的选择，不同年龄适合不同的专业，选择时求精不求多等，都是妈妈们应该考虑的，如图 9-4 所示。

不能把父母的兴趣强加到孩子的身上

很多爸爸妈妈都会在年轻时留有遗憾，于是就无意识地将这种遗憾转嫁到宝宝身上，让孩子的非特长变为“特长”。

不能盲目地跟随周围人的选择

对于妈妈来说，周围的妈妈圈都可能在流行着某一个班，如送孩子去舞蹈班，于是妈妈们没有根据自身实际以及宝宝的兴趣就盲目的选择。

不同年龄适合不同的专业

无论妈妈们有多心急，但是要记住宝宝的教育一定要符合宝宝成长的规律，对于有些兴趣的培养不能过早。

求精不求多

有的妈妈给孩子报钢琴班、舞蹈班、美术班等，希望多方面培养宝宝的兴趣，但是妈妈们别忘了，宝宝的年龄决定了不可能完全做到完美，应求精而不是求多。

妈妈们的态度

宝宝有自身的特点，专注力和自我约束力的时间不能做到像大人那么持久，我们不能以成人的标准来要求孩子。我们要多鼓励少批评，激发宝宝的学习兴趣。

图 9-4　给宝宝选择特长班时要注意

对于各种特长班，妈妈们一定要结合宝宝的实际选择。对于各种特长班的收益，都需要一个长期的过程。特长的成本与收益是否能成正比，关键在于妈妈们是否为宝宝选对一个特长班，并和宝宝一起坚持。

9.2 教育储蓄与教育保险

当宝宝一天天长大，妈妈们应该放手让他奔跑，让他和小伙伴一起走进学校的大门。当今社会与宝宝相关的各种费用都在上涨，为宝宝准备教育基金是必须的。

有的妈妈们会选择在银行为宝宝专门准备一笔积蓄，以供宝宝上学的各种开支，而有的妈妈们则会在宝宝几个月或 1 岁开始就为宝宝购买教育保险。等到宝宝上学的年纪，就开始从保险收益中支取宝宝上学的费用。

那么到底是教育储蓄好还是教育保险好呢？且看它们来 PK 一下。当然在 PK 之前它们需要先认识对方。

9.2.1 妈妈们的教育储蓄

对于妈妈们来说，除了家庭的积蓄，一般妈妈们还会给宝宝留存一笔积蓄，专门用于宝宝的日常教育经费。简单来说，这笔储蓄我们可以称之为教育储蓄。

那么教育储蓄都有哪些优缺点呢？如图 9-5 所示。

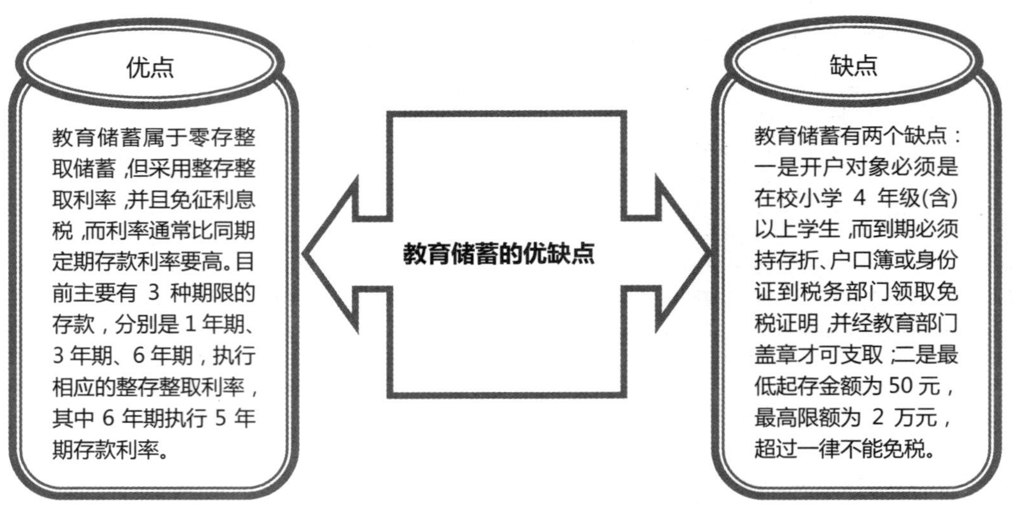

图 9-5　教育储蓄的优缺点

那么该类储蓄该如何办理呢？它一般包括开户、存款、支取等三大程序，具体如图 9-6 所示。

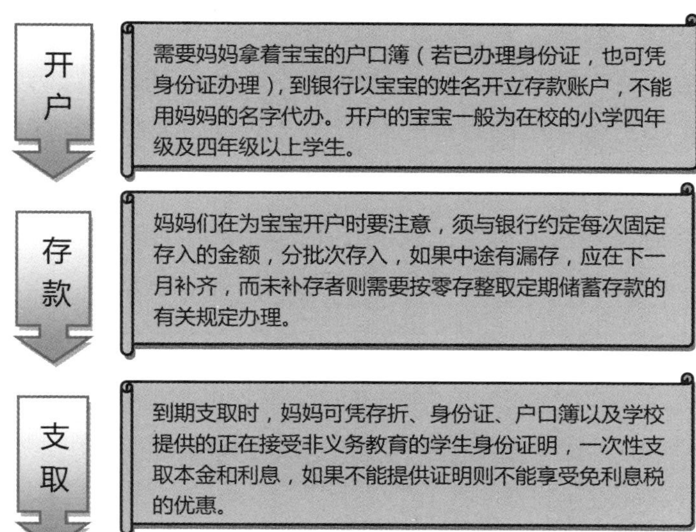

图 9-6　教育储蓄的办理

当然在支取宝宝的这笔教育储蓄时，一般会出现提前支取或逾期支取的情况。当妈妈们需要提前支取这比存款时，如果能提供有效的教育储蓄证明，银行会按实际存期和开户日同期同档次整存整取定期储蓄存款利率计付利息，并免征储蓄存款利息所得税。

如果不能提供有效的教育储蓄证明，那么银行就会按实际存期和支取日活期储蓄存款利率计付利息，并按有关规定征收利息所得税。

中国平安 PINGAN | 一账通
教育储蓄计算器
教育储蓄是国家为了发展教育事业而推出的储蓄品种，它采用的是零存整取
期存款的存款利息，而且免缴利息税。适用于有需要接受非义务教育的孩子
输入数据
初始存入日期 2014-1-1
储蓄存期 六年期
年利率 4.25 %
月存入金额 250 元
计算　重置　关闭
计算结果
到期本息金额 20326.87

那么，一般教育储蓄的利息该如何计算呢？我们不妨通过相关工具来计算，如左图所示，可通过中国平安的一账通，输入相关信息，如存期、年利率、月存入金额等，输入完成就可得出相关的计算结果，如图所示，到期的本息额就为 20 326.87 元。

此时，我们要注意，规定我们能存入的最大限额是 2 万元。

9.2.2　为宝宝教育上保险

对于宝宝的教育费用，妈妈们除了准备一笔教育储蓄，很多妈妈们还会为

宝宝购买各种教育保险，那么什么是教育保险，这些保险都有哪些呢？

教育保险又称为教育险，它主要以储蓄和保障为主，妈妈们定期定额地缴纳相关保费，那么在约定的时期妈妈们就可以帮孩子们领取教育金，下面我们简单举例如下。

例 1：李妈妈给两岁的宝宝购买了某保险公司的教育险，每年按期缴纳保费 8 000 元，共缴 10 年，那么李妈妈可以给宝宝领取的教育金如图 9-7 所示。

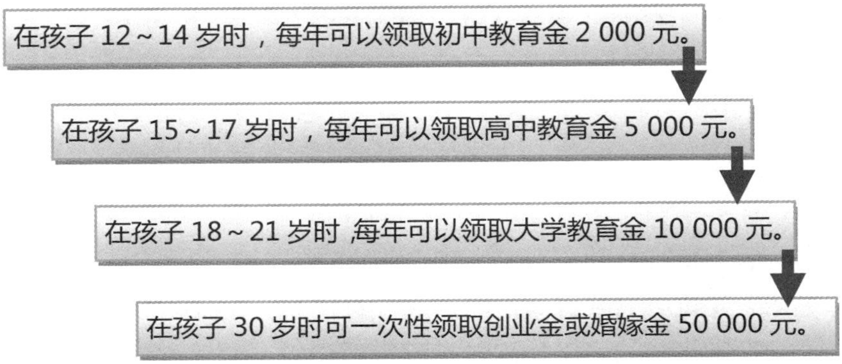

在孩子 12～14 岁时，每年可以领取初中教育金 2 000 元。

在孩子 15～17 岁时，每年可以领取高中教育金 5 000 元。

在孩子 18～21 岁时，每年可以领取大学教育金 10 000 元。

在孩子 30 岁时可一次性领取创业金或婚嫁金 50 000 元。

图 9-7　分阶段帮宝宝领取教育金

上例中李妈妈为宝宝购买的就是一份教育险，它可以根据宝宝不同年龄阶段的需要，分阶段领取。该类保险在宝宝年龄越小的时候购买越划算，保费相对较低，但是如果宝宝的年龄已经超过 10 岁，那么妈妈们就不适合为宝宝购买此类保险，而是购买另外一种——少儿分红险来代替教育险，那么什么是少儿分红险呢？

少儿分红险与成人购买分红险相似，不过承保的对象是少儿，它每年以小红包压岁钱的方式送到宝宝的手中，并且不同保险公司出具的分红政策不同，红包的领取一般在保单生效后的每年领取。

下面我们再来看个例子。

例 2：刘妈妈为 12 岁的宝宝购买了一份分红险，年缴保费 4.8 万元，共缴 5 年，保额 10 万，孩子可享受如图 9-8 所示的保障。

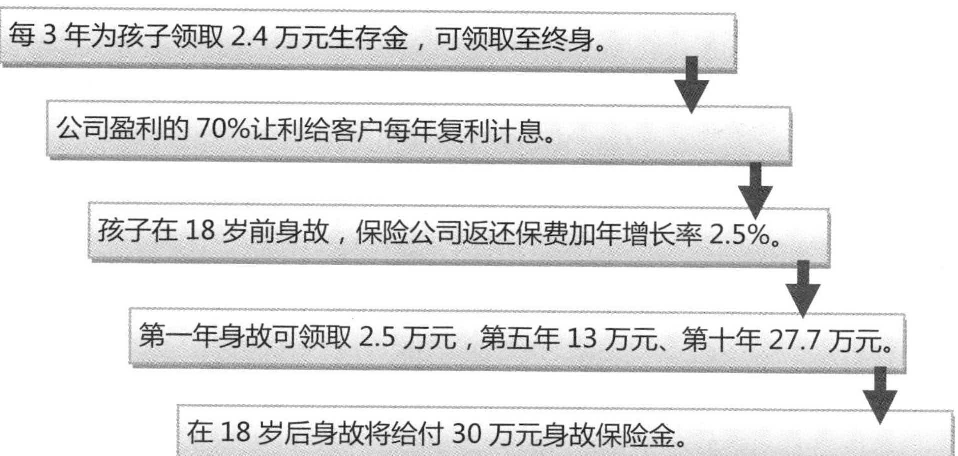

图 9-8 分红险的保障详情

从上面两个例子可以看出李妈妈和刘妈妈为孩子做的不同的教育规划。李妈妈为宝宝购买了一份教育险，并且在宝宝两岁的时候就购买了，保费相对较低，宝宝的教育金从初中开始就可以领取。

而刘妈妈给孩子购买的是人寿险里的分红险，保费较高，同样保障也较高，不仅理财更注重保障。该类保险可以给宝宝保障至终身，每年固定领取一部分分红，每三年还能领取一次生存金，并且可以领取至终身。

无论妈妈们选择为宝宝购买哪一种保险，千万要记住还需要购买一种附加险——豁免附加险，那么什么是豁免附加险呢？简单举例说明如下。

例 3： 谭妈妈，32 岁，儿子今年 6 岁，为了孩子的教育，她和其他父母一样提前为孩子准备教育金，并且在某保险公司代理人的推荐下，选择了一款保额为 5 万，缴费 10 年，每年缴费 5 150 元的保险，其中包括 200 元的豁免保费。

在上例中，谭妈妈每年 200 元的豁免保费的缴纳就意味着，即使在缴费期内，当谭妈妈不幸遭遇任何的意外或者重大疾病，即失去缴费的能力，那么谭妈妈将不再需要缴纳后期的保费，剩余缴费期间的保费，所有的都将由保险公司承担，而在保险合同中列明的所有宝宝的保障都将继续，不会受到任何影响。

而此处为享受保费豁免而支付的 200 元，所代表的便是购买了豁免保费附加险，它是一种附加险，依附主险而存在，不单独销售。

9.2.3 教育储蓄 PK 教育保险

在前面我们已经对教育储蓄和教育保险有了简单的认识，那么对于妈妈们来说，是该为宝宝选择教育储蓄呢还是教育保险呢？

教育储蓄具有两大特色，一是到期提取时免征 20%的利息税；二是零存整取却可按照整存整取的利率计息。相对于教育保险来说，风险几乎为零，是备受妈妈们喜欢的一种理财方式。

但是我们都知道，随着物价的不断上涨，通货膨胀等因素影响，人们放在银行的钱已经不值钱了，而且现在社会，对于宝宝的教育费用的投资相对较高，妈妈们只通过储蓄来为宝宝准备教育费用已经不足以支付教育费用。

而且教育储蓄还有存入的最高限额 2 万元的规定，而现在宝宝学费从小学到大学毕业，最低需要 30 万元，各种培训班还不能计算在内。

而宝宝的教育保险，更能满足不同时期宝宝的学费需求，但缺点是缴费较高，除非妈妈们在宝宝很小的时候就开始购买。

此外，少儿教育保险，除了为宝宝准备不同时期的学费外，还附带保障功能，同时还可以购买豁免保费附加险，当家庭失去缴费能力时，宝宝们还能继续得到保障。

Part 10

优雅女人的理财圣经

女人，到了一定年纪，是需要学会优雅地生活的，走过青春年少，走过春暖花开，岁月会给女人一份淡定从容。优雅的女人不仅能打理自己，更能打理生活，她们各有一套理财圣经，我们不妨一起去看一看。

10.1 做个理智拜“金”女

有的女人偏爱玉的质，有的女人偏爱银的纯，而有的女人却偏爱金的闪耀。偏爱金的女人是典型的拜“金”女，但此女非彼女，这类女子只是刚好喜欢黄金罢了，她们会从理财的角度来看待眼前的黄金。

10.1.1 实物黄金 VS 纸黄金

在投资市场中，除去股票、债券外，还存在另一种投资市场，那便是贵金属交易，而贵金属的代表便是黄金、白银。对于黄金来说，它包括的种类很多，包括纸黄金、实物黄金、国内黄金期货、国际现货黄金等。

下面我们对实物黄金和纸黄金进行简单的了解，具体如图 10-1 所示。

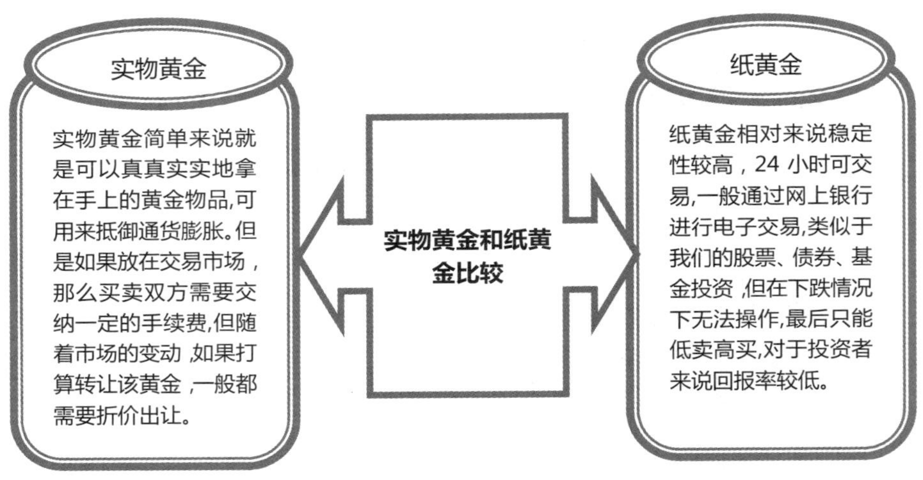

图 10-1　实物黄金和纸黄金比较

对于各类实物黄金，女人们更多的是以一种首饰的形式拥有，如黄金手镯、项链、耳环等。这类黄金的流通性很低，通常作为收藏或装饰用，如果换为现金，大多需要折价出售。

而对于纸黄金来说，更多的是一种投资交易，即在各大贵金属交易所买卖，该类操作相对复杂，女人们可以不必自己亲身投资操作，你需要做的是寻到一家品牌、知名度、服务质量都好的贵金属交易公司，寻到一位可靠的经纪人，让他帮你操作，你再决定投资多少。

10.1.2　黄金首饰真能保值

当女人看着首饰盒中满满的各种黄金首饰，会不会觉得再过几年还是如购买时一样值钱甚至更值钱呢？

实物黄金在国内的存在方式一般可分为 3 种，各种金店里的首饰金，银行里的纪念投资金条，上海黄金交易所的金条。

女人们喜欢购买的黄金饰品的加工费和税收费用都比较高，由于其含有很高的工艺附加值，售价要高出原料金很多，而黄金的回购价通常是在原料金金价基础上再折价一定比例。

因此，在黄金饰品持有期间即使黄金价格有所上涨，黄金饰品的保值升值效果也不明显，甚至在变现时还可能亏损。

黄金首饰作为一种商品，从最初的黄金金块变成金饰，最终到达消费者手中时，需要经过一定的加工，这中间产生的费用都需要消费者承担。所以对于女人们来说实际交易成本非常高，并不划算。

简单来说就是各种黄金首饰只能用做一种纯消费，而不适合用来投资，如果想通过黄金投资，可购买银行里的纪念投资金条或上海黄金交易所的金条。

当然了，女人们在决定购买各种黄金首饰之前，不妨先查看一下其性价比，如图 10-2 所示。不仅可以查看各种品牌的黄金走势，还可将不同的品牌进行比较。如图所示，可将周大福的黄金价格和老凤祥的黄金价格进行在线比较，同时我们还可以对黄金首饰的行情进行一定的了解。

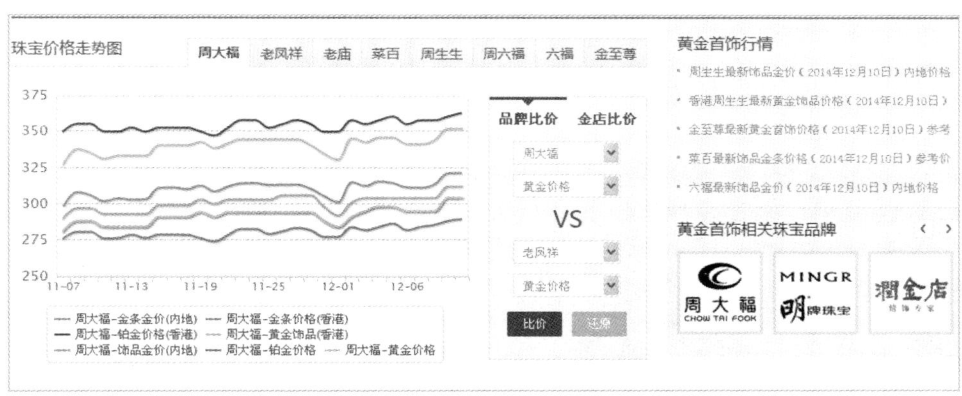

图 10-2　查看珠宝走势

10.2 奢侈品中的商机

没有女人不爱翡翠钻石、名牌包包、珠宝首饰这些奢侈品，只是看爱好的程度，有的女人收集奢侈品，只是因为喜欢，而有的女人却是看重其中的商机。如小贝的维多利亚以及可可、香奈儿，这些玩转奢侈品的女人，她们是如何发现商机的，而你又是否发现你身边的商机了呢？

10.2.1 翡翠钻石能升值

翡翠是在地质作用下形成的达到玉级的石质多晶集合体。在古代翡翠是一种生活在南方的鸟，毛色十分美丽，通常有蓝、绿、红、棕等颜色。一般这种鸟雄性的为红色，谓之“翡”，雌性的为绿色，谓之“翠”。

翡翠的稀缺性决定了它特有的收藏和投资价值。如果投资者要想收藏的翡翠保值，必须做到宁精勿滥，应挑选珍稀及品质上乘的高档 A 货翡翠。近 30 年来，翡翠的价格上涨迅速，越是高档 A 货翡翠，上涨的幅度越大。

那么该如何去判断翡翠的性价比呢？一般翡翠的质量和价值可以从其颜色、质地、透明度、纯净度等方面来衡量。其颜色以翠绿为佳，其质地越细腻致密越好，以透过可见光的程度越清晰越好。

但在我们投资翡翠时一定要注意，虽然翡翠升值空间很大，但我们决定购买时还是要慎重，如果家庭的闲置资金在 10 万元～100 万元，那么可投资经典成套首饰或天然翡翠玉器等；如果家庭闲置资金在 1 000 元~10 万元，可投资单件或小套件首饰，切忌盲目跟风。

当然对于翡翠的了解还不深入的女人们，可以通过相关的网站进行一定的了解，如图 10-3 所示。

图 10-3　了解翡翠信息

提到钻石，对于女人们来说，第一个想到的便是钻戒、钻石项链。其实钻戒上最重要的还是那代表几克拉的钻石。现在我们就简单的来认识一下钻石，首先我们就从1克拉说起。

1克拉是钻石价格的分水岭，1克拉钻石是钻石投资的入门级别。1克拉以下的钻石不具有投资价值，1克拉以上质量好的裸钻才最好脱手。1～5克拉的裸钻宜做短期投资，5克拉以上的裸钻则适合做长期投资。

在这里我们都有提到裸钻，那么什么才是裸钻呢？裸钻一般指通过切割加工、打磨但是没有镶嵌的单粒钻石，而不是我们看到的各种钻石饰品。

我们该如何去选择才会让手中的钻石更具有价值呢？一般裸钻升值空间更大。如当我们拥有一枚钻戒，由于戒托采用贵金属制作，黄色K金便会让白色钻石看起来发黄，在以后转卖时会影响它的售价，因此，长远投资建议投资裸钻会比较好。

当然如果从钻石的形状来说，圆形钻石投资价值会更高，因为圆钻在原石做切磨时损耗率高达47%，切磨出最璀璨的钻石后也仅剩钻石53%，而其他样式切工的钻石在原石切磨时仅会损耗 40%~45%，切磨完成后重量可以保留55%~60%。

当然如果从颜色上投资，那么彩钻便是王者，彩钻按照颜色可以分为黄钻、绿钻、蓝钻、红钻、黑钻。在彩钻中黄钻最常见，也被称作金钻，每开采出500万颗宝石级金刚石才会有一颗彩钻，非常稀有，所以弥足珍贵。

那么我们该如何计算钻石的价格呢？一般需要根据钻石的重量、汇率、单价来决定，钻石的价格=单价×100×人民币汇率×重量。

例：某等级钻石单价为64美元，重量为0.62克拉，而根据现在的人民币汇率，那么可得出钻石价格=64 × 100 × 6.19 × 0.62=24 561.92元。

当然随着网络的发展，我们可以通过专业的计算器进行计算，如百分网推出的在线版和手机版的钻石价格计算器。

相对来说，衡量一颗钻石品质的标准主要有四个维度，即重量（CARAT）、净度（CLARITY）、色泽（COLOUR）、切工（CUT），也就是通常所说的“4C标准”。这个标准由 GIA（美国宝石学院）创立，是目前在世界上最为主流的钻石评价标准。

10.2.2 珠宝首饰的保养

女士们喜欢的各种珠宝首饰，就如同女人的容颜一样是需要去保养的。漂亮的脸蛋除了时间的伤害，还会存在人为的伤害，珠宝也如此。我们既然把它视为一种投资理财产品，那么就应该从理财的角度去维护与保养它们。

生活中都是一些小细节，那么在日常生活中哪些小细节需要我们注意呢？简单介绍如图 10-4 所示。

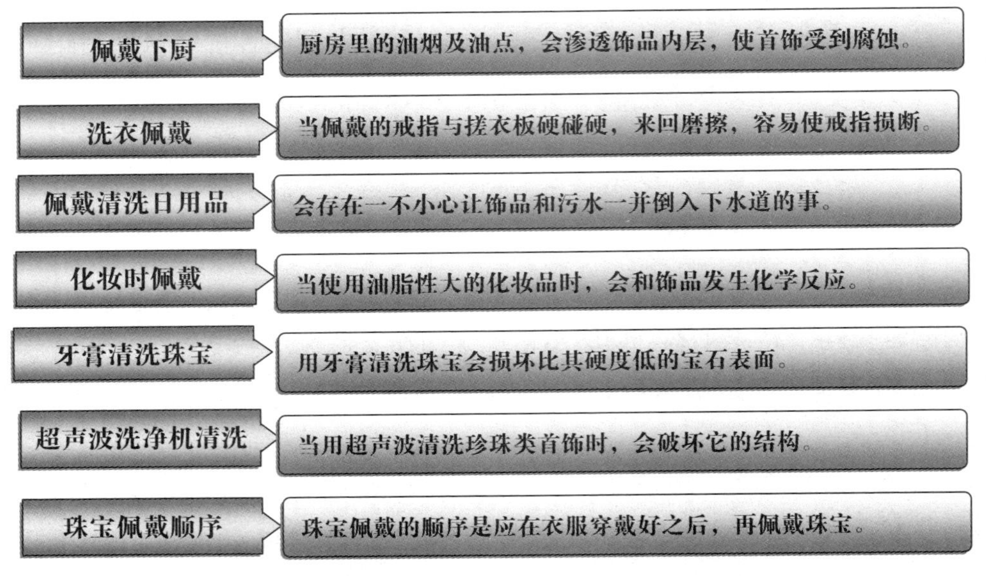

图 10-4　珠宝保养错误的生活细节

如上图所示，主要从珠宝的佩戴以及清洗两方面来说明我们对珠宝保养的一些不恰当小细节，那么我们该如何去保养这些珠宝首饰呢？首先我们来看看首饰的哪些地方容易损坏。

如我们喜欢佩戴的戒指，一般容易损坏花瓣、指轮、宝石底座的齿；如果是手镯则容易损坏鳄鱼式弹簧夹；如果是项链，则一般容易损坏闭启圈和搭钩；对于喜欢耳环的女士来说，一定要注意它的螺丝和连接链。

对于如上的首饰，在购买时要先检查这些部件和部位是否已损坏或者容易损坏；在佩戴时要注意对这些部件和部位的保护。如果发现不如购买时灵活，那么可以滴些钟表油。

那么我们该如何对珠宝首饰进行保养呢？下面以手饰中的钻戒、翡翠、黄金首饰、银首饰进行简单的说明。

首先是对钻戒类首饰的保养，注意以下几点，如图 10-5 所示。

对于镶嵌在首饰上的宝石，我们要尽量避免受到高温或在阳光下长时间暴晒，并且注意不能与酸碱溶液接触，以免宝石受损。

当我们清洁戒指时，切忌使用漂白水、洗衣粉、牙膏等清洗，更不能用硫酸水来煮，也应用不含蜡质的手纸、牙签、牙刷清洗托爪之间的污垢。

当需要清洗时，一般可以送到专门的首饰店或商场进行清洗。

对于钻戒上镶嵌的宝石，一般只是几个小小爪齿将它固定，并不是十分牢固，所以我们要经常检查爪齿之间的牢固程度，以免宝石丢失。

当我们决定暂时不佩戴钻戒时，一定要及时清洗后再保存。以免长时间佩戴后灰尘油污在首饰的各个角落积存起来，严重影响它的光彩。

当清洗后，将钻戒上的宝石朝上，不要与其他物品接触。如果没有首饰盒，可用干净的软布将其包裹起来。但不要用一块布包裹多个首饰，以免首饰相互划伤。

图 10-5 钻戒类首饰的保养

上图所示是对钻戒的简单保养，那么接下来我们看看翡翠该如何保养。翡翠一般比较坚硬，但经过加工处理的各种翡翠饰品硬度下降，所以受到撞击也会破损。

所以对于各种翡翠饰品，一般正常的佩戴是不会被磨损的，但是注意不要与其他的硬物相碰，也不要与其他的珠宝首饰或多个翡翠首饰放在一起，以免产生划痕，影响完美度和光泽，如果翡翠弄脏了，那么可用软干布擦拭。

翡翠一直被誉为是玉中之王，一般可被选作五月份的生辰石，代表着幸福和幸运。而对于翡翠饰品，红色为翡，绿色为翠，但一般高档的翡翠首饰，大多是含铬的绿色翡翠。它的颜色非常漂亮，但价格昂贵。

相对来说被加工成的各种各样的翡翠装饰品，它迎合着不同年龄层次不同性格的人的需求。

10.3 腹有诗书气自华

红颜易逝，容颜易老，再美的容颜都将随着时光老去，而只有女人内在的美，却能如美酒般越久越芬香，正所谓“腹有诗书气自华”，且看女人们如何拥“诗”，如何“气自华”，从诗书气中又能找到哪些理财机会。

10.3.1 书画轻松一窥

在很多家庭里都会拥有几幅书画，即使不是出自大家的手笔，也能体现一种文化价值，更是一种理财价值的体现。

书画是书法和绘画的统称，也称字画。书也可以理解为所书写的“字”，在图书馆和博物馆里保存的便是书中的珍品，具有很高的收藏价值。

中国的书法是一种富有民族特色的传统艺术，它伴随着汉字的产生和发展一直延续到今天，经过历代书法名家的熔炼和创新，形成了丰富多彩的宝贵遗产，具有很高的艺术价值。

而对于古代书画，具有一些代表书法家，如图 10-6 所示。

六朝四家：六朝指三国的东吴、东晋、南朝的宋、齐、梁、陈。东吴的曹不兴，东晋的顾恺之，南朝的陆探微、张僧繇。

元四家：主要有两说：一是指赵孟頫、吴镇、黄公望、王蒙四人；二是指黄公望、王蒙、倪瓒、吴镇四人，而第二种说法比较流行。

南宋四家：一般指南宋画院山水画家李唐、刘松年、马远、夏圭四人。

明四家：明代中叶沈周、文征明、唐寅、仇英四位画家的合称。

清四僧：即弘仁（渐江）、髡残（石溪）、八大山人（朱耷）、石涛（原济）。

清六家：是清初画家王时敏、王鉴、王翚、王原祁、吴历、恽寿平六人的合称。

图 10-6　书画家代表人物 1

除此外还有各画派，简单如图 10-7 所示。

长安画派：指西安的石鲁、赵望云、何海霞、方济众、袁振西等人。

海上画派：代表画家有赵之谦、虚谷、任伯年、吴昌硕、黄宾虹等。

岭南画派：民国初广东地区以高剑父为首，与陈树人、高奇峰等开创的新画风，简称 “岭南画派”。而当代有：关山月、黎雄才、赵少昂、杨善深。

吴门画派：简称“吴派”，一般认为始于沈周，成于文徵明，加上唐寅和仇英，是为“吴门四家”。

图 10-7 书画家代表人物 2

当我们对书画以及书画家有一定的认识后，接下来我们需要明白该如何选择古字画，只有好的字画才具有投资收藏价值。

10.3.2 如何选择古字画

中国古代书画、欧洲油画、翡翠珠宝并称为世界艺术品拍卖市场上的“三大宠儿”。特别是中国的古代书画更是被世界人民所喜爱，也具有重要的投资理财价值，选择字画可参考图 10-8 所示要点。

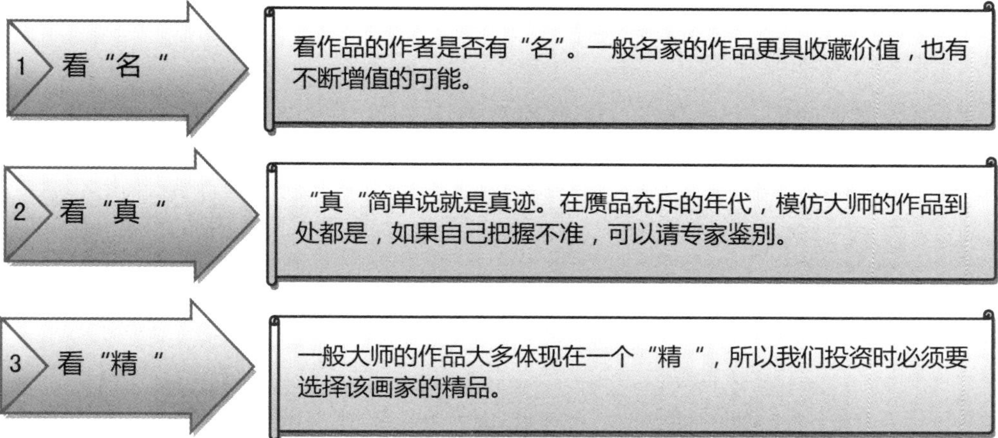

图 10-8 如何选择书画

除上图外，选择书画时还要看其品相的好坏，是否缺损、破损、霉变。艺术品是用来观看的，缺损了就降低了它的审美价值，也降低了它的市场价值。

10.4 女人偏爱的红酒与红木

红，代表的是一种热情火焰，很多女人偏爱红，一切与红色相关的东西，包括红酒、红木、红色纪念品，她们都喜欢，也爱珍藏。而红酒与红木家具确实具有投资收藏价值。

10.4.1 值得研究的红酒

都说女人如红酒，红酒如人生，一杯红酒，一个故事，在红酒故事的背后，还存在金钱。

近年来，在理财市场上，除了股票、债券、基金外，红酒投资也进入到人们的理财生活中，庞大的需求量、零风险、高利润回报等特点吸引了广大投资者的眼光，红酒成为继股票、房产和艺术品之后的第四大投资金地。

那么是不是人人都能投资红酒呢？答案是否定的，投资红酒一般需要具备三个条件：一是具有一定的储备资金；二是要有一定的人脉关系；三是要有一定的经营能力。现在的红酒市场，女性投资者越来越多。

对于红酒的投资，一般可以有两种方式：作为区域代理商或加盟商。区域代理商一般指酒业集团对某一区域代理商只提供某一单品系红酒，使代理商在这一区域完全处于垄断状态，独享丰厚利润。

而加盟商一般指加盟某酒业集团下的连锁分店，接受集团总部统一的管理方式以及商品后续服务等。

当然如果要进行红酒投资，了解世界有名的红酒品牌是很有必要的，一般我们可以到相关网站进行了解，如红酒世界网，如图 10-9 所示。

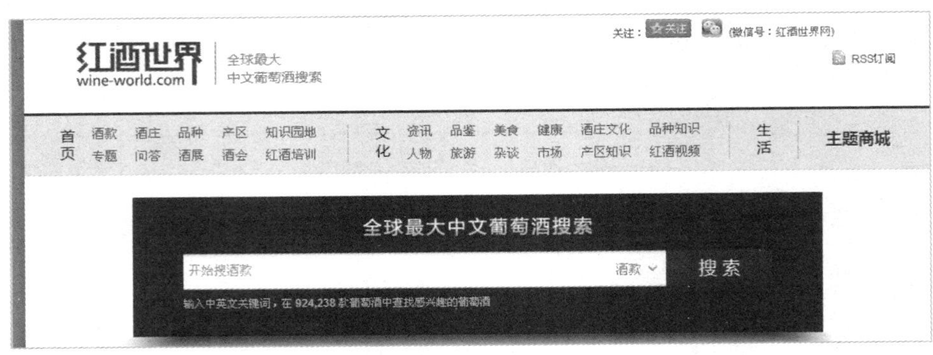

图 10-9　简单了解红酒知识

10.4.2　红木的升值趋势

提到红木，对于女人们来说，可能更多的是知道红木家具，它是明清以来对稀有硬木优质家具的统称。在中国传统古典红木家具流派中，主要有京作、苏作、东作、广作、仙作、晋作和宁式家具，而现在的红木家具更成为了投资理财的一个品种。

当我们在选择红木家具时，注意一定要选择品牌，要看家具的腿脚是否有褪色和受潮水浸的痕迹，它的包浆是否自然、铜活件是否原配、是否翻修过、木纹是否是用钢丝刷硬擦出来的。

对于红木家具保养时，一定要注意图 10-10 所示的几点。

红木家具宜阴湿，忌干燥，因而摆放位置应避免日光强烈直射及强空气流通的风口，冬季不宜靠近暖气，夏季不宜空调直吹。

红木家具里藏物要适度，橱内存放物体，不要超过门框，硬挤硬塞会造成橱门变形。

平时宜用半干的棉布擦试积聚在家具表面的灰尘，如果家具的顶部和底部都未上漆，宜打蜡或涂漆，以减少空气中湿度变化对家具带来的影响。

为避免在红木家具表面留下伤痕，要防止酒精、香蕉水等溶剂靠近，以免将红木家具毁容。

红木家具的红木板面一般比较脆弱，要防止擦碰，当需要搬运或移动时，不要硬拖死拉，要离地抬动，以免榫卯结构受损。

图 10-10　红木家具的保养

红木中的新“五虎上将”，即缅甸花梨、微凹黄檀、白酸枝、巴里黄檀、紫光檀升值空间巨大，微凹黄檀产自南美洲，是当地皇室用的木性很好的木材，由于地域的原因，近些年才逐步进入中国市场。

而巴里黄檀早在清朝中后期就已被国人认为是优质硬木，并制作成各种家具，现在仍然是投资的一个好选择。

紫光檀，最突出的在于其颜色，它是一种深紫褐色的木材，其密度比小叶紫檀还要大。在制作成各种家具的过程中，如果技术较好，成品家具的表面会像宝宝的皮肤一样温润滑腻。

10.5 各种好玩的收藏

不管是女孩还是女人，对于一些小玩意儿大多偏爱，也许是女人大多喜欢与记忆有关的东西，如一枚发黄的邮票、一张破烂的钱币、一个不起眼的瓷器，而这些偏爱中，也存在着投资理财的商机。

10.5.1 邮票、钱币收藏

邮票是收藏界中比较流行的一种收藏品，成套的邮票价值非常高。从邮票的品相上一般可将邮票划分为极优品、最上品、上品、次上品、中品、下品、劣品 7 个等级。

而从其展现形式来划分，可分为新邮票和旧邮票。其中对于新邮票来说，好的品相一般表现在票面完整、图案清晰、色彩艳丽、背胶完好等，而对于旧邮票来说，上品一般表现为票面完整、邮章清晰、邮章占据票面的 1/4。

如果我们要收集邮票，该如何去做呢？如同我们购买书画不能买到一些赝品一样，我们也不能去投资一些假邮票，那么该如何去辨别其真伪呢？首先我们可以了解假邮票的几种表现形式，如图 10-11 所示。

假水印票：指造假者在无水印版的邮票上人为制造水印图。

假刷色票：投资者通过使用化学药物或磨损或掩盖等手段，改变原票的颜色，使它变为珍罕品，对于该类邮票，需要专家鉴定才能辨别。

假加盖票：邮票本身为真票，只是在真票上的盖章存在真伪之分。

完全的假票：从用纸、背胶、齿孔、印制手段、盖销邮戳乃至于加盖的文字，都完全是假的。

齿孔假票：造假者一般根据邮票价格，决定邮票是否有齿孔，如当无齿票价格高于有齿票时，造假者会把有齿孔票的齿孔剪去，充作无齿票。

图 10-11 假邮票的表现形式

当我们已经拥有一定的邮票后，如同珠宝一样需要保养，才能推动其投资价值，具体需要做到图 10-12 所示的几点。

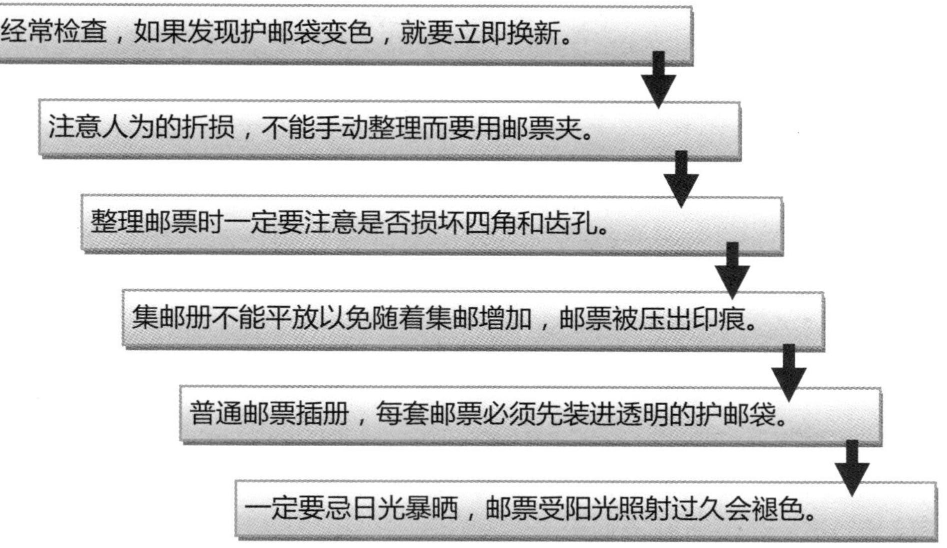

图 10-12　邮票的保养

除了邮票的收藏外，一般女士们还喜欢收藏钱币已经退市的各类钱币，那么这些钱币又有什么特色呢？

相对来说，现在人们收藏的最多的人民币是第二套和第三套人民币，而最具投资价值的却是第一套人民币。

如同我们在股票市场需要了解相关的专业术语一样，在人民币市场我们也同样需要了解相关的专业术语，如图 10-13 所示。

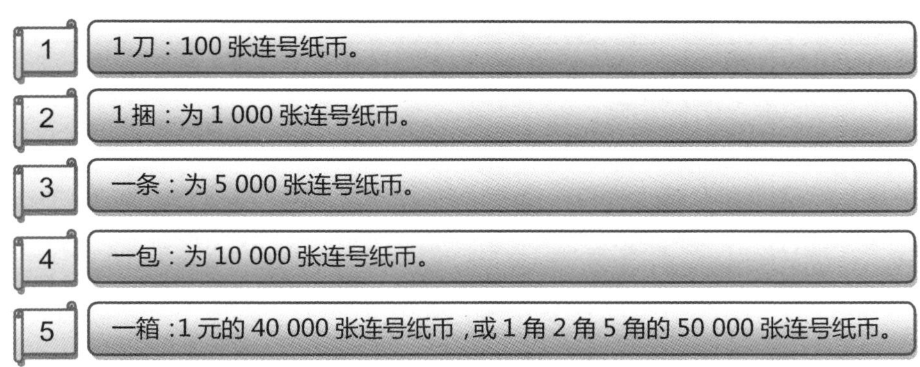

图 10-13　纸币专业术语

接下来对我们常收藏的第二套人民币进行简单的了解，如表 10-1 所示。

表 10-1　第二套人民币的最新报价

名称	面值	市场参考价格	全品整刀
壹分带号码	0.01 元	200 元	全品整刀
贰分带号码	0.02 元	120 元	全品单张
伍分带号码	0.05 元	1 700 元	全品单张
黄壹角	0.1 元	900 元	全品单张
贰角火车头	0.2 元	1 800 元	全品整刀
伍角浅版水库	0.5 元	330 元	全品整刀
伍角深版水库	0.5 元	350 元	全品单张
红壹元	1 元	5 000 元	全品单张
黑壹元	1 元	2 800 元	全品单张
宝塔山贰元	2 元	3 300 元	全品单张
井冈山叁元	3 元	45 000 元	全品单张
黄伍元	5 元	3 000 元	全品单张
海鸥伍元	5 元	17 500 元	全品单张
红伍元	5 元	35 000 元	全品单张
大黑拾	10 元	25 万元	下水处理全品
第二套大全套	——	36 万元	全品

10.5.2　收集文房四宝

文房四宝是中国独具特色的文书工具。文房之名，起于中国历史上南北朝时期，专指文人书房，其中以笔、墨、纸、砚为文房所使用，而被人们誉为“文房四宝”。

在 2007 年，中国科学院科技史所、中国文房四宝协会，向联合国教科文组织申报笔墨纸砚为世界级“非物质文化遗产”，使之具有了可观的投资价值。

在收藏之前，我们需要对相关的知识进行了解，如我们可以登录中国网对

文房四宝的常识进行基本的了解，如图 10-14 所示。

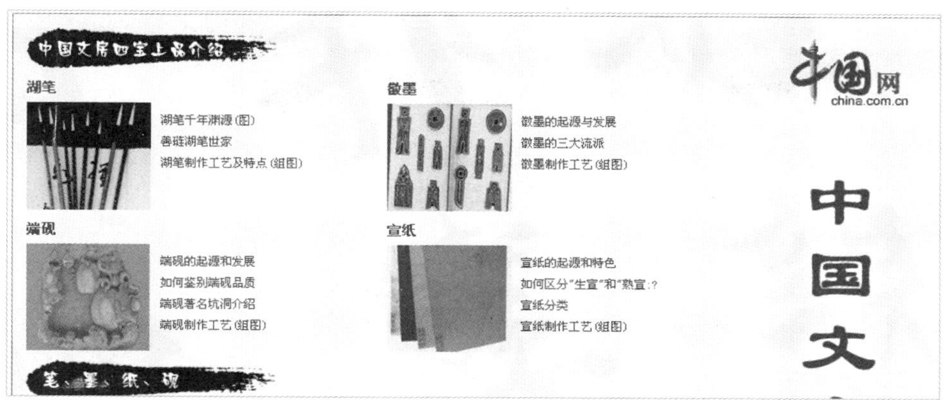

图 10-14　了解文房四宝常识

同时，在该网中我们还可以对四宝的一些衍生品进行了解，如图 10-15 所示。

图 10-15　文房四宝的衍生品

对于各种好玩的收藏，无论是邮票、钱币还是文房四宝，都可以作为一种投资，但在投资前一定要根据经济能力以及市场情况分析，但是如果是作为把玩的对象，则凭喜好而定。

读者意见反馈表

亲爱的读者：

感谢您对中国铁道出版社的支持，您的建议是我们不断改进工作的信息来源，您的需求是我们不断开拓创新的基础。为了更好地服务读者，出版更多的精品图书，希望您能在百忙之中抽出时间填写这份意见反馈表发给我们。随书纸制表格请在填好后剪下寄到：北京市西城区右安门西街8号中国铁道出版社综合编辑部 张亚慧 收（邮编：100054）。或者采用传真（010-63549458）方式发送。此外，读者也可以直接通过电子邮件把意见反馈给我们，E-mail地址是：lampard@vip.163.com。我们将选出意见中肯的热心读者，赠送本社的其他图书作为奖励。同时，我们将充分考虑您的意见和建议，并尽可能地给您满意的答复。谢谢！

所购书名： ____________________

个人资料：

姓名：__________性别：__________年龄：__________文化程度：__________

职业：__________电话：__________E-mail：__________

通信地址：__________邮编：__________

您是如何得知本书的：

□书店宣传 □网络宣传 □展会促销 □出版社图书目录 □老师指定 □杂志、报纸等的介绍 □别人推荐

□其他（请指明）__________

您从何处得到本书的：

□书店 □邮购 □商场、超市等卖场 □图书销售的网站 □培训学校 □其他

影响您购买本书的因素（可多选）：

□内容实用 □价格合理 □装帧设计精美 □带多媒体教学光盘 □优惠促销 □书评广告 □出版社知名度

□作者名气 □工作、生活和学习的需要 □其他

您对本书封面设计的满意程度：

□很满意 □比较满意 □一般 □不满意 □改进建议

您对本书的总体满意程度：

从文字的角度 □很满意 □比较满意 □一般 □不满意

从技术的角度 □很满意 □比较满意 □一般 □不满意

您希望书中图的比例是多少：

□少量的图片辅以大量的文字 □图文比例相当 □大量的图片辅以少量的文字

您希望本书的定价是多少：

本书最令您满意的是：

1.

2.

您在使用本书时遇到哪些困难：

1.

2.

您希望本书在哪些方面进行改进：

1.

2.

您需要购买哪些方面的图书？对我社现有图书有什么好的建议？

您更喜欢阅读哪些类型和层次的计算机书籍（可多选）？

□入门类 □精通类 □综合类 □问答类 □图解类 □查询手册类 □实例教程类

您在学习计算机的过程中有什么困难？

您的其他要求：